宋–清代の政治と社会

三木　　聰　編

汲古書院

宋—清代の政治と社会　目　次

序

本書は、二〇〇九年三月下旬に滞在中の北京で客死された故高橋（津田）芳郎氏と私とを介して北海道大学東洋史学研究室と縁をもった、宋代史から清代史までの領域を研究する者たちによって編まれた論文集である。それと同時に、本書には高橋氏の追悼記念という思いが込められている。二〇〇九年四月初旬に札幌で告別式と「お別れの会」とが行われた後、当初は、北海道大学東洋史学研究室の関係者を中心に追悼文集を出そうという話がまとまっていた。もとより、同じ研究室に所属する私が中心的な役割を果たさねばならなかったにも拘わらず、その後、自らの怠惰のためにいつの間にかその話も立ち消えになっていたからである。すでに七年を越える歳月が経過しており、私自身、内心忸怩たる思いを禁じ得ない。

高橋芳郎氏の経歴については、最後の著書となった『黄勉斎と劉後村　附文文山――南宋判語の訳注と講義――』（北海道大学出版会、二〇一一年）の「あとがき」（二五二頁）に私自身が書き記したので、ここでは氏の研究にかかわることどもを、ごく簡単に振り返っておきたい。周知のように、高橋芳郎氏の専門領域は宋代の社会経済史・法制史、および宋代から清代までの身分法研究である。特に一九七八年に発表された「宋元代の奴婢・雇傭人・佃僕について――法的身分の形成と特質――」（『北海道大学文学部紀要』二六―二）は、法的身分と階級関係とを厳密に区別することで、それまでの研究水準を大きく超える内容のものであり、宋元ばかりか明清をも射程に収めた、壮大かつ豊かな歴史像を呈示し、斯界に鮮烈な印象を与えたのであった。その後、相継いで発表された佃戸・雇工人・士人等の法的身分に関する一連の研究を併せて、二〇〇一年には『宋-清身分法の研究』(北海道大学図書刊行会)を上梓されたのである。その翌年に出版された、氏の第二論集ともいうべき『宋代中国の法制と社会』(汲古書院)とともに、高橋氏の研究は精緻な実証と高度な抽象化とによって、中国史の大きな枠組みや流れを鮮やかに読み解いたものと評することができよう。

その一方で、高橋氏は二十代の頃から、南宋の貴重な判語史料集である『名公書判清明集』(以下『清明集』と略称)それ自体の研究を志向しており、北海道大学助手時代には、教員・大学院生が参加する『清明集』の購読会を主宰していた。当時、私たちが閲読することのできた静嘉堂文庫蔵の宋版『清明集』は「戸婚門」のみの残本であったが、一九八〇年代の半ば、復旦大学留学中に上海図書館で、その後、生涯にわたって研究を継続することになる明版『清明集』と邂逅されたのである。その全文を抄写しようと決意して骨の折れる作業を繰り返した後、遂に「戸婚門」以外の電子複写が許可され、それをまさしく宝のように持ち帰るまでの経緯を、私は高橋氏から直接、伺ったことがある。また、苦労して入手した史料を自分一人で独占することなく、複写版を二部作製し、それをわが国の中国史研究における中心的機関ともいうべき東京大学東洋文化研究所および京都大学人文科学研究所に寄贈することで、研究を志すすべての人にこの貴重な史料を公開されたのであった。程なく、中国から陳智超氏を中心として明版をも包摂した点校本『名公書判清明集』(中華書局、一九八七年)が刊行されたとはいえ、高橋芳郎氏の行為は、まさに研究者としてフェアで無私の姿勢を示しているといえよう。九〇年代の後半から高橋氏は『清明集』の訳注という、この難解で知られた史料の全面的な解析作業へと向かわれ、その成果として二冊の大著『訳注『名公書判清明集』戸婚門』(創文社、二〇〇六年)および『訳注『名公書判清明集』官吏門・賦役門・文事門』(北海道大学出版会、二〇〇八年)を上梓し、さらには南宋判語研究の最終段階として『黄勉斎と劉後村 附文文山』(前掲)へと至ったのである。

さて、本書には九篇の論文が収録されているが、高橋氏のものを除き、私自身を含めて高橋氏の教えを受けた門生による五篇と私たちのごく親しい同学の友による三篇とから構成されている。高橋氏の論考については、二〇〇七年に『史朋』四〇号に発表されたものを北海道大学東洋史談話会の許諾を得て転載することにした。以下、各論文の内容を簡単に紹介することにしたい。

宮澤知之「北宋交子論」は、十一世紀に四川で鉄銭の「預り証」として出現した交子が北宋末に銭引として紙幣機能を獲得し、南宋の会子へと繋がっていく過程を詳細に考察したものであるが、それは貨幣のもつ種々の機能を細かく弁別することによって行われている。交子は継続して同じ機能を有していたのではなく、慶暦年間から変法期を経て、崇寧年間にかけて、鉄銭の「引換券」から「財政的物流」に密接に関わる支払・送金手段へというように、その性格は様々に変化していったという。

高橋芳郎「粧奩は誰のものか――南宋代を基点にして――」は、妻が実家から持参した財産である粧奩をめぐり、従来、論争の見られる標題の解明へ向けて、法の「原理」と現実の対応とを峻別することで、南宋から明清への展開を考察したものである。南宋では法的にも現実にも、婦人の改嫁の際に持ち出すことのできた粧奩は妻の財産とされており、その後、元代に「持ち出し禁止」令が制定されたにも拘わらず、粧奩は妻のものという人々の意識はさほど変わらなかったのではないか、という。

小林晃「南宋四明史氏の斜陽――南宋後期政治史の一断面――」は、長期政権を担った四明史氏の衰退要因の再検討を通じて、賈似道政権の成立へと至る南宋後期政治史の一端を解明したものである。史氏の「斜陽」が一族内部の不和・軋轢によると見る先行研究に対し、『四明文献』所収の諸史料に依拠して、史彌遠政権期にも史嵩之政権期にも族人との深刻な軋轢は存在せず、史氏が「建前と本音」を使い分けて官界での生き残りを模索していたことを実証している。衰退の要因は中央政界を担う人材の払底にあり、史氏の人脈を継承したのが賈似道であったという。

伊藤正彦「地主佃戸関係の具体像のために——万暦九年休寧県二十七都五図における租佃関係——」は、上海図書館蔵の『明万暦九年休寧県二十七都五図得字丈量保簿』の分析を通じて、南直隷徽州府休寧県の当該図における土地所有や「地主佃戸関係」の実態究明を目指したものである。当該地域では「自家消費目的規模」という少額の土地を租佃することが一般的であったが、多くの土地を所有する業戸から佃僕（火佃）まで個々の状況に応じた自由な選択によって租佃関係は取り結ばれていたという。

宮崎聖明「明末広東における吏員の人事・考課制度——顔俊彦『盟水斎存牘』を手がかりに——」は、主に副題に挙げられた史料に依拠して、明末広東の地方衙門における吏員（正規胥吏）の人事・考課をめぐる運用実態や施行細則の解明を目指したものである。吏員の候補者は「行頭」「行柱」というカテゴリー別の選抜リストに並べられ、さらに「参吏簿」に登記されて吏員ポストに充てられるのを待つという。また「僉充」「挨参」「効労」「吏劄」「供役」等、関連する難解な用語の解説も行われている。

城地孝「明末の弓術書『武経射学正宗』とその周辺」は、崇禎十年（一六三七）の序をもつ高穎撰の弓術書を出発点として、明末における「武」の社会性を武挙の盛行と士人の対応とを通じて究明しようとしたものである。当該期の江南では弓術を媒介とした士人間の交流が存在し、それは全国的規模への広がりを見せるとともに、文・武の垣根を越えるような新たな状況をも生み出しつつあった。また、武挙に対して文系士人さえもが殺到するという事態が弓術書出版の背景には存在していたという。

三木聰「雍正五年「抗租禁止条例」再考」は、一九八八年の旧稿で残された課題、すなわち当該条例制定の発端となった河南総督田文鏡の上奏で佃戸虐待と関連づけられた「挙人王式渙」の問題について考察したものである。王式渙を出した帰徳府睢州の王氏は、康熙年間から雍正年間にかけて多数の科挙合格者や多くの名臣を輩出し、地域社会では圧倒的な威勢を保持した一族であったと思われる。田文鏡『総督両河宣化録』等に所収の奏議・公移類に「王式渙」の名が全く見られない理由もそれに関連していたことを推定している。

山本英史「清代の溺女問題認識」は、明清時代にいわゆる間引きを表す用語として定着した溺女に対して、当該期の地方官、或いは士大夫・知識人層が如何なる認識を有していたのかを考察したものである。康熙年間の地方官による溺女禁止の告示が多数紹介されるとともに、それが奏功しない原因はトータルな「社会問題」としてではなく、単に「移風易俗」の問題としか見ない溺女認識にあり、それは清末から民国にかけても同様であったという。また、十九世紀後半に『得一録』等を著した余治の溺女論および保嬰会が取り上げられている。

岩井茂樹「元明清公文書における引用終端語について」は、元朝以降の公文書で引用された種々の文書の末尾に置かれた「欽此」「奉此」「蒙此」等の用語の読みと解釈と、さらにはこうした「引用終端語」が元代に出現する理由とを明解に開示したものである。清代の公文書原文と翻訳満洲文との比較対照によって明らかにされているように、「欽此」等の用語は単純に引用の終了を表す「現代日本語の右括弧（括弧閉じ）」と同じ記号的役割を果たすだけで、訳出する必要のないものだという。

この度、私が停年後の特任期間を経て、北海道大学の教員を引退するに当たり、私とともに高橋氏の同僚であった吉開将人氏から「高橋氏の追悼と併せて、私たちと縁をもった研究者による論文集を刊行してはどうか」と強く慫慂されたことによって本書出版への途は開かれたのである。論文集の刊行に向けて、出版計画の策定から執筆者との遣取りや出版社との交渉・打合せ等に至るまで、すべての業務を担ってくれたのも吉開氏であった。中国古代史や近代学術史等、きわめて幅広い研究領域を有する氏にも論文執筆への参加を呼びかけたが、高橋氏の研究の関連領域に限定すべきという理由で固辞されたために、本書の執筆者の欄に吉開氏の名前は存在しない。吉開将人氏には衷心より謝意を申し述べる次第である。

本書の刊行に際して、汲古書院の三井久人氏にはさほど売れるとも思われない論文集の出版を快く引き受けていただき、編集担当の小林詔子氏にはいつものように様々な御配慮・御助力をたまわった。ここに記してお礼を申し上げる。

なお、書名には、各論文が取り扱う時代性を考慮するとともに、高橋氏の著書へのオマージュとして「宋-清」という標記を用いている。改めて故高橋芳郎氏の学恩に深謝するとともに、北京市海淀区の万安公墓に眠る氏の霊前に本書を捧げることにしたい。

二〇一七年一月二十日

三木　聰

宋―清代の政治と社会

北宋交子論

宮澤知之

緒言

十一世紀の四川において重い鉄銭の不便を解消すべく交子が出現した。紙幣としての交子は商人間で発行されていた約束手形を前身とし、鉄銭の兌換券として通用した。[1]益州の交子鋪十六戸が独占的に発行したが、紛争の多発を機に天聖元年（一〇二三）官営に移行した。界制（通用期限）があり、[2]「一界三年」が原則である。[3]一界の発行額は一二五万六三四〇貫、兌換準備は三六万貫である。額面は、当初は一貫から十貫の十種、宝元二年（一〇三九）に五貫と十貫の二種、熙寧元年（一〇六八）に五百文と一貫の二種となり、また新旧交子の交換手数料は一貫につき三十文である。西夏との緊張が高まったとき、糧草入中の代価として六十万貫が陝西へ移送された。神宗朝以後、陝西や河東でも発行したことがあるが、短期間で廃止された。四川の交子は大観元年（一一〇七）銭引に継承されて南宋に及んだ。

北宋四川の交子の基本的な事柄に関して、以上が異説はあるものの概ね一般に認められているところと言ってよいだろう。ただ民間における交子発生の時期、官営化の経緯、手形から紙幣への転化の時期としくみ、交子制度の展開過程、界制の期限等の問題に関しては異論が多くあり、定説はまだない状況にある。[4]そして多くの研究者が交子展開の背景に想定するのは、宋代商業の発達による通貨需要の拡大、信用制度の発達による送金手形の盛行、銅銭より価値が低く重量のかさむ鉄銭の不便の解消、西夏との緊張による軍事費の増大である。なお本稿では官営化以前の交子を私交子、官の発行するものを官交子または単に交子ということにする。

ところで私はこれまで生産力の発展や社会的分業の展開に起因する宋代における商品経済（市場的流通）の発展に関して、その事実を前提としながらも、国家財政が編成する流通（財政的物流）にも着目し、両者の流通の相互関係という面において宋元時代はまだ財政的物流が優位であることを論じてきた。(5) このような観点からすれば、市場経済の発展をアプリオリに前提することに疑問をもつ。

たとえば交子を生み出した四川経済の発展を論証する一つの有力な根拠として、しばしば唐代の「揚一益二」（『資治通鑑』巻二五九、景福元年（八九二）七月丙辰）という諺に論及される。しかし、「揚一益二」は交子が発生した十一世紀初めの宋初および五代後蜀時代の市場的発展を捉えた表現ではない。たとえ五代宋初の四川の経済発展が特筆すべき水準にあったとしても、北宋の開封を中心とする京畿や両浙などの経済活動の活発なところでなぜ紙幣は出現しないのかという素朴な疑問が生じる。見銭交引なるものはあるが通常紙幣と見なされず、あくまで見銭の送金手段としての手形とされる。(6) 宋代経済の中心地域である両浙等で会子なる紙幣が登場するのは南宋初期、交子の登場より百年遅れる。そこで劉森は、政治・経済・文化の中心である開封でなく、四川に交子が発生したのは、鉄銭の重いことだけでなく、四川には巨富豪商が大量に存在して信用が発達したからだとし、(7) また汪聖鐸のように外国との貿易関係を重視し、宋初四川が全国最高の経済発達地域の一つであった根拠として、内地と西部地区（西蕃・西南夷・西夏等）の貿易上、中核の位置を占めていたとする見解もある。(8) いずれも宋初四川の突出した経済情況を説明しようとしたものである。

私には、前述の通常認められている理解に対して、やや腑に落ちない点がある。まず信用経済の発達というとき、商業信用が想定されているようだが、少なくとも官営化以後は国家信用である。また鉄銭が重くて不便だから交子がこれに代わったという論点である。鉄銭と銅銭ではもちろん銅銭のほうが重い。銅の比重が鉄より大きいだけでなく、銅銭にはかなりの鉛を含むからである。(9)なぜ四川の鉄銭が重いといわれるのか。

本論に先立ってどのような要件があれば紙幣と認められるかについて、本稿がとる視点を確認しておこう。紙幣の概念が論者によってかなり異なるからである。例えば、加藤繁は私法的なものから公法的なものへの変化を紙幣の成立と捉え、(10)宮崎市定は政府振出の約束手形の一歩進んだものとし、(11)彭信威は「真正の兌換券」とし、(12)日野開三郎(13)・高橋弘臣(14)は、送銭手形類の流通性の獲得を重視する。高聡明は、紙幣には信用の種類によって、兌換券と、国家の流通強制にもとづく紙幣（国家信用）の二種類があるが、民営および官営化の初めは前者の兌換券であり、やがて後者に転化したというから、官私を問わず交子を紙幣と認めることになる。(15)汪聖鐸は、私交子は手形や小切手に類似したもの、官交子は世界史上最初の紙幣といい、官営化を紙幣の成立と見ている。(16)このほか繆坤和は、官営化以後の交子は流通過程中では貨幣機能をもつ信用紙幣、発行と回収時は信用票拠（証券）であるとする。(17)

本稿では、主要な貨幣機能すなわち流通手段（商品の購買手段）・支払手段（納税・俸給支払）・価値尺度（価格表示）・価値保存機能（財産の保全）のいずれかを普遍的に有するものを貨幣だと捉える。従って貨幣は素材に関係しないから、紙幣とは貨幣機能を有する紙製の貨幣ということになる。このことは突飛な見解ではないが、重視したいのは交子がどのような意味で紙幣だったのか、いつ貨幣となったのかということである。換言すると、交子の機能は何か、またどのように変遷したかという問題である。

一　私交子の性質

はじめに官営化以前、交子戸による私交子発行の情況を確認しておこう。李攸『宋朝事実』巻一五、財用と『蜀中広記』巻六七、交子に引く費著『楮幣譜』によると、以下のようである。(18)

益州の十餘戸の交子戸は保を結成して私交子を作り、毎年官に「夏秋倉の盤量を行なう人夫」と「糜棗堰を修築する丁夫・物料」を納めていた。私交子は各戸で同色の紙を用い、印刷した図案に各々の符牒を書き込んだ。人戸が見銭を納入すると私交子を発行したが、金額に限定はなかった。私交子は遠近となく使われ、街市の取引に用いられた。私交子を見銭に交換するときの手数料は一貫あたり三十文である。毎年糸蚕米麦が市場にでるときに印刷した。なお交子戸は府治だけでなく、外県にもあるというから私交子は成都府にひろく普及していたと思われる。また「梓路提刑王継明」の名が見えることから梓州路にも私交子があったと思われる。

交子戸の発行する私交子とは、人戸が預けた鉄銭額を記入し、おそらく随時に手数料三パーセントで鉄銭への交換に応じるものであるから、預り証であることに疑いの餘地はない。この預り証は、「無遠近行用」「市肆経営買売」「侵欺貧民」という表現や、市場の盛んな季節に多く印刷発行されること、また成都府治にとどまらず外県にも、またおそらく梓州路にも交子戸があって私交子を発行していることから判断すると、地域的には比較的通用範囲が狭いが、貧民を含めて市場の流通手段として機能していたと推測できる。

ただし、租税等の納入手段（支払手段）、価値尺度として機能しないことは言うまでもなく、価値保存手段としてもかなりあやしい。また宋朝が禁圧の対象としていないことから、国家が認識する貨幣でないことは言うまでもない。

あくまで預り証が私的な流通手段として機能しただけで、宋朝の貨幣政策と抵触せず、阻害するものではなかった。このような私交子は代用貨幣と捉えることができる。

以上は官営化直前のことであるが、遡って景徳二年（一〇〇五）の景徳大鉄銭発行時の状況からもうかがえる。すなわちそのころ民間の銭が少なくなり、私交子で売買していたが、獄訟が多くなったので、大型の大鉄銭を発行して見銭を補充したという。(19) 当時の四川では銅銭を回収して鉄銭に切り換える政策が進行し、市場の銅鉄銭比価は銅銭一文が鉄銭十文に相当するまでになっていた。(20) 景徳大鉄銭は小平銅銭一文と等価、小平鉄銭に対して当十である。景徳大鉄銭と同様、私交子も市中の見銭補充の役割を果たしていたのであるから、景徳二年ごろの私交子も民間市場の流通手段であった。こうして史料上、景徳二年から天聖元年まで十八年間、私交子が民間市場において流通手段として機能する代用貨幣であったことが確認できる。

私交子が毎年市場の盛況なときに印刷されるということは界制がないことを意味する。預り証としての有効期限がなかったとは言い切れないが、二年か三年ごとに新旧交子を一斉に交換する官交子のような有効期間（界）でないことは確実である。また交子が官営化された契機は益州の交子戸十六戸の返済不能による訴訟の多発という事態であり、これは発行額の上限すなわち定額がなかったことに起因する。

私交子の返済不能という事態に対処して官営化が実施されたという経緯をふまえると、界制を採用し界ごとの定額を設定したのは、史料上の明証がないにもかかわらず、官営化の時点でしかありえない。『文献通考』巻九、交子は「天聖以来、界以百二十五万六千三百四十緡為額」と、官交子の開始である天聖に界制が施行されたと受け取れる記述となっており、また南宋の人、楊万里もそのように認識している。(21)

二　交子の変遷と性質

（1）天聖の官営化と初期の交子

天聖元年（一〇二三）十一月戊午、益州の富戸十六戸が発行していた私交子を官営に移行すべく、益州に交子務を設置する詔を発布し、翌年二月から実施した。大小鉄銭を預かると帳簿につけ、預け入れの契約の字号に基づいて交子を発行し、交子を交子務に回納すると、一貫あたり三十文の手数料をとり、そのつど契約の記録を抹消することなど、私交子の手続きをほぼ同様に継承した(22)。異なる点は、交子発行と回収の場所が益州内の交子務ただ一箇所のみであったこと、新たに界制を採用し一界の定額を一二五万六三四〇貫と定めたこと、額面一貫から十貫の十種類と固定したことである。そして私造を禁止したから、民間で自然発生した代用貨幣としての私交子はここで消滅した。官交子の基本的な性格は、私交子と同じく、あくまで見銭の預り証であった。この性格は、大中祥符（一〇〇八〜一六）末、銭と対応した券（官交子）の発行を、薛田が提唱したときも(23)、天聖元年の官営化の時点も同様である。後述するように、慶暦以後陝西への軍糧入中の代価として支払われるようになるが、それまでは四川内部における機能にとどまっていた。それは預り証であり、また最終的に鉄銭に換金しうることを根拠に市場で鉄銭に代えて行使されたに違いない。つまり私交子と同じく代用貨幣として流通手段の役割を担ったと思われる。ただし官営化の際、界制が採用されたこと、交子の額面が比較的大きいこと、見銭の預け入れと見銭への換金が成都の交子務一箇所に限定されたことによって、簡単に換金できないため流通手段の機能は相当に限定されたと思われる(24)。

ところで私交子にせよ、官交子にせよ、交子発生の理由・起源について、よく見られるキーワードは、質剤・飛銭

（便銭・便換）・鉄銭の重量である。『宋史』食貨志は、会子・交子の法は、唐の飛銭を継承したもので、張詠が蜀の人が鉄銭の重いことに苦しむのを見て、質剤の法を設け、それが交子であるという旨を記している。(25)唐の飛銭に相当する宋の用語は便銭・便換であり、宋初は民が京師の左蔵庫に、開宝三年（九七〇）以後は便銭務に見銭を納入して券を受け取り、諸州で換金する仕組みである。(26)飛銭は交子の送金機能とりわけ遠距離の送金機能を捉えての表現である。券を証明書あるいは契約書として用いる制度を質剤という。同一のものを作成し取引者同士が各々保管して争いを防止するのである。(27)従って交子の預り証という点を捉えて表現すると質剤の法ということになる。

次に鉄銭が重く輸送に困難という点について検討しておこう。転運使薛田が交子の官営化を最初に提唱した大中祥符末といえば、四川がほぼ鉄銭専用地域となったころである。四川内部では銅銭と鉄銭の比価は消滅し、比価が問題になるのは四川と銅銭地域とにまたがる交易の場合である。この場合の比価は、銅銭一文と鉄銭十文が等価であるが、四川内部の物価は他の銅銭地域の十倍ではない。租税では宋代を通して銅銭と鉄銭は等価であり、計贓の場合は銅銭一文と鉄銭二文が等しい。従って四川内部限定の行使において、銅鉄銭比価に起因して鉄銭の重量問題が発生することはない。(28)

四川の鉄銭には小平銭と当十銭があり、小平銭は毎十貫が六十五斤（一〇四〇両）であるのに対し、一〇〇五年発行の景徳大鉄銭の重量は毎貫（すなわち小平鉄銭の十貫）が二十五斤八両（四〇〇両）、その後大中祥符七年（一〇一四）当十銭の重量はその半分、毎貫が十二斤ないし十三斤（一九二～二〇八両）となった。(29)これらの重量は足陌の場合である。小平銭の重量は銅銭と鉄銭はほぼ同じで、当十銭は慶暦の大銅銭が毎貫約三〇〇両である。ただし慶暦元年（一〇四一）ごろの開鋳まで当十銅銭はなかった。(30)つまり見銭の輸送に伴う負担は、官交子が出現したころ、小平銭なら銅鉄銭は同じで、大鉄銭なら銅銭の三分の二ですんだのである。従って鉄銭の重量問題とは、銅銭と比較した鉄銭自体の重量をいうものでもない。

鉄銭が重いというのは、四川の地形的特色と関係する。蘇轍は四川から陝西へ茶を運ぶ客商にとって桟道が困難であることを述べ、李綱は鉄銭を運ぶのに四川の山道は険しいから交子を行なう利があるという。[31] 最も軽い祥符大鉄銭でも一貫（小平銭に換算して十貫）が約二〇〇両（約八キログラム）に及ぶのであるから、その輸送は並大抵のことではない。

四川商人は陝西で販売の代価として何を受け取ったのであろうか。見銭は桟道の険しさを思えば困難だろう。官営化して間もない天聖四年三月、秦州入中の対価は、客商が見銭（銅銭）の受領を願えば、交引を発給して京師権貨務で受領させ、四川で鉄銭の受領を希望すれば、秦州のそれまでの方法に倣って、四〜五割のプレミアムのついた交引を発給し、益州か嘉卭等州で鉄銭か交子に交換することとした。ただしその年の秋には益州転運司の上奏によって入中の停止が決まったとある。[32] 交引（交抄）とは見銭交引のことで、京師の権貨務で銅銭と交換する証券であるが、ここでは四川で換金する秦州発行の交引の存在が知られる。しかも天聖四年以前から秦州の例があるとおり、四川商人は交引を持ち帰ったのである。

要するに天聖四年の時点で、秦州への入中に秦州が交子を代価として支払う方法はまだ導入されていない。益州に持参された見銭交引に対して見銭または交子が支払われるのである。注意すべきは、益州で交子を受け取る客商にとって、預けた鉄銭の預かり証として交子を受け取ったのではなく、界の期限内に鉄銭に交換を予定する証券として受領した。機動性のある客商にとってかなりのプレミアム付きで交換できる上、携帯に便利な交子は、満界までの間、鉄銭と同様流通手段として用いることができたと思われる。益州からすれば、鉄銭を預かることなく、換金のため持参される交子との交換で本銭からの支出が増えるだけである。益州の上奏によって半年ほどで秦州への入中を停止したのは、秦州で早くも三年分の軍糧が確保できたのかも知れないが、秦州でなく益州の上奏によることに着目すると、益州にとって財政負担であったことは確かだろう。ついでながら、見銭との引換券という点では、交引も同じである。交引が京師榷貨務で銅銭に交換される場合、交換までの間、銅銭の代わりに流通手段として機能したと思われる。

なお宝元二年（一〇三九）、十種類あった交子を、発行額の八割を十貫、二割を五貫の二種類の交子とした。[33] 一貫から四貫までの交子を廃止した額面の巨大化は、交子の使用者をほぼ有力な商人に限定したことになるだろう。交子は一般庶民の日常生活で用いるものでは完全になくなった。

（2）慶暦～皇祐、交子の陝西への移送

天聖四年以後、いつからか明文はないが四川内部の行使にとどまっていた交子を、秦州に送り四川商人の軍糧の入中に対する対価として発給するようになった。交子移送の記録は、慶暦六年（一〇四六）までに二回計六十万貫、[34] 慶暦七年（一〇四七）に一回三十万貫、[35] 皇祐三年（一〇五一）までに二回計六十万貫[36]の三例が残されている。慶暦六年と皇祐三年の記事を同じ内容と見る見解があるが（その場合は慶暦六年を七年の誤りとする）、私はそのようには見ない。

では交子はいつ秦州への移送が開始されたのか。康定元年（一〇四〇）西夏が大挙入寇し、慶暦四年（一〇四四）和議が締結された。宋朝はそれ以後西北辺の防備の強化につとめた。熙寧七年に永興秦鳳等路察訪李承之が「慶暦・皇祐中に秦州が塩鈔と四川交子」を民間に変売したと言うから、[37] 対西夏戦争に突入した慶暦元年から、和議後の国防のため軍糧入中が急務となった時期まで、すなわち移送の開始は慶暦前半のことだと推測する。さらに文彦博が慶暦六年の時点で放出した交子があと一～二年で満界になると言うから、最大幅をとって、慶暦元年から、六年までの間に二回移送されたことになる。[38] 私は三例の移送の記事をすべて生かし、慶暦元年から六年までに二回、七年に一回移送

し、前述の李承之が皇祐中の移送も述べ、皇祐三年の三司使田況の上奏の末尾に、「今後更に秦州の借支するを許さざるを乞う」といって裁可された以上[39]、皇祐年間にはいっても移送し、同三年に停止したと考える。つまり田況が移送は二回というのは、慶暦七年以後二回という意味だと考える。兵力を集中した西北辺への軍糧入中は記録に残る以上に大規模であったはずである[40]。

さて交子を秦州に送って軍糧入中の対価として支払ったことは、交子の性格を変えた。四川の客商は鉄銭ではなく軍糧を納入して受け取る以上、客商にとって交子は預り証でなく、単に鉄銭との引換券である。客商自身が送金するのでないから送金手形でもない。官にとっては送金手形の意味を含むと言えるかも知れないが。しかも四川では換金用の見銭の準備もないまま交子を換金したことによって、官にとっても預り証としての意味が損なわれた。

（3）熙寧の改革以後――河東交子法と陝西交子法――

慶暦に始まったと推測できる四川交子の秦州への移送は、預り証という交子の意義を変化させ、換金できない交子が民間に散在して信用を失った結果、皇祐三年にやめられた。この後しばらく秦州入中対価のための交子移送の記事はない（但し後文で述べるように、時期不明ながら復活した）。交子の秦州移送のことが再び問題となったのは、熙寧（一〇六八～七七）の改革のときである。この時期の問題は陝西や河東での交子発行に、熙河路開発、塩法、四川権茶法が絡んで複雑である。なお河東・陝西の交子法に関する記録は繫年にしばしば乱れがある。ここでは主として、加藤繁の研究に依拠する[41]。

熙寧元年、発行額の六割を一貫、四割を五百文の二種類の交子とし[42]、偽造に対し官印文書法を適用した偽造罪賞を立てた[43]。宝元二年以来の十貫・五貫という巨大な額面を、十分の一の一貫・五百文という小額面に変更したのは流通の促進をはかったものである。交子利用者をやや資力の弱いものまで拡大したと言えるだろうが、それでもまだ日常生活上では大きすぎる。偽造に関する法令を整備した背景には偽造の盛行が窺える。また官印を有する文書の扱いであることが注目される。

〔河東交子法〕

熙寧二年（一〇六九）閏十一月から翌三年七月壬辰までの短い期間、河東路の潞州に交子務を設置し交子法を実施した。実施の理由は公私ともに鉄銭の輸送に苦しむことであり、廃止の理由は、入中代価に塩・礬が希望されなくなったこととある。(44) 慶暦八年（一〇四八）、范祥が塩法を改革し、沿辺に見銭を入中して代価に解塩鈔を支払い、現地で軍糧を買い入れる方式に変わっていた。(45) 河東の鉄銭は慶暦二年に導入され、皇祐四年（一〇五二）頃鋳造停止となっていたから、以後流通量は非常に少なくなり陝西に仰ぐほどであった。(46) 潞州交子務は、見銭を集め入中代価として発給される交子を見銭に換える役割を担う。潞州は河北路に近く、秦州まで相当の距離があるから、交子と見銭の交換には大幅なプレミアムがあったに相違ないが、河東交子が対象とする見銭は鉄銭でなく銅銭も含まれていた可能性がある。(47) かくすることで四川・陝西・河北を客商の活動で連携しようとしたのだと推測する。しかし河東交子法は、回貨のない陝西沿辺に見銭を入中した客商が礬塩の引を算請していた情況を変化させ、交子の受領を希望して礬塩が売れないという事態を招いた。とりわけ北宋財政の重要な位置を占める塩法と競合し塩法の危機を招いたことが、交子法を短期間で廃止する原因となった。

〔陝西交子法〕

熙寧三年、王韶の西蕃経略が始まり、その財源に秦鳳路経略司の保管する四川交子が支出された。(48) 陝西での財源を確保するため、四年正月、陝西交子を発行し、永興軍買塩鈔場を廃止した。(49) しかし熙寧四年の陝西交子法はわずか三箇月間の実施にとどまり、買塩鈔場を復活した[50]。永興軍の買塩鈔場の興廃と陝西交子の興廃が互い違いになっているように、河東交子失敗の轍を踏まないよう、一応塩鈔との競合を避けたにもかかわらずである。廃止の理由は交子と交換する見銭の不足である。民に見銭を納入させて交子を発行し辺事がおさまってから返金する予定であったのが、折二大鉄銭を鋳造して交子本銭とするなど努力したものの[51]、結局は十分な見銭が工面できなかったのである[52]。ここで交子は入中商人にとって、見銭を納めて受領し、四川で換金するための証書であるから、預り証とも送金手形とも言えるものである。むしろ政府は本来の預り証という性質を沿辺入中に応用したと言うほうがよいだろう。これは河東交子法についても当てはまる。しかし兌換用の見銭が不足したから、預り証として不十分だった。しかも交子務を設置せず、三～五年後辺事が終息してからの未払い分の返還を予定しているから、界制をとらない無期限の証券であった可能性がある。

陝西交子を廃止した翌五年、四川交子の両界制を始めた[53]。四川から陝西に交子を移送して入中商人に発給し、成都で換金させる方式に切り換えるための措置である。しかしこれによって有効な交子の量は二倍になり、銭と交子の均衡は大いに崩れることになった[54]。

陝西交子法を実施して以後、四川交子に新しい使用方法が現れた。交子を青苗本銭にあてたり[55]、梓州路の常平糴本にしたりした[56]。これらの支出は熙豊の変法を推進する措置であり、青苗本銭は民間に貸し出され、常平糴本は常平米買入の費用となって民間に放出される。成都の人々は交子務があるから交子を支払われた者はそこで見銭に交換し、梓州のような遠隔地では資力のある商人が交子の発給を受けて成都で換金したのであろう。最終的に見銭に交換される必要はあるが、政府は見銭と同じように財政支出の手段として用いるようになった。

熙寧七年六月、二度目の陝西交子を発行し[57]、ついで十一月茶場司を設置し四川榷茶法を実質的に開始した[58]。范祥の塩法改革（一〇四八）以後、沿辺入中の対価は塩鈔が主たるものとなっていた。陝西商人は塩鈔と交換した解塩や薬物を四川に運んで販売し、茶その他を仕入れて帰った。(59) 宋朝は四川の茶に目をつけ官自ら園戸の茶を買い、客商に転売することとしたのである（四川榷茶法）。これ以前、成都府は毎年熙河路に交子十万貫を移送していた（皇祐三年に陝西への交子移送が停止されて以後、いつ復活したか不明）。客商は熙河に四五〇〜五〇〇文の見銭を納めて交子一紙（一貫）を受取り、成都の交子務に持ち帰り鉄銭一貫文足に換金した。そこで、四川に茶場を置き、回本銭（廻貨本銭）を準備して、商人が持ち帰る銀・交子・塩鈔等を買って茶本とした。(60) 見銭を陝西に入中する商人は、受領する交子を媒介に四川で見銭化すると二倍以上になる。陝西での大量の交子発給は成都での官銭支出を膨大にしたので九年正月、陝西交子は廃止された。(61)

この時期、交子とはどういうものかという議論が盛んになされた。権永興軍等路転運使皮公弼は送金手段と認識し、(62) 措置熙河財利孫迥は運銭の費用を省き、兼ねて鈔法を補助するものとし、(63) 神宗も交子と塩鈔は同類ものと認識している。(64) このように政府は交子に貨幣という認識はなく、送金手段として意義づけるが、一方で先述のように変法推進のため見銭同様に交子を支出しており、民間では、界限が来るまでの期間、流通手段として利用することができた。

例えば、榷茶法以前の交子使用の最大の場は茶の売買であるという蘇轍の証言があるけれども、榷茶法の施行によって交子の価値が減少したとも言っている。(65) その具体例は呂陶によると、買い取り価格の端数は見銭で支払い、貫を成す部分は交子で支払うという。その結果、交子の放出が多くなり、銭陌が発生した。(66) 熙寧十年、第二十七界交子は彭州（成都府の北隣り）における市場の価格が九六〇文であるのに対し、茶場司は一貫文を指揮し、第二十六界交子は市場で九四〇文であるのに対し、茶場司は九六〇文を指揮し、年月不明だが、第二十六界交子は市場が九二〇〜九三〇文、官庁は一貫文だった。(67) 交子は官民交易の手段となったほか、民間の銭陌と官司の銭陌が異なることが注目される。民間よりも官司のほうが高い値の銭陌を用いるのは、交子の価値下落を阻止するための方法である。それにしても民間市場における交子の価値変動は、単なる見銭の預かり証や送金手段でないことを示唆している。また一貫単位で交子を、端数を見銭で払う以上貨幣扱いでもある。交子は流通手段として機能していたはずである。

(4) 紹聖から崇寧——交子発行額の増大——

陝西交子を廃止した後、陝西へ年額十万貫の交子の移送を継続したり[68]、梓州路の財政補助に移送したりしたほかは[69]、元豊・元祐年間（一〇七八〜九四）に四川交子をめぐる目立った動きは記録されていない。しかし哲宗が親政を開始した紹聖（一〇九四〜九八）以後、陝西の財政支出をまかなうべく、四川交子を増印し、元符元年（一〇九八）定額も毎界一八八万六三四〇貫とした[70]。両界制であるから三七七万二六八〇貫であり、天聖年額の約三倍に及んでいる[71]。そして崇寧元年（一一〇二）には、三百万貫の増印、百万貫の本銭の準備のうえ、陝西で見銭・塩鈔・交子の三者を通行させようという蔡京の案を裁可するに至る[72]。翌二年は一一四三万貫、四年は五七〇万貫、大観元年（一一〇七）は五五四万貫を増印し、結局二四三〇万貫を発行するにいたったという[73]。もはや定額のないといわれる状態である[74]。これほどの増印はもちろん陝西での糴買と募兵の用にあてるためであるが、紹聖のころは四川商人が陝西に交子を持ち出し四川で不足の状態になったためであると言われていた[75]。

紹聖以後、交子の主要な使用地域はしだいに陝西に移り、四川では逆に不足という状態となった。商人の動きを見ると、受領した交子を陝西から四川に持ち込んで換金するのでなく、四川から陝西に運んでいる。以前とは反対の流れである。おそらく陝西内で見銭と交子の交換を繰り返すことで大きな利得があったのだろう。すなわち陝西内で交子を見銭と交換し、それを沿辺に入中して再び交子を受領するという繰り返しである。見銭入中で受け取る交子に二倍ほどのプレミアムがつくとなれば、そのような方法を商人は選択することができた。もちろん有効期限の迫った時点で成都に持ち帰る必要があり、そのための本銭百万貫の準備である。陝西で交子がある程度の信用を得ていることは蔡京の言のなかにも触れられている。

なお銅銭鉄銭併用地域であった陝西では元祐八年（一〇九三）、元符二年（一〇九九）の二回、銅銭の通用を停止し鉄銭専用地域とすることを目指したが失敗した。さらに崇寧二年、鉄銭の一種である夾錫銭（鉛錫を混ぜた鉄銭）を陝西・河東に導入した（以後行使地域の拡大縮小を繰り返し崇寧・政和の一時期全国通貨となる）。鉄銭と銅銭は財政上では等価であるが、市場では相場が立ち、州によって差があるものの鉄銭の方が安かった[76]。これらの事情が、政府にとって鉄銭とセットになる交子の導入政策と表裏をなし、商人にとっては地域差のある鉄銭相場を利用する条件を準備したと言えるだろう。

このように紹聖以後、交子は四川よりも陝西で遙かに利用されるようになった。しかし交子が陝西の市場的流通の媒介物となったかと言えば疑問である。紙幣を要求する市場的流通の発展が京畿・両浙・四川より進んでいたとは考えにくいからである。交子が使われるのは入中の代価であり、その機能は範疇的にはあくまで財政的物流に属する。

三　大観の改革——紙幣への転化——

北宋末期、交子の通用範囲を全国的に拡大する動きが起こる。崇寧三年（一一〇四）京西路、四年四月に淮南に拡大、六月に京畿・閩・浙・湖・広を除く諸路に拡大したが、一年で四川を除いて廃止となった[77]。この間四川以外の交子を銭引と改称して、四川交子と区別したのは、四川が鉄銭専用地域であることを配慮したのかも知れない（崇寧四年時点では夾錫銭の拡大によって四川以外は銅鉄銭併用であった）。閩・浙・湖・広を除いて通用させようとしたのは、辺境への物資集中が急務だったからである。

崇寧年間における四川交子の増印につぐ増印と交子（銭引と改称）の全国化は、交子制度を破綻させ、再び四川一路に縮小した。四川交子の価値の下落は激しく、新交子との交換を四対一とした（おそらく市場での減価はさらに大きかったはずである）。大観年間に入ると、蔡京は四川交子の制度の再構築をはかった。制度改革の年次について諸記録にやや違いが見られるが、『宋史』食貨志をもとにすると、[78] 概ね以下のようである。大観元年、四川の交子を銭引と改称し（但しこの後も交子と称する記録は多い。雅称である）、二年、交子の交換が成都一箇所であったのを、陝西・河東の銭引（交子）を対象に永興軍にも設置し、[79] 三年、旧交子の兌換を停止し、印造額を天聖の年額にもどし、さらに銅銭地域の銭引の通用を停止した。従って陝西での銭引の通用は消滅した。また消滅していた兌換準備もあらためて三十六万貫とした。[80] 四年には四川提挙各司の封椿銭五十万貫を成都交子務の本銭にあてた。

旧交子の兌換停止は、大量の発行で生じた政府の巨大な債務を強権で帳消しにした強引な方策である。こうまでして天聖の制度に戻すことを選択したのだが、改革中の間に、銭引の性格に注目すべき変化が現れた。銭引と改称後、引直の減価に対処して民間の十貫以上の交易では、見銭と銭引を中半とした。市場の流通手段として機能する銭引の行使方法にルールを導入しようとしていることが分かる。さらに官僚の俸給は見銭のみの支給をやめて銭引による全額支給、もしくは銭引に一〜二割の見銭を混ぜて支給することとした。[81] 俸給に銭引を導入したことは、国家的な支払手段として強化したことを意味する。

しかし、この記事だけでは民間の国家に対する支払手段として認定されているかどうか判明しない。政和元年（一一一一）、成都府転運司は、昨ごろ官に納入する銭引は、三割は民戸が所有するものを納入し、七割は銭引務で見銭に換えて納入することとしたが、そのため人々は七割の銭引に疑いをいだいた、今後はすべて銭引で納入してもよいし、見銭に換えてから納入してもよいことにしたい、と奏して裁可された[82]。つまり「昨」とあるから政和元年か大観年間に、官への納入は三割まで銭引を認め、政和元年に銭引で全額納入することを認めたのである。これによって銭引の国庫通用性に制限はなくなった[83]。輸官の内容に言及されていないが、納税が当然含まれたはずである。銭引が納税の無制限な支払手段として機能すると、国庫からの支出とあわせ、銭引が欽定的支払手段として完備することになり、引価も安定したことによって[84]、銭引の紙幣としての機能はほぼ完成に近づいた。銭引が納税に使われるようになり、預り証の手数料が付加税になったらしいことは、南宋の記録からも分かる[85]。

納税手段として認められた背景には、市場の流通の媒介物として誰でも手にしうる状況があったはずである。この状況は銭引に価格を表示する機能（価値尺度）を備えさせることになった。南宋の文献には銭引が価格を表示する例が多く残され、「折估銭二引」「銭引〇〇道」などの例が知られる[86]。一引、一道は一貫である。挙例では南宋初めは徴税・和買など財政上の価格ばかりだが、中期には市場価格の例が現れる。銭引が市場においても一般的な価格表示機能を獲得したといえる。界制がある以上、価値保存機能として極めて弱体であるけれども、普遍的な流通・支払・価値尺度という貨幣機能を備えるようになったのである。

南宋の人楊冠卿は四川の楮幣は百年も弊害がないという認識のもと「租税の輸、茶塩酒酤の輸、関市沢梁の輸、皆折納するを許す」という[87]。十三世紀初めのことだろうが、銭引を紙製貨幣（楮幣）として認めている。もちろん楮幣（銭引）と見銭（鉄銭）は、見銭が本位貨幣で楮幣が見銭の標章物である関係にはなく、別々に価値変動する異種の貨幣である。銭引の価値の維持は、会子と同様、租税・専売・商税等による回収によって維持される。すなわち南宋の銭引は官が最終的に引き受けることで保証する政府紙幣である。

結語

民間で自然発生した私交子は、鉄銭の預り証にすぎず、それが鉄銭の代用として使われても、本来の証券の性格から禁圧の対象にもならなかった。預り証の発行とその代用貨幣としての意義は商品経済・信用経済をとくに想定しなくとも私交子を発行する商人の開発した金融の一種と見なすことができる。訴訟の多発を契機に官営に移行しても預り証としての性格は変わらず、私交子と同様鉄銭の代用貨幣として機能したと推測できる。ただ官交子は界制・一箇所の交子務・額面の大きさから、私交子よりも流通手段としての機能は限定されたはずである。交子の性格が変わり始めたのは、慶暦年間、陝西の軍糧確保のため、秦州に交子を移送するようになってからである。秦州に軍糧を入中した商人にとって預り証でなく、単なる見銭との引換券にすぎなかったし、成都の交子務にとっても単に財政支出が増すだけだった。額面はいっそう大きくなり一般の人々の経済生活とは殆ど関係のないものとなった。

煕寧の変法が始まると、陝西の軍糧調達の手段として利用するため、河東・陝西でも交子を発行し、預り証・送金手段としての性質を応用したが、塩鈔法と交互に実施したように、最終的に引換券（塩鈔は塩と、交子は鉄銭と交換）であることが強く意識された。政府にとってより重要な塩鈔法を阻害することから結局河東・陝西の交子法は廃止される。しかし陝西の財政支出の増大にともない四川交子の陝西移送は定額のないほど拡大されてゆく。成都交子務での換金も預かり金でまかなうことはできず、他の財源（各種封樁銭）をあてるしかなかった。もはや預り証としての性格は実質的に消滅した。

大観に始まる改革では、旧交子を失効させ、交子を銭引と改称して制度をやり直したが、俸給支払・租税納入に銭引を導入したことから、支払手段・流通手段としての機能を一段と強め、南宋にはいると価格表示機能も獲得する。この時点で交子の後身である銭引は紙製貨幣（楮幣）として完成した。

要するに、預り証・引換証・送金手形という交子の性質のある一側面、それも年月の変遷とともに変化する機能に着目すると、交子は発生以後、一貫して同じ機能をもつ証券であったということはできない。慶暦に始まり熙寧をへて崇寧にいたる交子とは、第一義的に財政的物流を編成するための媒介としての送金手段か、支払手段としての塩鈔と同じ鈔引としか言いようがない。交子は部分的に市場において貨幣機能をはたしたと推定できるが、本質は紙幣ではない。紙幣としての実質を備えたのは大観以後、とくに南宋にはいり、市場的流通を媒介し、価格を表示する機能を獲得するに至ってからである。

唐宋変革をへて流通経済が拡大したことに異論はない。では拡大した流通を何が媒介したのだろうか。北宋時代が未曾有の銅銭鋳造時代であったことは確かだが、拡大した流通を媒介する流通手段としてはいかにも少なすぎる。十一世紀の熙寧のときが最大で六百万貫であり、それ以前は遙かに少なく、しかも大半が国庫に蓄えられていた。唐代の貨幣では実物貨幣である布帛が重要だったが、宋では規格・品質の画一性のない布帛は財政貨幣の地位を喪失した[88]。それに代わるものとしての銀もまだまだ少ない。

価値が安定し画一的な規格を有して計算可能な銅銭（小平銭のみ）は、全国的な流通を流通手段としてでなく、価格計算の機能で支えた。そこで北宋朝が財政運用のために採用したのは貨幣でなく、実物と交換する鈔引（証券）の類であり、なかでも特に塩鈔が重要であった。通常この塩鈔を貨幣だと認めないのは、結局は実物の代替であること、日常の経済生活を支える普遍性をもたないことによる（通用地域の限定・大きな価値・最後は塩の販売で見銭化すること等々）。北宋は、財政においては価格計算を見銭で行ない、すなわち価値尺度は見銭が担い、流通手段・支払手段は各種証券が果たした時代だったのである。これは流通経済の面では財政的物流について言えることだが、一方、市場的流通においては、価格表示は見銭が担い、支払・流通手段であったのは、見銭はもちろんだが、穀物や布帛、まだ少ないが銀等の実物貨幣であった。南宋になると会子や銭引が見銭と同様の機能を果たすようになる。

証券のうち見銭交引は銅銭との引換券であり、代用の貨幣として流通したと推測できる。だが主要な機能は送金手段であった。銅銭とセットになった交引に対し、鉄銭とセットになったのが交子である。交子は財政上の役割も基本的に交引と同じであり、ひいては鈔引の類として塩鈔とも同じである。それ故交子だけを貨幣であると認める理由はない。交子を紙幣と認定すれば交引も紙幣であり、交引が紙幣でないなら交子も紙幣でない関係である。もちろん交子も交引も流通手段として機能したと推定できることは事実だが、そこに主要な機能があるわけではなかった。なお南宋の会子は楮幣と認めるが、銭引は官券に過ぎないという論者も存在する。銭引を楮幣と表現するのは雅称であるが、殿試の御題にこの語が用いてから定着したのだという。[89] おそらく銭引の前身である交子をつよく意識した議論である。では何故、現在交子は楮幣として認められているのだろうか。

そのような見解を有し、現代まで影響を及ぼした説として馬端臨の『文献通考』を挙げることができる。馬端臨は楮幣についての考え方を二つ示している。一つは、「致遠」をもっとも重視する立場から、飛銭や鈔引は大商人の交易を通じたけれども、銭貨との引換券であって、銭（貨幣）そのものではない、慶暦以来、蜀に交子が現れ、建炎以来、東南に会子が現れて、初めて楮が銭になった、という。[90] 慶暦とは陝西交子を秦州の軍糧確保のために移送したときである。

二つ目の考えは、中興以来初めて楮幣をつくったとし、会子をつくった初意は会子を銭としようとしたのでなく、茶鈔・塩鈔の類とみて、銭と均衡をはかっただけであった、ところが鈔引の価値が大きいのに対し、会子は一貫から二百・三百まである、鈔引は商人が茶塩・香貨と交換するもので必ず行使する路分が決められるのに対し、会子は公私の売買・支給あらゆる場面で用いることができ、かつ一貫から二百まであるから、明らかに見銭の代わりとなる、という。[91]ここでは銭と同じ機能をもつ要件として、小額であること、路分の制約のないこと、官司を問わない全ての場面で流通・支払の機能を持つこと等が挙げられている。すなわち普遍的な流通・支払の機能をもつことを重視する。

おそらく馬端臨にあって二つの見方は矛盾しない。馬端臨は、楮幣とは見銭と同等の機能を有するものと見なすものの、宋末元初の人であり、銭引が貨幣としての性質を具備してすでに百年以上経過した時代の人である。銭引の前身である交子に遡り、単なる預り証としての意味を脱した慶暦に楮幣となる端緒を見いだしたということだろう。しかし貨幣機能を辨別して交子を論じる本稿の立場からすると、官の入中代価の支払手段とした慶暦は貨幣機能のごく一部を獲得しただけで、まだ普遍性を確保していないと言わざるを得ない。

最後に、なぜ経済先進地での紙幣導入が遅れたかという最初の疑問に触れておこう。南宋初めの紹興六年（一一三六）行在交子務を設置し、すぐに廃止したときの意見に、[92]銭引の法を両浙等の路に導入してはならない理由として、客商に役立つが軍民には益無く、輸送には便利だが日用に資することはないこと、交子の額面は一貫以上で一枚の交子を持って市に出かけても使いきれないことを挙げている。[93]輸送に従事する客商には便利だが、一般庶民の日常生活には無用だというのである。交子は遠距離間の多額の交易のためにあるという認識があり、馬端臨の第二の楮幣観と部分的に重なる観点から両浙における交子の導入に反対するのである。楮幣とはこういうものでなければならないという考えが、南宋初めに現れたと言える。つまるところ馬端臨の第二の楮幣観が具現するような紙製貨幣は南宋に出現し、北宋時代はまだ、四川においても、経済先進地たる京畿・両浙においても、必要性に迫られず存在しないということである。

註

本稿の略称：李燾『続資治通鑑長編』→『長編』　陳均『皇朝編年綱目備要』→『備要』
徐松輯『宋会要輯稿』→『宋会要』　李心伝『建炎以来繫年要録』→『要録』

（1）益州は端拱元年（九八八）に成都府、淳化五年（九九四）に再び益州、嘉祐六年（一〇六一）に成都府となった（『宋史』巻八九、地理志）。以下本稿ではほぼ史料通りに表示する。

（2）界制の開始について、私交子の時からあるとする説（加藤繁「交子の期限に就いて」『支那経済史考証　下』東洋文庫、一九五二年、所収。初出一九三〇年）、天聖元年官営化の時点からとする説（彭信威『中国貨幣史（第三版）』上海人民出版社、一九六五年、一九八八年重版）がある。

（3）北宋交子の界制の期限について、「三年一界」とする記録が多いが、その解釈には、三年説（加藤前掲註（2）論文、宮崎市定『五代宋初の通貨問題』『宮崎市定全集　九』岩波書店、一九九二年、所収。初出一九四三年）、足かけ三年（実質二年）説（彭信威前掲註（2）『中国貨幣史（第三版）』）、二年説（李埏・林文勛『宋金楮幣史繫年』雲南民族出版社、一九九六年）、初め三年のち二年に変更説（藤本光「交子の界制に就いて」『史潮』九―二、一九三九年）。私交子三年・官交子二年説（王曾瑜「関于北宋交子的幾箇問題」『宋史論集』中州書画社、一九八三年、劉森『宋金紙幣史』中国金融出版社、一九九三年）、閏年説（姚朔民「四川交子的産生」『中国銭幣』一九八四―四）等がある。一九九三年までの各説の史料根拠と解釈の詳細は、劉森著書二〇～二六頁参照。本稿ではこの問題に触れない。

（4）李埏・林文勛『宋金楮幣史繫年』（雲南民族出版社、一九九六年）は、楮幣関係史料を編年し解釈に異説あるものを紹介論評する。汪聖鐸『中国貨幣史　上下』（社会科学文献出版社、二〇〇三年）も異説のある論点を詳しく紹介する。

（5）宮澤『宋代中国の国家と経済――財政・市場・貨幣――』（創文社、一九九八年）。同「元朝の商税と財政的物流」（『唐宋変革研究通訊』四、二〇一三年）。

（6）代表的な研究は日野開三郎「北宋時代の手形『見銭交引』を論じて紙幣『銭引』の起源に及ぶ」（『日野開三郎東洋史学論集　七』三一書房、一九八三年、所収。初出一九三八年）。

(7) 劉森前掲註(3)『宋金紙幣史』四～五頁。
(8) 汪聖鐸前掲註(4)『中国貨幣史　上下』六一八頁。
(9) 鉄の比重は七・八七、銅は八・九二、鉛は一一・三四である。小平銭の重量は銅銭・鉄銭ともに二～四グラムで、鉄銭の方がばらつきがあり、大きさは銅銭がやや大きく約二四ミリメートルである。北宋銅銭の成分構成は、銅六〇～七〇％、鉛二〇～三〇％、錫一〇％未満である。周衛栄『中国古代銭幣合金成分研究』(中華書局、二〇〇四年)。荘綽『鶏肋編』巻中によると、宋朝の銭料例の変遷は以下のとおりである。宋通元宝(四斤九両)、咸平五年(一〇〇二)以後(五斤)、景祐三年(一〇三六)以後(四斤一三両)、慶暦四年(一〇四四)以後(四斤八両)、治平元年(一〇六四)以後(五斤)。いずれも省陌の一貫(七七〇文)の重量である。
(10) 加藤繁「官営と為りたる後の益州交子制度」(前掲註(2)『支那経済史考証　下』所収、初出一九三四年)二二一頁。
(11) 宮崎前掲註(3)『五代宋初の通貨問題』二六七頁。
(12) 彭信威前掲註(2)『中国貨幣史(第三版)』四二八頁。
(13) 日野開三郎「交子の発達について」(前掲註(6)『日野開三郎東洋史学論集　七』初出一九三四年)。
(14) 高橋弘臣『元朝貨幣政策成立過程の研究』(東洋書院、二〇〇〇年)四七頁。
(15) 高聡明『宋代貨幣与貨幣流通研究』(河北大学出版社、二〇〇〇年)五一頁。
(16) 汪聖鐸『両宋貨幣史』(社会科学文献出版社、二〇〇三年)下冊六一四・六一六頁。
(17) 繆坤和『宋代信用票拠研究』(雲南大学出版社、二〇〇二年)九五頁。
(18) 李攸『宋朝事実』巻一五、財用、
始益州豪民十餘万(衍字)戸、連保作交子、毎年与官中出夏秋倉盤量人夫、及出修糜棗堰丁夫物料。諸豪以時聚首、同用一色紙、印造印文、用屋木人物鋪戸押字、各自隠密題号、朱墨間錯、以為私記。書塡貫不限多少、収入人戸見銭、便給交子。無遠近行用、動及万百貫、街市交易。如将交子要取見銭、毎貫割落三十文為利。毎歳糸蚕米麦将熟、又印交子一両番、捷如鋳銭。収買蓄積、広置邸店・屋宇・園田・宝貨。亦有詐偽者、興行詞訟不少、或人戸衆来要銭、聚頭取索

印関、閉門戸不出、以至聚衆争闘、官為差官攔約、毎一貫多只得七八百、侵欺貧民。知府事諫議大夫寇瑊奏、……其餘外県、有交子戸、……奉聖旨、令転運使張若谷・知益州薛田同共定奪、奏、……若民間偽造、許人陳告、支小銭五百貫、犯人決訖、配銅銭界。奉勅、令梓路提刑王継明与薛田・張若谷同定奪聞奏、称、自住交子後来、市肆経営買売寥索。今若廃私交子、官中置造、甚為穏便、仍乞鋳益州交子務銅印一面、降下益州、付本務行使、仍使益州観察使印記、仍起置簿歴、逐道交子上、書出銭数、自一貫至十貫文、合用印過上簿封押、逐旋納監官処収掌、候有人戸将到見銭、不拘大小鉄銭、依例準折交納、置庫収鎖、拠合同字号、給付人戸、取便行使、毎小鉄銭一貫文、依例剋下三十文入官、其回納交子、逐旋毀抹合同簿歴。天聖元年十一月二十八日到本府、至二年二月二十日起首書旋、一週年共書放第二界三百八十八万四千六百貫。

曹学佺『蜀中広記』巻六七、交子、

元費著曰、蜀民以銭重難於転輸、始製楮為券、表裏印記、隠密題号、朱墨間錯、私自参験、書緡銭之数、以便貿易、謂之交子。凡遇出納季、一貫取三十銭為息。其後富民十六戸主之、尋亦貲衰、不能相償、争訟数起。大中祥符末、薛公田為転運使、請官置交子務、以権其出入、不報。寇公瑊守蜀、乞廃交子不用、会瑊去而田代之。詔田与転運使張若谷度其利害。田・若谷議以廃交子為非便、請為置務、禁民私造、条奏甚悉。又詔梓州路提刑王継明与田・若谷共議。田等議如初。詔従之。始置益州交子務。時天聖元年十一月也。自二年二月為始、至三年二月終、凡為交子一百二十五万六千三百四十貫、其後毎界視此数為準。

(19) 『長編』巻五九、景徳二年二月庚辰、

先是、益邛嘉眉等州（本志無眉州、有雅州）、歳鋳銭五十餘万貫、自李順作乱、遂罷鋳、民間銭益少、私以交子為市、姦弊百出、獄訟滋多。乃詔知益州張詠与転運使黄観同議於嘉邛二州鋳景徳大鉄銭、如福州之制、毎貫用鉄三十斤取二十五斤八両成、毎銭直銅銭一、小鉄銭十、相兼行用、民甚便之。

(20) 宮澤前掲『宋代中国の国家と経済』第二部第四章。

(21) 楊万里『誠斎集』巻一二九、陳埛之墓誌銘（陳琦）、

初蜀之民、私以楮券為貨、謂之交子。至天聖中、官始榷之、再歳一易、謂之交界。其後有司並縁巧取、凡券之微壊者、皆没入之、不賂不易。

(22) 註(18)『蜀中広記』参照。このほか『長編』巻一〇一、天聖元年十一月戊午など。

(23) 唐士恥『霊巌集』巻四、益州交子務記にも、官交子を提案した薛田の考えを述べて、

又豈公朝理財之義、折以大中、則不若官為設職、制其盈虚、有銭斯付之券、有券必予之銭、出入無毫髪之私、授受無斯須之間、母子之相権、名実之相召、経緯之相済、力役省而紛争息矣。

薛田が交子務設置を上奏したのは大中祥符末年のことである。

初蜀民以鉄銭重、私為券、謂之交子、以便貿易、富民十六戸主之。其後富者貲稍衰、不能償所負、争訟数起。大中祥符末、薛田為転運使、請官置交子務、以榷其出入、久不報。(『長編』巻一〇一、天聖元年十一月戊午)

『長編』の記事について、富民十六戸の話のあとに大中祥符末がくるように、記述の順がおかしいが、薛田の上奏は採用できる。『霊巌集』の益州交子務記も、引用しないが記述の順序は『長編』と同じ。

(24) 文彦博『潞公文集』巻一四、乞諸州供銭撥充交子務(慶暦六年)、

益州交子務所用交子、歳獲公利甚厚、復又民間要藉使用。蓋比之鉄銭、便於齎持転易。近因秦州入中糧草、両次支却六十万貫文交子、元有未封椿見銭准備向去給還客人。深慮将来一二年間、界分欲満、客人将交子赴官、却無銭給還、有悞請領、便至壊却交子之法、公私受弊深為不便。

交子を陝西に移送した後のことであるが、界分が満ちる前に交子務に行かなければならない。また南宋の銭引でのことであるが、交子も銭引も事情は同じである。

四川諸州去総領所遠者、至千数百里、而期限已迫、往来或不及、且受給之際、吏縁為姦、折閲已甚、于是単丁・弱客、皆不敢行、一引之値、僅售百銭。(『建炎以来朝野雑記』乙集巻一六、財賦、四川収兌九十界銭引本末)

交換地点が四川内に一箇所しかないと、四川全域から交子務に出向くことはできない。おのずと資力のないものは、行くのをあきらめることになる。

(25)『宋史』巻一八一、食貨志、

会子・交子之法、蓋有取於唐之飛銭。真宗時張詠鎮蜀、患蜀人鉄銭重、不便貿易、設質剤之法、一交一緡、以三年為一界、而換之、六十五年為二十二界、謂之交子、富民十六戸主之。

張詠が交子の創始者であるとの部分は現在否定され、私交子から数える「六十五年二十二界」も成立しないことは前述したが、飛銭・鉄銭・質剤というキーワードは出揃っている。

(26)『文献通考』巻九、銭幣考、歴代銭幣之制、

太祖時、取唐朝飛銭故事、許民入銭京師、於諸州便換。其後、定外地閑慢州、乃許指射。自此之後、京師用度益多、諸州銭皆輸送、其転易当給以銭者、或移用他物。先是許商人入銭左蔵庫、以諸州銭給之、而商旅先経三司投牒、乃輸於庫、所由司計一緡私刻銭二十。開宝三年、置便銭務、令商人入銭者、詣務陳牒、即日輦致左蔵庫、給以券、仍勅諸州、凡商人齎券至、当日給付、不得住滞、違者科罰。自是毋復停滞。

(27)『周礼』天官、小宰の鄭玄注に、

質剤謂両書一札、同而別之、長曰質、短曰剤、傅別質剤、皆今之券書也。事異、異其名耳。

賈公彦の疏に、

七日、聴売買以質剤者、質剤謂券書、有人争市事者、則以質剤聴之。

(28)四川の鉄銭専一化が完成したのは、一〇一〇年代後半から一〇二〇年代初めのことである。宮澤前掲『宋代中国の国家と経済』四三〇・四四二頁。

(29)『長編』巻五九、景徳二年二月庚申、同書巻八二、大中祥符七年二月乙亥、李攸『宋朝事実』巻一五、財用、呂祖謙『歴代制度詳説』巻七、銭幣、詳説等。

(30)宮澤前掲『宋代中国の国家と経済』第二部第二章。

(31)蘇轍『欒城集』巻三六、論蜀茶五害状(二十四日)(『長編』巻三六六、元祐元年二月癸未に同文)、

其四曰、蜀道行於溪山之間、最号険悪。般茶至陝西、人力最苦。

李綱『梁渓先生文集』一〇四、与右相乞罷行交子劄子、

綱窃謂、交子之法、行於四川則為利、行於他路則為災。四川山路峻険、銅（鉄？）銭脚重、難於齎挈、故以交子為便。

(32)『宋会要』食貨三六―一八、権易、天聖四年三月六日、

三司言、①陝府西転運司勘会、轄下秦州所入納糧草、取客穏便指射、赴永興・鳳翔・河中府及西川嘉・卭等州、請領銭数。②準益州転運司牒、近就益州置官交子務、書放交子行用、往諸処交易、其為利済。③当司相度、轄下延・渭・環・慶州・鎮戎軍等五州軍、最処極辺、長闕糧草。入中客旅、上京請銭、難為迴貨、兼権貨務支却官銭不少。欲乞許客旅於前項五州軍、依秦州例、入納糧草、於四川益州支給見銭或交子、取客穏便請領、候有入中、拚計置到糧草、得及三年処、画時住納。④又拠益州路転運司状、相度若依陝西転運司前項擘劃事理、於益州支給見銭或交子、別無妨碍。若益州闕銭、当司亦自於轄下有銭処州軍支般、或支交子、経久委得穏当。⑤又知渭州康継英言、秦州毎年入中到糧草、万数不少、只是招誘客旅、出給四川益州路交引、或令於嘉・卭等州、取便請領鉄銭、雖虚実銭上量有利息、且不耗京師見銭、及不煩本路支撥銭帛。川中客旅、将到羅帛錦綺、赴秦州貨売、其秦州不惟増添商税、更兼入中到糧草。今欲乞、於本州、如秦州例、若有入中客旅情願要西川交引、亦令本州雕板支給、毎一交引上比附秦州、更給虚銭五七百文已来取便、令於益州或嘉卭等州、請領鉄銭。所貴極辺易為招誘客旅。若川中客旅既来、則本州内外糧草、自然豊足、不広費京師及本路銭物。又必然倍増商税。⑥省司今相度、渭州屯泊軍馬不少、支費糧草浩瀚。秦州頗同。今来康継英所請、只許客旅於渭州一処、入納糧草。如願要上京請領見銭、即便依天聖元年五月改法勅命、塡鑿省降交引収附、給付客人、齎執上京、権貨務請領見銭、若或願於川界請領鉄銭、即依未改法已前入中糧草支還体例銭数、依秦州入中例、出給交抄、於四川益州或嘉卭等州、請領鉄銭及交子使用、如入納糧草、及得三年已上支遣、即便住納、仍委陝府益州転運司、相度経久事理申奏。従之。⑦是年秋、三司言、益州路転運司奏、秦州客人入納糧草、乞下秦州権住入中、省司欲乞依環慶等州例、限至二月終、権住入便秦州交抄。従之。

全体は三司の上奏で裁可された。長文なので本稿で必要な部分の議論の概要を示すと以下のようである。

①陝西転運司。天聖四年時点の現状、秦州入中の対価は永興・鳳翔・河中府及び西川の嘉・卭等州で見銭を受領する。②

益州転運司。最近益州に交子務を置き諸処の交易に便利である。③陝西転運司。極辺の五州軍の糧草の入中の対価は、秦州の例に倣い、四川益州で見銭か交子を受領するのがよい。④益州路転運司。陝西転運司案に賛成。⑤知渭州康継英。今後、渭州への入中に対し、秦州の例に倣い、西川の交引を発給し、一交引あたり五百～七百文の虚銭（プレミアム）を加えて、益州か嘉卬等州で鉄銭を受領させたい。⑥三司。客商が見銭を願えば、交引を給付し京師榷貨務で受領させる。四川で鉄銭を願えば秦州入中の例によって交抄を支給し、益州か嘉卬等州で、鉄銭や交子を受領させることとしたい。ただし入中は三年の支出分を確保したら停止する。⑦天聖四年秋に益州転運司の上奏によって、秦州・極辺州軍の入中を停止することとした。

(33) 『蜀中広記』巻六七、交子、

宝元二年、以十分為率、其八分毎道為銭十貫、其二分毎道五貫、若一貫至四貫、六貫至九貫、更不書放。

(34) 註(24)『潞公文集』巻一四、乞諸州供銭撥充交子務（慶暦六年）。

(35) 『長編』巻一六〇、慶暦七年二月己酉、

詔、取益州交子三十万、於秦州募人入中糧草。時議者謂、蜀商多至秦、方秦州乏軍儲、可使入中、以交子給之。

(36) 李攸『宋朝事実』巻一五、財用、

皇祐三年二月三日、三司使田況奏、自天聖元年薛田擘劃興置益州交子、至今累有臣僚講求利害、乞行廃罷。然以行用既久、卒難改更、兼自秦州両次借却交子六十万貫、並無見銭椿管、只是虚行刷印、発往秦州入中糧草。今来散在民間、転用艱阻、已是壊却元法、為弊至深。転運司雖収積餘銭撥還、更五七年、未得了当、却勒第十三界、書造交子、兌換行用、憑虚無信、一至于此。乞今後更不許秦州借支。奉聖旨依奏。

(37) 『長編』巻二四九、熙寧七年春正月壬戌、また『会要』食貨二四―六、塩法、熙寧七年正月二十四日、

永興秦鳳等路察訪李承之言、慶暦・皇祐中、秦州以塩鈔・川交子、令民間変売。至今尚負銭万餘緡。乞特蠲放以寛辺民。従之。

(38) 註(24)『潞公文集』傍線部。慶暦六年の時点で、今後一～二年で秦州に送った交子が満界になるという。一回目の交子か

二回目のものを言うのか、また界が二年か三年か明確でないが、以上の条件を満たす最大幅をとれば、慶暦元年から、六年までの間に二回となる。

(39) 註（36）『宋朝事実』傍線部。

(40) 註（37）『長編』によると、慶暦・皇祐中に放出した塩鈔・四川交子あわせて未償還の額が一万貫以上に及ぶという。交子の秦州移送が一回三十万貫で、二～三回なら六十万～九十万貫であり、一万貫に対して過少である。あるいは皇祐三年以後、移送が再開した可能性もある。記録以上に秦州に送られたと見るべきである。

(41) 加藤繁「陝西交子考」（前掲註（2）『支那経済史考証　下』所収、初出一九三六年）。

(42) 『蜀中広記』巻六七、交子、

熙寧五年、続添造一界、其数如前、作両界行使、従監官戴蒙之請也。毎道初為銭一貫至十貫、宝元二年、以十分為率、其八分毎道為銭十貫、其二分毎道五貫、若一貫至四貫、六貫至九貫、更不書放、熙寧元年、始以六分書造一貫、四分書造五百、重軽相権、易於流転。於是、蒙又請置抄紙院、以革偽造之弊。引有両界与官自抄紙、皆自蒙始。

(43) 『宋史』巻一八一、食貨志、

神宗熙寧初、立偽造罪賞、如官印文書法。

官印文書法については、『慶元条法事類』巻一七、文書門、給納印記が参考になる。南宋の会子については、『文献通考』巻九に、

（紹興）三十二年十二月、詔定偽造会子之罰。（犯人処斬、賞銭一千貫、如不願支賞、与補進義校尉、若徒中及窩藏之家、能自告首、特与免罪、亦支上件賞銭、或願補前名目者聴。）（『宋史』巻一八一は「賞銭十貫」）

とある。また熙寧以前の交子偽造に関する規定は、天聖元年官営化の時点の「若民間偽造、許人陳告、支小銭五百貫、犯人決訖、配銅銭界。」である。註（18）『宋朝事実』傍線部。

(44) 『備要』巻一八、熙寧二年（閏字脱）十一月、河東行交子法の条、

置務於潞州、以搬運鉄銭労費也。明年、漕司以其法行則塩礬不售、害入中糧草之計。詔罷之。

『文献通考』巻九、銭幣考、交子、
（熙寧）二年、以河東公私共苦運鉄銭労費。詔置潞州交子務。
『長編』巻二一三、熙寧三年七月壬辰、
罷潞州交子務。以河東転運司言、商販縁辺、以無廻貨、故入中糧草、算清（請？）礬塩。若交子法行、必不肯中納糧草、不惟有害辺計、亦恐礬塩不售故也。
(45) 日野開三郎「北宋時代の塩鈔について　附交子鋪」（『日野開三郎東洋史学論集　六』三一書房、一九八三年）。
(46) 宮澤前掲『宋代中国の国家と経済』三九三〜三九九頁。
(47) 註（50）『長編』傍線部に、陝西交子の話だが、銅銭・鉄銭を納入して交子と交換するとある。のち大観元年、銭引を改称して陝西・河東にも行使していたとき、銅鉄銭が混じると言われている。註（81）『文献通考』傍線部参照。
(48) 『宋史』巻一八六、食貨志、市易、
熙寧三年、保平軍節度推官王韶倡為縁辺市易之説、丐仮官銭為本。詔秦鳳路経略司、以川交子易物貨給之、因命韶為本路帥司幹当兼領市易事。
『備要』巻一九、熙寧四年七月、以王韶為秦鳳沿辺安撫議開熙河の条、
仍詔秦鳳路経略司、借封椿銭三万、付韶募人耕種、及以本司見管西川交子転易貨物、赴沿辺置場、与西蕃市馬。
(49) 『長編』巻二一九、熙寧四年正月庚戌、
詔、陝西已行交子、其罷永興軍買塩鈔場。
(50) 『長編』巻二二一、熙寧四年三月己亥、
詔、永興軍依旧買塩鈔、罷行交子。
『長編』巻二二二、熙寧四年四月癸亥、
詔、罷陝西見行交子法。先是、陝西軍興、転運司患銭不足。沈起請限以半歳、令民尽納銅鉄銭於官、而易以交子、候三五歳、辺事既息、復還民銭。宣撫司奏行之。知邠州張靖数言其不便。会李評・張景憲出使延州、因令訪利害、評等奏如

靖言。景憲謂交子之法、可行於蜀、不可行於陝西、将使細民流離失業、無以為生。故罷之。

『宋史』巻一八一、食貨志、

交子給多、而銭不足、致価大賤、既而竟無実銭、法不可行。而措置熙河財利孫迥言、商人買販、牟利於官、且損鈔価。於是罷陝西交子法。

(51)『長編』巻二五六、熙寧七年九月辛酉、

詔、永興軍路支折二銭二十万緡、付秦鳳等路轉運司、市糧草、及推行交子本銭。既而交子無実銭、法不可行、遂罷。

また宮澤前掲『宋代中国の国家と経済』三八四頁。

(52) なお神宗と王安石は、廃止一月前のこと、陝西交子はできれば実施したくないが、財政難に対処する已むを得ない措置だとしている。軍糧確保の財源としての意味を如実に表す。

『長編』巻二二一、熙寧四年三月戊子、

（文）彦博又言、行交子不便。上曰、行交子誠非得已、若素有法制、財用既足、則自不須此。今未能然、是以急難不能無有不得已之事。……安石曰、交子事、誠如陛下言、行之非得已。然陛下宜深思財用不足、人材未有足頼者、於辺事、姑務静重而已。

(53)『宋史』巻一八一、食貨志、

（熙寧）五年、交子二十二界将易而後界給用已多。詔、更造二十五界者百二十五万、以償二十三界之数。交子有両界自此始。

(54) 范祖禹『范太史集』巻四二、朝奉郎郭君墓誌銘（郭子皐）、

挙監成都交子務、紙幣之設、本与銭相権、至是大壊、価賤不售、法幾為廃。君講究其病、銭幣復称、官民利之。

郭子皐は元祐二年に死んだ。この記事は熙豊のとき、両界行使による発行と見銭の均衡が崩れたことをいう。「銭と幣復た称う」とは鉄銭の熙寧年間の増鋳のことだろう。

(55)『長編』巻二一九、熙寧四年正月壬子、

賜提挙成都府路常平司交子・銭二十万緡為青苗本銭。

(56)『長編』巻二二〇、熙寧四年二月戊辰、

賜交子十万緡為梓州路常平糴本。

『長編』巻二二一、熙寧四年三月戊戌、

詔、成都府路転運司支交子十万緡為梓州路常平糴本。

(57)『長編』巻二五四、熙寧七年六月壬辰、

中書言、陝西縁辺熙寧六年入納銭五百二十三万餘緡、給塩鈔九十万千七百一十六席、民間実用四十二万八千六百一席餘、皆虚鈔。雖有条約須納銭方給鈔、以銭市糧草、縁官中闕銭、監糴之官務辦年計、不免止以鈔折兌糧草、雖有臣僚上言乞復行交子、……詔、永興路皮公弼・秦鳳路熊本、並兼提挙推行本路交子、仍以知邠州朱廸提挙永興秦鳳両路、推行交子。

(58)梅原郁「青唐の馬と四川の茶――北宋時代四川茶法の展開――」(『東方学報』京都四五、一九七三年)、熊本崇「四川権茶法――王安石市易法の理解のために――」(『東北大学東洋史論集』二、一九八六年)。

(59)蘇轍『欒城集』巻三六、論蜀茶五害状(二十四日)(『長編』巻三六六、元祐元年二月癸未に同文)、

三曰、昔官未榷茶、陝西商旅皆以解塩及薬物等、入蜀販茶、所過州軍、已出一重税銭。及販茶出蜀、兼帯蜀貨、沿路又復納税、以此省税増羨。今官自販茶、所至雖量出税銭、比旧十不及一。縦有商旅興販、諸処税務畏憚茶官、又利於分取息銭、例多欺詐、以税為息、由此省税益耗。仮有作税銭上歴、歳終又不撥還転運司、但添作茶官歳課、公行欺罔(訪聞、元豊七年八月、陸師閔劄子奏、茶司今年課利、内有一項係茶税銭)、又茶官違法販売百物、商旅不行、非唯税虧、兼害酒課、蜀中旧使交子、唯有茶山交易、最為浩瀚。今官自買茶、交子因此価賤(旧日蜀人利交子之軽便、一貫有売一貫一百者、近歳止売九百以上)。此省課之害、三也。

(60)『長編』巻二五八、熙寧七年是歳、

秘書丞提挙成都府利州路買茶公事蒲宗閔奏、伏見、成都府転運司、毎年応副熙河路交子十万貫、客人於熙河入納銭四百五十或五百、支得交子一紙、却将回川中交子務、請鉄銭一貫文足見銭。今来川中創置茶場、乞回本銭買銀及交子・塩鈔

等、却充茶本。臣欲乞候茶場将来般運茶到熙河永寧寨等処日、将合買廻貨本銭、便於成都府交子務兌支。……従之。

（61）『長編』巻二七二、熙寧九年正月甲申、

又詔、陝西交子法更不行、官吏並罷、已支交子、委買塩官納換。先是、措置熙河財利孫迥言、縁辺交子価賤〔標点本による、原文は銭〕、……若出交子不已、則官折銭無窮。而朝廷初立法意、本以運銭費多、及向来銭賤、故用交子行銭、兼助鈔法。今此〔比？〕運銭、既有折耗、又深害鈔価、祇足〔標点本による、原文は作〕以資兼幷商販之人、況熙河路将来年計未辦、固宜愛惜見銭。故有是詔。

（62）『長編』巻二五九、熙寧八年正月丁巳、

権永興軍等路転運使皮公弼言、交子之法、以方寸之紙、飛銭致遠。然不積銭為本、亦不能以空文行。

（63）註（61）『長編』。孫迥は鈔法を補助するはずが鈔価〔塩鈔〕の下落をもたらしたとして、廃止を提案した。

（64）『長編』巻二七二、熙寧九年正月甲申、原注に引く「呂恵卿日録」、

上曰、交子自是銭対、塩鈔自以塩対。両者自不相妨。

（65）註（59）『欒城集』傍線部。

（66）交子に発生する銭陌は所謂る短陌とは異なる。これは見銭と交子の交換レートであり、「陌」から控除されるのでなく「貫」から控除される。宮澤前掲『宋代中国の国家と経済』二八九～二九三頁。

（67）呂陶『浄徳集』巻一、奏具置場買茶旋行出売遠方不便事状〔原註、熙寧十年三月八日〕、

今来既被官中尽数収買、価直一定、若将銀色準折、毎両須高擡四五百文〔原註省略〕、或多支交子、少用現銭〔原註、茶場司指揮、成貫並支交子、餘零方支現銭〕。交子所支既多、銭陌又須虧折、則園戸所収茶貨、只得避罪納官、安敢更求餘利。

同書巻一、奏為官場買茶虧損園戸致有詞訴喧閙事状〔原註、熙寧十年四月二十四日〕、

〔原註、在州〔彭州〕現今実直、第二十七界交子売九百六十、茶場司指揮作一貫文支用。第二十六界交子売九百四十、茶場司指揮作九百六十文用。此亦虧損園戸之一端也。〕

同書巻三、奏乞権罷俵散青苗一年以寛民力状、
（原註、川中支交子一貫、折為足銭、民間只換得九百二三十文。）

(68)『長編』巻三〇八、元豊三年九月壬戌、
経制熙河路辺防財用司奏、乞以年額川交子一十万貫、並支赴本司移用、……
陝西に送られる年額十万貫の交子を熙河路にまわしてほしいという。

(69)『長編』巻三三〇、元豊五年十月乙丑、
梓州路転運司言、瀘州軍興及修造所費不少。乞於成都府路給交子一十万緡。従之。

(70)『蜀中広記』巻六七、交子、
所印之数、自元豊元年、兼放両界之後、紹聖元年、増一十五万道、元符元年、増四十八万道、祖額毎界以一百八十八万六千三百四十為額、以交子入陝西転用故也。

(71)哲宗は陝西に交子法を導入する意志をもっていたが、曾布が反対した。
哲宗紹聖二年、上問曾布、欲行交子法、如何。近曾令余景相度、以為可行。布曰、此法不可行、不惟与川交子相乱、兼交子須有見銭相当乃可行。熙寧四年、韓絳作相、両欲施行、皆議論不成而罷。余景軽易小人。何可与議法。（『群書考索後集』巻六二、財用門、楮幣類に引く『長編』）

(72)『備要』巻二六、崇寧元年九月、陝西通行交子の条、
蔡京言、茶馬司将川交子通入陝西、民已取信。今欲造三百万貫、令陝西与見銭塩鈔兼行。仍撥成都常平司銭一百万貫充本。従之。

(73)『建炎以来朝野雑記』甲集巻一六、財賦、四川銭引、
崇観間、陝西用兵、増印至二千四百三十万緡（崇寧元年、増二百万、二年又増一千一百四十三万、四年又増五百七十万、大観元年、又増五百五十四万）。

(74)『宋史』巻一八一、食貨志、

紹聖以後、界率増造以給陝西沿辺糴買及募兵之用、少者数十万緡、多者或至数百万緡、而成都乏用、又請印造、故毎歳書放亦無定数。

(75) 『文献通考』巻九、銭幣考、歴代銭幣之制、交子、

紹聖元年、成都路漕司言、商人以交子通行於陝西、而本路乏用、請更印製、詔一界率増造十五万緡、是歳通旧額書放百四十万六千三百四十緡。

(76) 宮澤前掲書『宋代中国の国家と経済』三八七～三八九頁。

(77) 『宋史』巻一八一、食貨志、(『備要』巻二六、陝西通行交子の条で月が分かる)

崇寧三年、置京西北路専切管幹通行交子所、倣川峡路、立偽造法、通情転用幷隣人不告者、皆罪之。私造交子紙者、罪以徒配。四年、令諸路更用銭引、準新様印製。四川如旧法、罷在京幷永興軍交子務、在京官吏併帰買鈔所。時銭引通行諸路、惟閩浙湖広不行。……明年、尚書省言、銭引本以代塩鈔、而諸路行之不通。欲権罷印製、在官者如旧法。更印解塩鈔、民間者、許貿易、漸赴買鈔所、如鈔法分数計給。従之。

ただし『宋会要』職官二七―一八、太府寺、崇寧四年六月二十三日条に、「在京及京畿行用等指揮、更不施行」とあり、開封・京畿では四年六月以前に交子が用いられていた。

(78) 『宋史』巻一八一、食貨志、

大観元年、詔改四川交子務為銭引務。自用兵取湟・廓・西寧、籍其法、以助辺費。較天聖、一界逾二十倍、而価愈損、及更界年、新交子一当旧者四、故更張之。以四十三界引準書放数、仍用旧印行之、使人不疑擾。自後並更為銭引。二年而陝西・河東、皆以旧銭引入成都換易、故四川有壅遏之弊、河陝有道途之艱、豪家因得以損直斂取。乃詔、永興軍更置務、納換陝西・河東引、仍遣大臣二人監之。……三年、詔銭引四十一界至四十三界毋収易、自後止如天聖額書放、銅銭地内勿用。四年、仮四川提挙諸司封椿銭五十万緡為成都務本、侵移者準常平法。

『建炎以来朝野雑記』甲集巻一六、財賦、四川銭引、

由是引法大壊、毎兌界、以四引而易其一。蔡京患之。大観元年夏、改交子為銭引(四月甲子)、旧交子皆毋得兌。三年秋、

詔復以天聖年額為準（七月）。

(79)『宋史』巻一八一、食貨志、
靖康元年、令川引並如旧、即成都府務納換。以置務成都、便利歳久、至諸州、則有料次交雑之弊、故有是詔。大凡旧歳造一界、備本銭三十六万緡、新旧相因。大観中、不蓄本銭、而増造無藝、至引一緡当銭十数、及張商英秉政、奉詔復循旧法。宣和中、商英録奏当時所行、以為、自旧法之用、至今引価復平。

靖康元年（一一二六）、成都一箇所にもどされた。

(80) 註（79）『宋史』傍線部。

(81)『文献通考』巻九、銭幣考、
大観元年……又詔、陝西・河東数路、引直五千至七千、而成都纔直二三百。豪右規利害法。転運司覚捕扇惑之人、準法以行。民間貿易十千以上、令銭与引半用。言者謂、銭引雑以銅鉄銭、難較其直増損。詔令以銅鉄銭随所用分数比計、作銅銭聞奏。知威州張特奏、銭引元価一貫、今毎道止直一百文。蓋必官司収受無難、自然民心不疑、便可通相転易通流、増長価例。乞先自上下請給、不支見銭並支銭引、或量支見銭一二分、任取便行使、公私不得抑勒、仍厳禁止害法不行之人。従之。

(82)『宋史』巻一八一、食貨志、
政和元年、戸部言、成都漕司奏、昨令輸官之引、以十分為率、三分用民戸所有、而七分赴官場買納。由是人以七分為疑、請自今無計以三七分之数、並許通用、願買納者聴。……詔可。

(83) 李綱『梁渓先生文集』一〇四、与右相乞罷行交子劄子、
綱大観間、任真州司法参軍、兼管常平倉庫。是時朝廷推行交子之法、豪民挾形勢戸、競以賤価得之、以代見銭輸納。官司不敢不受。応係官銭悉是交子。其後覚知不便、従而改法、倉庫見銭為之一空。

李綱が大観年間、真州司法参軍兼管常平倉庫であったとき、交子（銭引）を全国化する政策のもと、豪民は市場価値の下がった交子を手に入れると、見銭の代わりに交子を納入したという。前述のように全国化は崇寧四、五年のことであり、大

観元年には再び四川に限定されていた。李綱が大観年間というのは時期がややずれる。ここでは李綱が赴任したとき、豪民の交子納入によってすでに官にあるのは交子ばかりになっていた、もしくは大観年間すでに失効していた交子を豪民が無理やり官司に受領させたと理解する。輸官に交子を全額用いるのは、大観年間では認めていなかったが、官司は豪民の無理を聞かざるを得ない状況が生じていたことが注目される。正式に官が交子の納入を認める一歩手前である。

(84) 註(79)『宋史』傍線部。

(85)『要録』巻一五七、紹興十八年五月乙丑、

初鄭剛中改四川宣副之歳、始命三路茶塩酒課及租佃官田応輸銭引者、毎千別輸三十銭為鋳本、又得其贏十八万緡有奇、至是以備軍貲(三路称提銭、凡四十三万七千緡、鋳銭本二十四万七千緡外、餘十八万四千六百九十道二百九十一文、入帳、此拠総領所財賦冊)。

なお鄭剛中が川陝宣撫副使となったのは、紹興十二年五月甲午のことである(『要録』巻一四五)。また銭引を納税で用いるとき、一貫につき三十文を付加して鋳本としたというが、預り証の時代の手数料の額と同じである。手数料から付加税へそのまま移行したと思われる。

(86)『要録』巻一五〇、紹興十三年九月丁丑、

蜀自用兵、和預買布疋折估銭二引、民已病之。

『宋会要』食貨六三―一三、蠲放、紹興二十七年三月二十四日、

又奏、欲減免民間科敷毎歳計銭引一百二十六万三千五百六十四道、対糴米見理一十六万九千三百石、今欲尽行除放。其上件米価不等、計銭引九十一万八千九百五十道、内正色米四万六千二百餘石、係応付綿渠州潼川府屯駐将兵、今既放。……成都府路止一十五万五百餘疋、今欲毎疋理銭引八道半、毎匹四丈二尺、若納見銭、即随銭引市価折納。謂如街市銭引市価、毎道見銭八百五十文、其絹毎尺合納見銭一百七十二文、毎寸納一十七文二分之類。……

『宋会要』食貨一八―二一、商税、慶元六年三月二十四日、

臣僚言、西蜀田中所産苧麻、終年卒勤、至乎成布一匹、所直不過交子六七分。

汪応辰『文定集』巻四、御劄再問蜀中旱歉、

一、広安軍……其在市米価、毎石銭引五道左右。

前二者は税斛・糴買・和預買・科敷など官が徴収する際の財政上の価格であるのに対し、後者二例は市場価格である。

(87) 楊冠卿『客亭類稿』巻九、重楮幣説、

何西州用之百年而無弊、貿百金之貨、走千里之塗、巻而懐之、皆曰鉄不如楮便也。……夫蜀之立法、則曰租税之輸・茶塩酒酤之輸・関市沢梁之輸、皆許折納、以惟民之便。

(88) 宮澤「唐宋変革期における財政貨幣の転換」(『唐宋変革研究通訊』六、二〇一五年)。

(89) 周必大『二老堂雑志』巻四、辨楮幣二字、

自秦漢専以銭為幣、近歳用会子。蓋四川交子法、特官券耳。不知何人目為楮幣、自以為雅、通上下皆倣之、遂入殿試御題。

(90) 『文献通考』自序、

後世俗侈而用糜、故銭不足。於是銭之直日軽、銭之数日多、数多而直軽、則其致遠也難。自唐以来、始創為飛券・鈔引之属、以通商賈之厚齎貿易者。其法蓋執券引以取銭、而非以券引為銭也。宋慶歴以来、蜀始有交子、建炎以来、東南始有会子。自交会既行、而始直以楮為銭矣。

このほか李綱は、東南の銅銭は鉄銭と異なり、「脚軽」であるから、交子がなくとも自ずから流通するという。

今東南道路安便、銅銭脚軽、若欲便民、固已不待交子、自能流布。(『梁渓先生文集』一〇四、与右相乞罷行交子劄子)

(91) 『文献通考』巻九、銭幣考、案語、

中興以来、始転而為楮幣、……蓋置会子之初意、本非即以会為銭。蓋以茶塩鈔引之属視之、而暫以権銭耳。然鈔引則所直者重(承平時、解塩場四貫八百售一鈔、請塩二百斤)、而会子則止於一貫、下至三百・二百。鈔引只令商人憑以取茶塩香貨、故必須分路(如顆塩鈔只可行於陝西、末塩鈔只可行於江淮之類)。会子則公私買賣・支給、無往而不用、且自一貫造至二百、則是明以之代見銭矣。

(92) 行在交子務は、紹興六年二月甲辰に設置（『要録』巻九八）、同年六月乙卯に廃止（『要録』巻一〇二）。

(93) 『要録』巻一〇一、紹興六年五月乙酉、

今之論交子者、其利有二、其害有四。一則饋糧実辺、減般輦之費、二則循環出入、銭少而用多、此交子之利也。一則市有二価、百物増貴、二則詐偽多有、獄訟益繁、三則人得交子、不可零細而用、或変転、則又慮無人為售、四則銭与物漸重、民間必多収蔵交子、尽帰官中、則又慮難於支遣。此交子之害也。……又言銭引之法、若必行之両浙等路、有不便者五。今銭引之出、於行商尚可、而無益於軍民之用。於道路之齎尚可、而無資於旦暮之需。今行商与軍民孰多、朝夕之需与道路之齎孰急。此不便一也。雖曰交子与銭並用、今一交子不過千銭、軍民之須、日用飯食、持一交子以適市、止有数百之用、用之不尽、将棄之乎。将為数百之用乎。此不便二也。

粧奩は誰のものか——南宋代を基点にして——

高橋芳郎

はしがき

粧奩とは、妻が結婚に際して父家（実家）から持参した財産を言う。実際には結婚の際の持参財産だけでなく、後に父家が戸絶したことによって出嫁女に与えられた財産や、夫が妻名義で蓄えた財産も含めて粧奩と呼ばれることがある。本稿では、特に断らない場合は、後者の意味で「粧奩」の語を用いることにしたい。

粧奩は父母兄弟が各家庭の事情に応じて任意に与えるものであるから数量や比率にはもとより定めがなく、衣服や家具もあれば金銭や田産である場合もある。ただ本稿がこれから問題とする粧奩は、服飾品などの少額の動産ではなく、主に田産等の不動産としての粧奩である。

粧奩は夫婦私房の特有財産として夫の兄弟や家属の財産とは区別され、したがって夫がその兄弟と家産分割する際にもその対象から除外される。そして多くの場合、粧奩は夫婦や夫が他の径路から得た財産と混然一体となり、やがてその子孫に承け継がれてゆく。しかし、夫が死亡し妻が改嫁するとき、粧奩は再度特殊な財産＝粧奩として人々に意識される。「人々」とは粧奩に利害関係を持つ前夫の家属や妻の生家の者達、また後夫である。あるいは後に見るように、南宋代には妻が持参した粧奩は妻の実子＝嫡子と妾の息子＝庶子にどう承け継がれるのかという問題も生じていた。総じて、ここで検討しようとするのは粧奩は一体誰のものか、という問題である。この問題には、誰によって使用収益されるかという問題と、法的な所有者は誰かという二つの側面が含まれる。

粧奩に関しては、家族法の一部分として、また女性の財産権の問題として、すでにいくつかの優れた研究がある。中国史における家族法の原理的なあり方を包括的に論じた滋賀秀三氏は、次のように述べている。

結論をいえば、ここ（＝妻の持参財産—高橋註）においても基本的には夫妻一体の原則が支配する。すなわち持参財産は夫側の伝来財産と合流し、併せて、夫生存中は夫、死亡後は妻の支配の下におかれる。ただ、事実上、その処分等について夫は妻ないし妻の実家の意向に対して、自家伝来産の処分の際とは異った配慮をなす必要があり、また離婚・改嫁においても、妻はこれを一概に抛棄すべきものとはきまっていなかった。その限りにおいて或る程度の区別が意識されていた、ということができる(1)。

この叙述は少なくとも唐代以降の粧奩の使用収益や処分手続きに関する必要にして十分な説明と言ってよいように思われる。滋賀氏はここで、夫妻一体という原理を強調しつつも、その周辺に生起する原理と抵触し齟齬するかに見える現実社会の諸状況を否定しているわけではない。ただ妻の持参財産という問題を歴史的な時間軸の中に据えて考えてみれば、原理が機能する状況や強弱という問題、「或る程度の区別」とはいかほどかという問題もまた出来するであろう。

そうした例として、例えば柳田節子氏は『名公書判清明集』巻一〇・人倫門・母子「子与継母争業」という判語をあげて滋賀氏を批判している。この判語は、呉和中の息子呉汝求と継母王氏との財産争いを裁いたもので、王氏は呉和中死亡後、自随の産及び呉和中が王氏名義で購入した粧奩田等すべてを持って改嫁した。自己の家産を放蕩によって蕩尽した呉汝求は、粧奩田は父の財で購入したものであり、質庫銭物等もすべて王氏に帰しているのは不当と訴え出たが、判者の天水（＝号、未詳）は粧奩田が王氏名義で契約書が作成されていることを理由に呉汝求の訴えを斥けている。柳田氏によれば、この判語の内容は「滋賀氏のいわれる原則とすべてにわたって矛盾する」[2]。柳田氏が批判するように、滋賀氏の著書には、改嫁の際に粧奩をも前夫の家に留め置けとする明の戸令（後引参照）を引いて「それは古来の大原則であった」と言い、また「改嫁は、妻が、自己のうちに生きる夫の人格を脱ぎ棄て、夫の宗を離脱する行為であり、それにともなってすべての権利を脱ぎ棄てなければならないのである」との記述が確かに見られるのである[3]。この記述が原理原則で、先に引用した滋賀氏の叙述がその実際における柔軟な現実的対応であったとしても、やはり原理と現実的対応との関係ははっきりとさせておく必要があるであろう。

次いで永田三枝氏は、柳田氏の見解を支持しながらも、粧奩に関しては、南宋期にいたって女性の財産権が強化されたと考えるべき根拠はなく、唐代や北宋期から改嫁時の粧奩は持ち出しえたのではないかと述べている[4]。またB・バージ氏も、改嫁時の粧奩の持ち出しは自由に行われていたが、やがて朱熹や黄榦さらには道学者によって規制されてゆき、元代にいたって立法を通じた禁止規定が現れると論じる[5]。

総じて、南宋代の状況は滋賀氏が語る原理とは矛盾・齟齬すると見る研究が多い[6]。しかし、果たして粧奩に関する夫妻一体という原理は否定ないしは修正されるべきなのであろうか、改嫁時の粧奩持ち去りに関する、南宋代の自由な状況から元以降の法的規制＝不自由な状況、という図式は支持されるべきなのであろうか。

一　改嫁・帰宗と粧奩の帰属

明・清代の法律は妻改嫁時の粧奩の扱いに関し極めて明快であった。明の戸令、清律の戸律・戸役・立嫡子違法の

第二条例には、次のように定める。

婦人夫亡無子守志者、合承夫分、須憑族長択昭穆相当之人継嗣。其改嫁者、夫家財産及原有粧奩、並聴前夫之家為主。

（婦人が夫死亡し息子無くして守志する場合は、夫の財産を承け継ぎ、族長に依頼して昭穆相当の者を選び嗣子とせよ。改嫁する場合は、夫家の財産及び持参した粧奩は、すべて前夫の家を持ち主とする。）

これに先立つ元代には、次のような立法があった。

大徳七年　月、江浙行省准中書省咨、准来咨、該、拠浙西宣慰司呈、徽州路総管朶児赤言随嫁奩田等物。今後応嫁婦人、不問生前離異・夫死寡居、但欲再適他人、其元随嫁粧奩財産、一聴前夫之家為主、並不許似前般取随身。本省参詳、若准所言相応。送礼部議得、除無故出妻、不拘此例、合准已擬相応。都省准呈、咨請照験施行。（『大元聖政国朝典章』巻一八・戸部巻四・夫亡「奩田聴夫家為主」。『大元通制条格』巻四「嫁聚」大徳七年六月条をも参照。）

（大徳七年〔一三〇三〕某月、江浙行省が中書省の咨文をうけた。〔中書省は〕咨文を受領したがその要旨として、浙西宣慰司の呈文中に、徽州路総管朶児赤が婦人の持参財産に関して次のように言っている。今後すべて結婚する婦人に関しては、生前の離婚か夫が死んで寡婦となっているかを問わず、他人に改嫁しようとする場合は、もと持参した財産はすべて前夫の家が持ち主となることとし、以前のように身につけて持ち去ることは許さない〔と定めていただきたい〕、と。江浙行省が審議した結果、提案を裁可すれば宜しい、と言う。礼部に送付して議論した結果、正当な理由なく離縁した場合はこの規定を適用しないが、提案を裁可するのが宜しい、とのことであった。中書省は上申を批准したので、規定を勘案して実施されたい。(7)）

このように、元代の大徳七年（一三〇三）以降明・清代を通じて、法律上、婦人改嫁の際に粧奩は前夫の家に留め置くこととされていた。

これに対して、宋代はいかなる状況であったか。柳田節子氏が引用した『名公書判清明集』巻一〇・人倫門・母子「子与継母争業」をはじめ、宋代史料には夫死亡後に妻が改嫁する際に粧奩を持ち出す事例が少なくない(8)。あらためて粧奩は誰のものか、婦人が夫死亡後に（夫の家を出て）改嫁・帰宗するとき粧奩はどうなるのかを、史料に即して見てみよう。

朱熹の娘婿であった黄榦は、後にも見るように朱子学の宗法主義とリゴリズム（rigorism）を体現した著名な道学者であるが、その『勉斎先生黄文粛公文集』巻四〇・判語「徐家論陳家取去媳婦及田産」に、次のように記している(9)。なおこれは改嫁ではなく帰宗のケースだが、夫家を去るという点で改嫁と同列に扱ってよいであろう。

女子生而願為之有家、是以夫之家為其家也。婦人謂嫁曰帰、是以得嫁為得所帰也。莫重於夫、莫尊於姑、莫親於子、一斉而不可変、豈可以生死易其心哉。陳氏之為徐孟彝之妻、則以徐孟彝之家為其家、而得所帰矣。不幸而夫死、必当体其夫之意、事其姑終身焉。仮使無子、猶不可帰、況有女三人、有男一人、携之以帰其父之家、猶不可。況棄之而去、既不以身奉其姑、而反以其子累其姑。此豈復有人道乎。父給田而予之嫁、是為徐氏之田矣。夫置田而以装奩為名、是亦徐氏之田也。陳氏豈得而有之。使徐氏無子、則陳氏取其田、以為己有可也。況有子四人、則自当以田分其諸子。豈得取其田而棄諸子乎。使陳氏果有此志、陳文明為之父、陳伯洪為之兄、尚当力戒之。豈得容之使帰、反助之為不義乎。察其事情、未必出於陳氏之本意、乃陳文明・陳伯洪実為此挙也。陳文明独無児婦乎。使伯洪死、其妻亦棄其子、以累其父母、取其田而自帰、陳文明豈得無詞乎。陳氏一婦人、陳文明亦老矣、其実則陳伯洪之罪也。知軍呉寺簿不察此義、反将徐孟彝之弟徐善英勘断、以為不応教其母争訟、是縦陳氏為不義也。欲将陳伯洪従杖六十勘断、押陳氏帰徐家、仍監将両項田聴従徐氏収管花利、教其子、嫁其女、庶得允当。申提刑使衙、取旨揮、一行人召保。

（女子が生まれてその子に家を持たせたいと願うとすれば、夫の家がその家なのである。婦人の場合に「嫁」を「帰」と言うのは、結婚によって帰属するところを得たという意味なのである。夫より重きものはなく、姑よりも尊いものはなく、息子より親しいものはなく、すべて等しく変化させてはならないことであって、生死をもってその心を変えてよいものではない。陳氏が徐孟彝の妻となったということは、徐孟彝の家が彼女の家となったということであって、帰属するところを得たということである。不幸にして夫が死ねば、必ず夫の意向を体してその姑に終身仕えなければならない。仮に子供がいなくともなお実家に帰るべきではなく、ましてや娘三人、息子一人がいるのだから、これらを連れて父親の家に帰るとしてもよくないことである。ましてや子供達を棄てて帰るとあれば、姑に仕えないばかりか、逆に子供達のことでその姑に面倒をかけることになるのであって、これは人の行う道では全くないのである。父親が田を与えて嫁に出したのであれば、これは徐氏の田である。夫が田を買って持参財産という名義にしたのであれば、これまた徐氏の田である。陳氏はどうしてこれを自分のものにできようか。もし徐氏に子供がいないとすれば、陳氏がその田を手にして自分のものとしてもよいであろう。しかし子供四人がいる以上、当然田を子供達に分け与えるべきで、その田を自分のものとして子供達を棄てることなどできはしない。もし陳氏に本当にこうした考えがあるのなら、陳文明はその父であり、陳伯洪はその兄なのだから、つとめて彼女を訓戒すべきで、どうして実家に帰ることを容認し、不義を為すことを助長してよいことがあろうか。その事情を察してみると必ずしも陳氏の本意から出たものではなく、陳文明・陳伯洪が実際はこの挙に出たのである。陳文明には息子や嫁がいないというのか。もし陳伯洪が死に、その妻が自分の息子を棄ててその父母に迷惑をかけ、持参田を持って実家に帰ったとすれば、陳文明は訴えずにおれようか。陳氏は一婦人にすぎず、陳文明も老いている、これは実際上陳伯洪の罪である。知〔臨江〕軍の呉寺簿はこの事情を察せず、逆に徐孟彝の弟の徐善英を処罰し、母親に訴訟事をさせるべきではないとしたが、それは陳氏が不義を為すのを放って置くことである。陳伯洪を杖罪六十に処し、陳氏を徐家に帰し、なお両項の田は徐氏に管理収益させて、〔そのあがりで〕息子を教育し、娘を嫁に出すこととすれば、妥当な結論となろう。提刑使の役所に上申して指示を仰ぎ、当事者は保釈せよ。」（**関係図**(1)も参照）

見られるように、黄榦は、粧奩田は夫の徐氏のものであり、夫が粧奩名目で買った財産も徐氏のものであり、それゆえ陳氏が帰宗する際に粧奩田の持ち出しはできないと主張する。しかしこうした主張に矛盾するかのように、一方で、子供がいなければ自分のものとできる（父家に持ち帰れる）とも述べているのはなぜなのか。

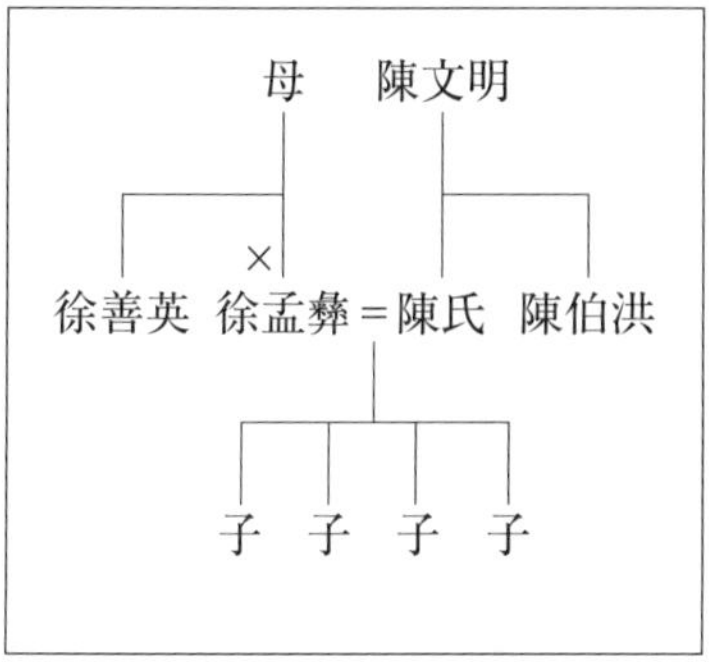

関係図(1)　（×印は死亡者）

この疑問に対する私の理解を述べる前に、ここで読者の注意を喚起しまた強調しなければならないのは、黄榦が陳氏を非難して「此豈復有人道乎」と言うように、右の判語中の論述は、黄榦という一地方官が「人の道として」述べた彼の倫理観にすぎないという点である。黄榦は法律や判例に依拠して論じているわけではない。黄榦の判決が出る以前に、知軍の呉寺簿は、徐孟彝の弟の徐善英が母親を唆して訴訟事をおこしたことを理由に彼を罰する判決を出したとあるが、おそらく徐善英は、陳氏が子供四人を置いて帰宗するなら粧奩田を置いてゆくよう求めたのであろう。その訴えに対する呉知軍の判決を黄榦は陳氏が不義を為すのを許すことになると批判するのであるから、呉知軍は陳氏が子供を棄て粧奩を持参して帰宗することは許容したのであろう。それゆえ、黄榦のような観念が南宋社会を覆っていたわけではない。ここで語られていることを南宋の現実や原則と取り違えてはならないと思う。なぜなら、南宋以前には粧奩持ち出しを法律によって禁止することはなかったからである。まずそうした法律が見あたらず、現実に持ち出す例が少なくなく、次節に述べるように当時の判例でも統一した判断は認められないからである。

ここで粧奩に関する南宋代の法律がどうであったかをまず見ておこう。柳田氏は「はしがき」に一部紹介した『名公書判清明集』「子与継母争業」を解説して、

> 四十七種の田は、王氏が結婚後、自らの粧奩によって取得したものと判断され、この田が改嫁時に夫の家から持去られているが、裁判において、王氏に固有の財産として法的に承認されているのである。

と述べ、さらに続けて、

> このような事実関係、乃至は判語を、ただちに当時の普遍的現象とするには慎重でなければならないであろう。南宋時代においても、上述、明の戸令と同様、「又法、婦人財産、並同夫為主」、「諸婦人随嫁資及承戸絶財産、幷同夫為主」、或は「自随之産、不得別立女戸、当随其夫戸頭、是為夫之産矣」といった史料がある。しかし、袁俐氏もいわれるように、現実は複雑多様であり、法との間には、ずれがあった。

と述べている。[10] 柳田氏による前半部の判語の理解は全く問題はないが、後半部に引用する史料の解釈には疑問がある。「明の戸令」は上記のように、寡婦が改嫁する場合は粧奩を前夫の家に留め置けという趣旨であるが、柳田氏がここに引く「同夫為主」という法は、夫妻が結婚生活を維持している場合の規定であって、妻改嫁時の粧奩の扱いに言い及んだものではない。すなわち、「婦人の財産」（粧奩及び父家が戸絶したことによって入手した財産）は夫か妻一方のものではなく、夫妻がともに持ち主になる、というのが南宋の法だったのである。また最後の史料は次節に引用するが、「自随之産、不得別立女戸、当随其夫戸頭」までが法文で、「是為夫之産矣」は判者たる黄榦の判断である。法文の意

味するところは、粧奩で女戸を立ててはならず、夫の戸籍の資産に含めて登録せよという趣旨であって、夫の財産だと言っているわけではない。したがって、柳田氏が言うような、南宋代にも粧奩持ち出しが法によって禁じられていたという事実は存在せず、現実と法規定との間にずれがあったというわけでもないのである。(11)

そして再び読者の注意を喚起しておきたいのは、粧奩及び父家の戸絶の財産すなわち妻が父家から入手した財産は、夫のものとなるのではなく、法律上は「夫と同じく主と為す」と規定されていることである。夫がその兄弟と家産分割を行う以前は、粧奩は夫妻私房の特有財産として扱われる。家産分割後に夫が父祖の家から得た財産は、経済的には夫妻とその家属員の同居共財の関係下にあるが、法律上の所有関係から言えば夫のものであり(12)、この夫の伝来財産につき妻が「同夫為主」と言われることはない。それゆえ「同夫為主」という表現には、粧奩に関する時人の特別な観念なり法意識が反映している。それは粧奩もまた同居共財関係下にある財産ではあるけれども、所有関係から言えば夫のものでもなければ妻のものでもなく、法律上は夫妻の共有財産であると規定されていたということである。

こうして、南宋代の法律の規定から言えば、粧奩は夫妻の共有財産とみなされていた。いま論理に基づいて言えば、共有関係にある一方の者が存在しなくなれば、共有財産は当然遺されたもう一方の者の財産となるであろう。妻が夫に先んじて死亡すれば、粧奩は夫のものとなる。逆に夫が先に死亡すればどうか。通常の家産であれば、妻が守志する限り妻の管理・支配下に置かれる。夫妻に子孫がいなければ妻死亡後は戸絶の財産となり、子孫がいればやがて子孫に承継されてゆく。一方粧奩もまた、夫が死亡すれば一方の共有者である妻のものとなるはずである。夫妻に子孫がいれば、子孫は父母の家産に対して持ち分権＝承継期待権を有するから、妻＝母はそれによって粧奩に対する何らかの制限ないし牽制を受けるかもしれない。先に黄榦が、徐氏に子供がいなければ陳氏は粧奩を自分のものとしてもよいが、子供がいる以上それは不可であると述べていたのは、この点と関係しよう。それならば現実に、粧奩は、夫死亡後妻単独のものとなったであろうか。それは通常の家産と同じ性格のものであったろうか。子孫の粧奩に対する持ち分権はどれほど機能したであろうか。

先に引いた『大元聖政国朝典章』に「似前般取随身」とあったように、元朝以前には現実に改嫁の際に粧奩を持ち出す事例は少なくない。以下例証を一、二示す。洪邁『夷堅志』甲志巻二「陸氏負約」に、

衢州人鄭某、幼曠達能文、娶会稽陸氏女、亦姿媚俊爽、伉儷綢繆。鄭嘗於枕席間語陸氏曰、吾二人相歡至矣。如我不幸死、汝無復嫁、汝死、我亦如之。対曰、要当百年偕老、何不祥如是。凡十年、生二男女、而鄭生疾病、対父母復申言之。陸氏但俛首悲泣、鄭竟死。未数月而媒妁来、陸氏与相周旋、舅姑責之、不聴。纔釈服、尽携其資、適蘇州曾工曹。

（衢州の人鄭某は幼くして闊達で文才があった。会稽の陸氏の娘を娶ったが、容姿端麗で、極めて夫婦仲がよかった。鄭が枕をともにしつつ陸氏にしみじみと「我ら二人はこんなにも幸せである。もし不幸にして私が死んだら、お前は改嫁してはいけない。お前が死んだら私も再婚はしないから」と言うと、陸氏は「きっと一生連れ添いますのに、なんでそんな不吉なことを仰いますの」と応じた。およそ十年して二人の息子・娘を生んだが、鄭は病気となり、父母に対してもまた妻の改嫁の不可を申し述べた。陸氏はただうなだれて泣き悲しんだが、鄭は結局死んでしまった。数月ならずして媒酌人が現れ、陸氏と相談をした。舅と姑はそれを詰ったが陸氏は聞き入れなかった。喪が明けるやいなや、陸氏は持参財産を尽く携えて蘇州の曾工曹に嫁いでいった。）

と見える。ここには初婚時の持参財産を改嫁先に持参したことが記されているが、それが何らか異常な事態とのニュアンスは文面からは窺えない。舅と姑が陸氏を詰ったのは改嫁に関してであって、粧奩持ち去りに対してではなかった。また引用を省いた後文によれば、陸氏は「二男女」を残したまま改嫁したのであった。これまでに見た『名公書

判清明集』「子与継母争業」、『勉斎先生黄文粛公集』「徐家論陳家取去媳婦及田産」そして右の『夷堅志』「陸氏負約」は、前妻の子か実子かは異なるが、いずれも夫の息子がいるケースである。しかし妻＝母はそうした事情を無視するかのように粧奩を持参して改嫁・帰宗し、またしようとしていた。袁采『袁氏世範』巻一・睦親「同居不必私蔵金宝」にも、家属が私財を置くことを戒める中で、「亦有作妻名置産、身死而妻改嫁、挙以自随者亦多」と記されている。袁采もまた、妻が改嫁時に粧奩や粧奩名義の財産を持参することを戒めているわけではないし、むしろ世間ではそうしたことが「多」く発生していると語っているのである。粧奩に対する妻の権利は相当に強いものがあったと認めなければならない。そして、それは改嫁時に突如として私達の目前に立ち現れてくる。

ところで、右の『袁氏世範』にも記されているが、宋代には妻の名義で田産を置くことが許されていたようで、先の『名公書判清明集』「子与継母争業」には「索出契照、既作王氏名成契」とあり、これを根拠に王氏の財産と認定されている。また『勉斎先生黄文粛公文集』「徐家論陳家取去媳婦及田産」でも「夫置田而以装奩為名」とあり、夫が妻の名義で置産することは広く行われていたようである。『名公書判清明集』巻八・戸婚門・立継「利其田、自為尊長、欲以親孫為人後」にも、張氏の自随田について、夫呉氏の親房の尊長は官に対して「所云餘田是張氏自随田、非呉氏之産也」と供述している。自随田は妻の特有資産として強く意識されていたのであり、夫の家産と融合してはいないのである。

黄榦は粧奩田や夫が妻名義で置いた産は夫のものだと主張していた。しかし、それは彼の信条であり当為であったにすぎない。「自随之産、不得別立女戸、当随其夫戸頭」という法は、戸籍上は夫の家産に組み入れて登録せよという意味であって、夫の産だと宣言しているわけではない。法律上粧奩は夫妻のものであり、夫が死亡すれば妻が管理運営する夫家の財産の一部となり、妻が夫家に留まる限りは夫家の財産とともに正当な後継者に承継されてゆく。しかし、夫死亡後に妻が改嫁する際には、妻の財産として改嫁先へと持ち去られたのであった。これが南宋の法であり現実であった。『清明集』巻一三・懲悪門・妄訴「叔誣告姪女身死不明」に、「以法意定之、則婦人財産終于所歿之家」とあるのはそのことを語っているのであろう。

以上粧奩に関する南宋の法律規定、及び改嫁時の扱いについて検討した。私はこうした現実から見れば、粧奩は法律の規定はともかく、実際には――人々の認識としては――妻個人のものではなかったかと考えている。時に「婦人の財産」と言われ、また妻の個人の名義で蓄積・保管される財産であるということがそれを如実に示している。家産は夫＝父親に所有権が属す財産であったが、法文に「夫（ないし父）の財産」などと言われることはないし、家産の典売や息子達による分割相続以外の場面では、それが夫＝父親のものとして現れてくることは滅多にないのである。なぜなら家産は同居共財関係の下で家属全員によって、家属全員のために使用収益されるからである。粧奩も同じではなかったか。粧奩は妻のものではあったが通常それが妻のものとしては現れない。しかし改嫁時には、それはいわば突如として法的な妻の資産として出現する。南宋の法律は「夫と同じく主と為す」と定めていたが、それは税役賦課の為の政策的必要によるのではないか。粧奩が実際上妻のものであれば、夫死亡後に子孫がいようといまいと改嫁（と帰宗）時に持ち去ることができたはずであり、事実、南宋代には上述のように、それが頻繁に行われていたのである。

二　粧奩とその承継者

粧奩は法律上は夫妻の共有財産であった。では粧奩は子孫にどのように継承されるか。原則は息子達に均分されるのだが、そこでの息子とは妻の実子＝嫡子だけか、庶子（妾の子）をも含むのかという問題がある。これは粧奩は誰のものかという問題を解明するに際して重要な論点となる。夫妻死亡後に粧奩が妻の実子にのみ分配されるとすれば、粧奩は妻のものと認定してよいであろうし、実子・庶子ともに均分するとすれば、それは夫の家産と同じと認定されるであろう。

こうした問題に関して、『勉斎先生黄文粛公文集』巻四〇・判語「郭氏劉拱礼訴劉仁謙等冒占田産」には次のような恰好の判例がある。なおこれは前節引用の『勉斎先生黄文粛公文集』の判語と同じく、黄幹が嘉定五年（一二一二）から嘉定六年（一二一三）初にかけて江南西路臨江軍新淦県の知県であったときのものである。(13)

劉拱札并劉拱武妻郭氏訟劉拱辰之子仁謙・仁愿不伏監司所断、不分合受分田産。今拖照案牘、劉下班有子三人、長曰拱辰、妻郭氏所生、次曰拱礼・拱武、妾母所生。劉下班有本戸税銭六貫文、又有郭氏自随田税銭六貫文。劉下班死、郭氏亦死、劉拱辰兄弟分産、只将本戸六貫文税銭析為三分、以母郭氏自随之田為己所当得、遂専而有之、不以分其二弟。二弟亦甘心、不与之争。自淳熙十二年以至嘉泰元年、凡十六年、絶無詞訴。蓋畏其兄、不敢訴也。嘉泰元年、拱辰死、拱武・拱礼始訟之於県、又三訴之憲台、又両訴之帥司。経本県鄭知県・吉州董司法・提刑司僉庁・本県韓知県・吉州知録及趙安撫六処定断。鄭知県及提刑司僉庁則以為拱礼・拱武不当分郭氏自随之産、合全給与拱辰。吉州司法及知録則以為拱辰不当独占劉下班所得郭氏随嫁之産、合均分与拱武・拱礼。韓知県・趙安撫則以為合以郭氏六貫文税銭析為二分、拱辰得其一、拱武・拱礼共得其一。六処之説各不同。然趙安撫之所定在後、既已行下本県、而劉仁謙・劉仁愿乃蔑視帥司所定、不肯照所断分析、郭氏所以又復有詞也。以法論之、兄弟分産之条、即未嘗言自随之産合尽給与親生之子。又自随之産不得別立女戸、当随其夫戸頭、是為夫之産矣。為夫之産、則凡為夫之子者、皆得均受、豈親生之子所得独占。以理論之、郭氏之嫁劉下班也、雖有嫡庶之子、自当視為一体、庶生之子既以郭氏為母、生則孝養、死則哀送、与母無異、則郭氏庶生之子猶己子也。豈有郭氏既死之後、拱辰乃得自占其母随嫁之田。拱辰雖親生、拱武・拱礼雖庶出、然其受気於父則一也。以母視之、雖曰異胞、以父視之、則為同気。拱辰豈得不体其父之意、而独占其母随嫁之田乎。以此観之、則六貫文之税、当分而為三、兄弟均受、方為允当。今試以鄭知県及提刑司僉庁所断、而較之吉州司法・知録之所断、則鄭知県・僉庁之所見甚狭、而司法・知録所見甚広。鄭知県・僉庁之用意甚私、而司法・知録之用意甚公。従司法・知録之所断、則在子為孝於其父、在兄為友於其弟、従鄭知県及僉庁之所断、則在子為不孝於其父、在兄為不友於其弟。一善一悪、一是一非、豈不大相遼絶哉。官司理対公事、所以美教化、移風俗也。豈有導入以不孝不友、而自以為是哉。如韓知県・趙安撫所断、已是曲尽世俗之私情、不尽合天下之公理。劉仁愿・劉仁謙尚且抗拒、則是但知形勢之可以凌蔑孤寡、而不復知官司。今且照韓知県・趙安撫所断、引監劉仁愿・劉仁謙撥税銭参貫文付拱礼・郭氏、候畢日放、仍申諸司及使軍照会。

〔劉拱礼と劉拱武の妻郭氏が劉拱辰の息子仁謙・仁愿を「監司の判決に従わず、〔私達が〕受けるべき田産を分け与えない」と訴えた。今一件書類を見てみると、劉下班には息子三人がおり、長男は拱辰で妻の郭氏が生んだもの、その下は拱礼、拱武で妾が生んだものである。劉下班には税銭にして六貫文の家産があり、また郭氏が持参した税銭六貫文相当の田産がある。劉下班が死に、郭氏もまた死に、劉拱辰兄弟は家産分割したが、劉家の六貫文の税銭を三分割しただけで、〔拱辰は〕母郭氏が持参した田は自分が当然手にすべきと考え、これを専有し弟達には分けてやらなかった。二人の弟もまたそれを甘受し、兄と争うことはなかった。淳熙十二年〔一一八五〕から嘉泰元年〔一二〇一〕まで十六年間、全く訴訟はなかった。おそらく兄を畏れ、あえて訴え出なかったのであろう。嘉泰元年に拱辰が死ぬと、拱武、拱礼ははじめてこれを県に訴え、また三度にわたって提刑司に訴え、また二度にわたって安撫司に訴え、本県の鄭知県、吉州の董司法参軍、提刑司の僉庁、本県の韓知県、吉州の知録事参軍、及び趙安撫使と六箇所の判決を得た。鄭知県及び提刑司の僉庁は拱礼、拱武は郭氏の持参財産を分有すべきでないとし、すべてを拱辰に与えるべしとした。吉州の司法参軍及び知録事参軍は拱辰は劉下班が得た郭氏の持参財産を独占すべきではなく、拱武、拱礼に分与すべしとした。韓知県と趙安撫使は郭氏の六貫文の税銭を二分割し、拱辰は二分の一を、洪武、扶礼が二分の一を得るべしとした。六箇所の判決は各々異なっていた。しかし趙安撫使の判決が最後に出され、すでに本県に下されたのであったが、劉仁謙、劉仁愿は安撫司の判決を蔑ろにし、あえて判決どおりに分割しようとはしなかった。郭氏が再度訴え出た所以である。法律から言えば、兄弟分産の条文は、これまで持参財産はすべて実子に分与するとは言ってはいない。また持参財産で別に女戸を立てることはできず、夫の家の財産に組み入れよと定めており、ということは〔持参財産は〕夫の財産なのである。夫の財産であれば、夫の息子たる者は皆均等に分与されるべきで、どうして実子が独占できようか。道理から言えば、郭氏が劉下班に嫁いだからには、嫡子と庶子がいたにせよ、自ずと同等に扱うべきで、妾腹の子も郭氏を母親とし、生きては孝養し、死しては哀送すること実母と変わりはないのであるから、郭氏にとって妾腹の子も実子と同じなのである。どうして郭氏が死んだ後に、拱辰は母親の持参財産を独占できようか。拱辰は実子であり、拱武、拱礼は庶子であるとはいえ、父親から気を受け継いだという点では同一である。母親から見れば別の腹から生まれたのではあるが、父親から見れば同一の気である。拱辰はどうして父親の気持を体せずに、母親が持参した財産を独占できようか。以上から六貫文の税銭は三分割し、兄弟が均等に分けるのが妥当である。今試みに鄭知県及び提刑司の僉庁の判決を吉州の司法参軍・知録事参軍の判決と比較してみると、鄭知県と僉庁の見解は甚だ視野が狭く、司法参軍と知録事参軍の見解は視野が甚だ広い。鄭知県と僉庁の心配りは甚だ不公平で、

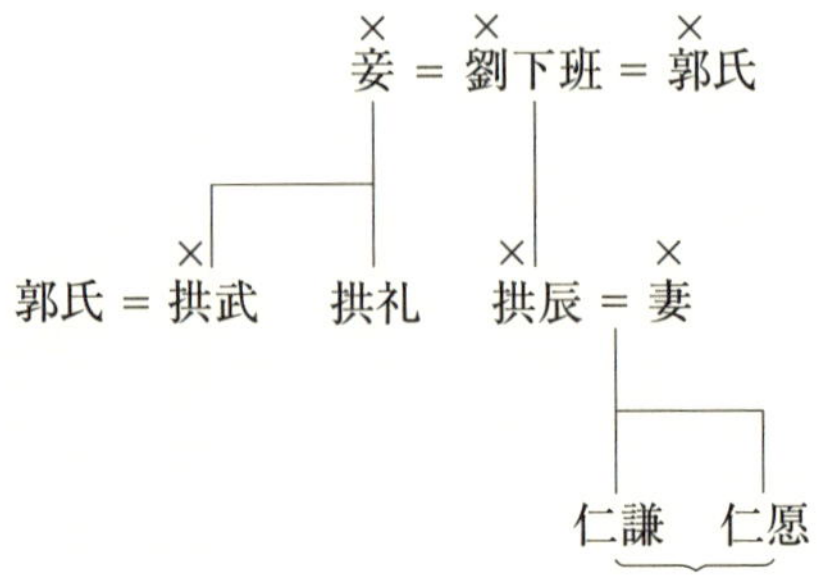

鄭知県・提刑司僉庁			6貫文
吉州司法・知録	2貫文	2貫文	2貫文
韓知県・趙安撫	1.5貫文	1.5貫文	3貫文
黄榦（公理）	2貫文	2貫文	2貫文
（判決）	1.5貫文	1.5貫文	3貫文

関係図(2)　（×印は死亡者）

司法参軍と知録事参軍の心配りは甚だ公平である。司法参軍と知録事参軍の判決に従えば、息子にあってはその父親に孝、兄にあってはその弟に友であり、鄭知県と僉庁の判決は、息子にあってはその父親に不孝、兄にあってはその弟に不友である。一方は善、一方は悪、一方は是、一方は非、なぜにこうも隔絶するのか。官司が訴訟事を裁くということは、教化を向上させ、風俗をよい方に向けることであって、どうして人を不孝、不友に導き、自らよしとできようか。韓知県と趙安撫使が判決したところは、すでに世俗の私情を尽くしているが、天下の公理に尽く合しているわけではない。劉仁愿、劉仁謙がなおも拒み争えば、それは勢力をもって孤児や寡婦を虐め侮ることであって、官司の存在を意にかけない行為と言うべきである。今は韓知県と趙安撫使の判決に従い、劉仁愿、劉仁謙は三貫文を拱礼と郭氏に分け与え、与え終わった日に〔関係者を〕釈放し、なお〔この措置を〕諸司及び知軍に上申する。）（**関係図**(2)も参照）

黄榦の判決では、本来嫡子・庶子とも各々三分の一ずつ均分すべきだとしながら、結果的には嫡子二に対し庶子各一の割合と定めている。滋賀氏はこの判決を引用解説して、

問題は実際上なかなか微妙ではあるが、理論的には、持参財産も特別の扱いをうけることなく、夫の財産と合

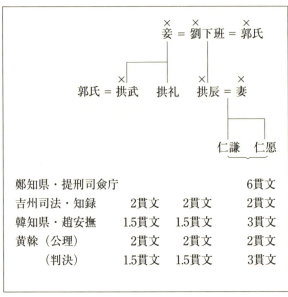

体して夫の諸子に無差別に均分せらるべきであったことがはっきりしていた。

と述べているが、[14]しかしいま私達は『勉斎先生黄文粛公文集』という黄榦の記録、黄榦の見解を通じて当時の状況を見ているのであり、もし残された判語が黄榦のものではなく、鄭知県や提刑司の僉庁あるいは韓知県や安撫使のものだけであったとすれば、私達の認識は大いに異なるものになっていたに違いない。さらに嘉泰元年（一二〇一）から黄榦がこの判決を書いた嘉定五年（一二一二）頃まで十年以上にわたって六箇所の官司で争い続けた当事者が、これを最終判決として承伏し和解したという保証は全くないし、私達は黄榦という一人の道学者の見解をさほど高く評価しなければならない理由があるわけでもない。黄榦自身「然趙安撫之所定在後、既已行下本県、而劉仁謙・劉仁愿乃蔑視帥司所定、不肯照所断分析、郭氏所以又復有詞也」と記しているが、黄榦の判決内容は当事者が受入を拒否したという趙安撫使の判断と全く同じなのである。むしろこの判語は、南宋代には粧奩の承継方法、とりわけ嫡子と庶子とがいた場合に庶子は粧奩から排除されるのか否かに関して統一した社会的な規範や固い原則がまだ成立してはいなかったことを雄弁に物語っている。三つに分類されるそれぞれの判断は、粧奩がそもそも妻固有の財産なのか、あるいは夫家の家産の一部に融合するのかについて、当時一定の認識がなかったことを示している。そして疑いなくそれに関わる法律も存在してはいなかった。

さらに注目すべきは、拱辰が生きていたときに二人の弟は訴え出ることがなかったという点である。黄榦は「兄を畏れ」たがゆえであろうと言うが、しかし粧奩の帰属に関して社会的に固い原則があったとすれば、二人の弟は「兄を畏れる」必要はなかったに違いないのである。粧奩の承継に関する法律や固い社会的な共通認識がなかったがゆえに、弟達は訴え出なかったに違いない。例えば、兄弟均分は当時の固い社会的な原則であり法でもあったが、それゆえにもしそれに反する分割方法が採用されれば、兄であろうが弟だろうが、例証を挙げるまでもなく、そこでは徹底した争いが生じていたのであった。二弟の十六年間の躊躇は各級官司の判断の不統一とともに、粧奩は家産の一部ではなく、本来妻個人のものだという認識の存在を物語るものとも言えよう。

同時に黄榦は「法律から言えば」と断りつつ「自随之産、不得別立女戸」という法を引用している。この法は夫の戸とは別に女戸を立てることによって税役賦課に不都合が生じるがゆえに策定されたと考えられるが、しかし現実には自随の産でもって女戸を立てようとする婦人がいたがゆえにそれを禁じたとも言いうるのであって、ここでもまた、当時の婦人は自随の産を夫家の家産とは区別された独自の性格を持つもの、あえて言えば婦人自身の産と意識していたことをも窺わせるのである。こうして、当時粧奩が夫家の財産に融合した財産となってはおらず、むしろ妻に属す財産と意識されていたからこそ、元代の粧奩持ち出し禁止の法律が必要とされた一因があったのであろう。

推測に及ぶが、唐代にもおそらく宋代と同じように改嫁の際の粧奩持ち出しを禁ずる法律は存在しなかったのではないか。唐の戸令応分条に「妻家所得之財、不在分限（妻雖亡没、所有資財及奴婢、妻家並不得追理）」とあり、妻の粧奩財産は夫婦の固有の資産として夫の兄弟均分の対象から除かれ、また妻死亡後も妻の実家はそれへの干与をなしえないことと定められていた。息子なくして夫が死亡した寡婦には、本来夫が受けるべき財産が与えられるが、しかし妻が改嫁する場合は「若改適、其見在部曲奴婢田宅、不得費用、皆応分人均分」とあるように、妻はその財産を夫家の得分者に遺留しなければならなかった。しかしこの戸令では、寡婦改嫁の際に粧奩をどう扱うかについて積極的な言及がないことに注意すべきである。元代の法律はこのことを中心的な問題として持参禁止に明確に言及しており、明・清代の法律は「其改嫁者、夫家財産及原有粧奩、並聴前夫之家為主」と、夫家の財産と粧奩とを区別しまた併記している。これは唐宋時代には持ち去ることができた粧奩が、元代以降明・清代には取り立てて持ち出しが禁止されたことを明示するものと思われる。

唐宋時代には、妻の粧奩は法律上でも実際上でも夫婦のものでありながら、夫が死んで妻が改嫁する場合は、本来妻が持参したという事実が重視されて、妻が持ち帰ったのであろうと思われる。ところがそうした事態に対して、南宋期には黄榦のように持ち出しをすべきではないという考え方が生じてくる。やがて元代以降は法律によって持ち出しを禁止することになるのだが、これはおそらく宋学＝朱子学による宗法主義の強化が背景にあったものと推測される。元・明以降の法律が、改嫁時のみに限定して帰宗するケースに言い及ばないのは、朱子学によって強化された「守志」という儒教道徳を徹底しようとする意図が感じられる。改嫁を牽制し、あえて改嫁する者にペナルティーを科そうというのが立法の目的だったのではなかろうか。(15)

粧奩持ち出しを許容する宋代の事例は元代以降の法律による持ち出し禁止と対立するかに見えるが、しかしこれを唐宋代の事態（推測による部分も多いが）から広く通観すると、むしろ元代以降の法律による規制のほうが特異であったと見えてくる。その背景に、私達は朱子学の宗法主義・リゴリズムの影響とその強化とを見るべきであろう。

おわりに――明代以降の粧奩の行方――

粧奩は夫妻のものである。しかし夫妻が夫妻である限り、それは夫婦私房の財産として、夫がその兄弟と家産分割した後には夫婦家属の同居共財の財産として、すなわち家属全員の財産として機能する。夫死亡後も妻が夫家に留まる限りそれは夫家の財産として特に自己主張することはない。粧奩が特別な財産であることを主張するのは寡婦が改嫁するときであり、また彼女の実子以外に夫の息子＝庶子がいた場合である。しかし元代以降、法の規定は明確であったが、実際上改嫁時の粧奩がどう扱われたのか、その実態を私達はまだ知らない。その実態が明らかになって後、私達は道学者の主張が現実となったのか、単なる法律上の形式的な規定にすぎなかったのかを知ることができるであろう。それは単に粧奩に限らず、様々な来歴と径路で入手された財産を中国の人々がどのような「権利」として認識していたか、「権利」は何によって担保されると考えていたかをも私たちに教えてくれるであろう。粧奩は法律上は、妻持参の服飾品や家具と同じく田産のような不動産であっても夫妻の特有財産とされる。その由来や来歴こそが最も重視されたがゆえに、と言ってよいのかもしれない(16)。

さて、元代の禁止規定制定以降明・清代に、粧奩は実際どう扱われていたのであろうか。私達は粧奩持ち出しを禁止する法の存在から、直ちに実際上も持ち出しは行われなかったと考えがちである。しかしある行為を禁じ重く罰する法律が規定されたからといってその行為が消滅するわけではない。私は明・清代に実際に粧奩がどう扱われていたかを確認するために最近関連する事例を探し始めたばかりだが、未だ紹介すべき恰好の例証を見い出してはいない。当面、参考になりそうな一例を示しておくにとどめる。

明末の崇禎元年（一六二八）から崇禎三年（一六三〇）まで広州府推官であった顔俊彦の『盟水斎存牘』(17)一刻・讞略巻四「争産李氏杖」には、

審得、談遇之婦陳氏、為馮維節姦而娶之、已有成案。真士類中之大不幸也。乃陳氏有奩田三十九畝、向帰談遇者、其母李氏思問遇索還、而併盗其自置七十一畝之契、謂亦係伊産、駕詞不休、李氏真裙釵中之神棍矣。女之淫奔、母実誨之、要非虚語、契未追出、黄冊可憑。遇猶然青衿也、既為所玷、復失其産、肯甘心乎。今查蚊子洲七十一畝、委係陳氏未帰之先談遇自置、不得混争。其□沙十四畝、鷲公嶺・崗尾涌二十五畝、抛遇称係撥抵聘金。且婦雖棄、有二女在也。然不潔之婦、情義已絶、何復留此。不潔之田、為賭物思人、猶有餘恨。遇稍有志気、不若擲還之、又洒然耳。李氏縦女鶉奔、又自特老婦妄告、抱告陳常、擬杖示儆、具招呈詳。

糧儲道批。誨淫誨盗、有此獣嫗。不知獣生如馮維節者、当伏何法。依擬杖断、実収、繳。

（審理の結果、談遇の妻であった陳氏は、馮維節が姦通して彼女を娶ったのであり、それについてはすでに成案がある。まことに士類にあっては大いなる不幸である。陳氏には奩田三十九畝があり、以前には談遇のものとなっていたが、陳氏の母李氏は談遇を問責して取り戻そうとし、併せて談遇が自ら買った七十一畝の契約書をも盗み取り、「私の物だ」と言い立てて止まない。李氏はまことに女の中の筋金入りの悪党である。娘の淫奔について、母親が親身になって教え導くには、実のある言葉でなければならず、契約書をまだ提出していなければ、〔問題解決のためには〕賦役黄冊に依拠すればよい。談遇は今でも青衿であるが、既に体面を傷つけられ、その上財産まで失うとあっては、どうして甘んじておれようか。今調査してみると蚊子洲の七十一畝は実際に陳氏が嫁に来る前に談遇が自ら買ったもので、まぜこぜにして争ってはならない。□沙の十四畝と鶩公嶺・崗尾涌の二十五畝は談遇の供述では「聘金に充当した」という。しばし妻は棄てるとはいえ、二女がいる。しかし不潔な婦人は情義がすでに絶たれたとあれば、この不潔の田をなぜに留め置くことがあろうか。遺留品を見ればその人を思い出し、なお恨みの心が残るであろう。談遇にやや志気があれば、この田を投げ還すのがよろしい。また颯爽たることではないか。李氏は娘の淫奔を許し、また老婦であることを幸いに出鱈目な訴えを起こし、代理出廷して陳情したので、杖罪に処して戒めとする。供述を書いて詳文を上呈いたします。

糧儲道の批文。淫奔盗窃を戒めているところ、このあくどい嫗がいた。一体馮維節のごとき悪党にはどんな法を適用すべきか。〔李氏は〕原案どおり杖罪とせよ。庫収〔＝紙工価銀の領収書[18]〕を取り、〔この批文は〕返却せよ。）

と見える。これは、同書一刻・讞略巻五「訟婚馮維節一杖」を承けたもので、そこには、

審得、談遇訟馮維節拐妻一案、蓋経府・庁・県三聴之矣。県断其離異、法也。府断奩田帰談、而姑以陳氏属之維

節、情也。卑職会審、令談遇棄其妻、而幷棄其田、以存秀才志気、義也。（下略）

（審理の結果、談遇が馮維節が妻を誘拐したと訴えた条件は、府、庁、県の三度の審理を経ている。県が〔馮と陳氏とは〕離別させよと判決したのは、法である。府が粧奩田は談遇に帰属させるが、しばし陳氏は馮維節に帰属させると判決したのは、情である。私が審理した際に、談遇にその妻を棄て、さらにその奩田をも棄て、秀才の心意気を存せしめたのは、義である。）（下略）

とある。この事件は夫死亡後の妻の改嫁ではなく、姦通を通じた離婚と改嫁に関わるものだが、姦通の後に馮維節に改嫁した陳氏の粧奩田を陳氏の実母李氏は談遇から取り戻そうと計り、あまつさえ談氏の家産まで奪い取ろうとした。府の判断は、明の戸令と同じく奩田は談遇に帰属させると断じているが、顔俊彦は、前夫談遇に妻とともに奩田の拋棄をも勧めたことを「義」であると言い、結果として陳氏改嫁の際に奩田を持参させている。ここでは、南宋代と同じく粧奩と前夫の家産とが明確に区別して意識されており、李氏もまた粧奩であるがゆえに（談氏の家産と併せて）奪い取ろうとしたことに注意を向けておきたい。

明・清代の妻改嫁時の粧奩の扱いに関して、私は、法の規定と朱子学の普及・国教化とは粧奩持ち去りを一定程度規制していったであろうし、南宋代に比べて妻の粧奩持ち去りはより限定されたであろうと推測しているが、しかし一方では人々の粧奩は妻のものだという意識はさほど変化しなかったのではないかとも推測する。とはいえ、明・清代の粧奩の扱いに関する多くの実態を私達はまだほとんど知らない(19)。今後の検討に委ねるほかない(補註)。

最後に、本稿では粧奩は事実上妻のものであり、法律上は夫妻のものであり、夫死亡後は妻単独のものとなったと主張したが、私達はこの南宋代の実際から得られた結論を強調することには慎重でなければならないであろう。この事実を女性の財産権という問題の中で扱うと、妻の粧奩に対する権利の強さを強調しがちになり、また元代以降の権利の低下を導き出すことになる。またかの有名な「在法、父母已亡、児女分産、女合得男之半」という史料[20]と関連させ、南宋社会の特異性を導き出すことによって、中国史における女性の財産権という問題を複雑化させ解明を困難にすることにもなる。

しかし、粧奩が誰のものかは通常の夫婦や多くの家庭にあってはほとんど問題とはならなかったことであろうと思われる。南宋代に問題となったのは、夫死亡後に改嫁しようとする女性が現れたときであり、息子達の中に嫡子と庶子とがいて、母親の粧奩が息子達にとって納得行く形（何が納得行く形かここでは問わない）で分配されなかったときであった。そうしたケースは日常的に多数発生する問題であったろうか。私は通常多くの家庭で粧奩は問題なく子孫に承継されたと考えている。法律論から言えば、粧奩は夫妻の特有財産であり、夫か妻が死亡すれば遺された一方の財産となったのではあるが、しかしいつも夫が先に死亡し、その場合は決まって妻が改嫁したわけではないということに思いを致す必要があるのではなかろうか。また明・清代の実態を踏まえずに、粧奩に対する婦人の権利が低下したと予測することも安易な態度ではなかろうか。解明をまつ課題はなお少なくないのである。

註

（1）滋賀秀三『中国家族法の原理』（創文社、一九六七年）第五章「家族員の特有財産」、五二〇頁～五二一頁。

（2）柳田節子『宋元社会経済史研究』（創文社、一九九五年）第二編Ⅰ「南宋期家産分割における女承分について」（一九八九年原載）、二二五頁。なお以下に柳田氏が引く「子与継母争業」の原文を掲げておく。

自柏舟之詩不作、寡婦始不能守義以安其室、自凱風之什既廃、人子始不能尽孝以事其母。載拊遺編、為之三歎。呉和中貢士、今已久矣、不知其為何如人。今考案牘、見其家儲書数千巻、必也佳士。前室既亡、有子七歳、再娶王氏、所望百年相守者。王氏果賢、当知敬以事其夫、恩以撫其子、此婦道也。既嫁従夫、其心豈容有異、続置田産、所立契券、乃尽作王氏粧奩。其立法之意、蓋為兄弟同居、妻財置産、防他日訟分之患耳。王氏事呉貢士、上不見舅姑之養、下亦無伯叔之分析、一門之内、秋毫以上皆王氏夫婦物也。何用自立町畦、私置物業、此其意果安在哉。呉貢士溺愛、一聴其所為、固已失之。当時王氏、蓋已無永矢靡他之志。呉貢士嘉定九年九月死、家道頗温、王氏若能守志自誓、扶植門戸、且教其子使之成立、不惟王氏可為節婦、呉貢士亦且有後矣。一念既偏、但知有身、不復念其夫若子。呉汝求為非淫佚、狂蕩弗検。王氏席巻於其上、汝求破壊於其下、子母之恩愛離矣、呉貢士之家道壊矣。未幾、王氏挈嚢槖再嫁、汝求傾貲産妄費、貧不自支、遂致交訟。豈復知有孝道、能誦我無令人之章。事既到官、当与究竟。呉貢士無恙時、有屋一区、有田一百三十畝、器具什物具存。死方三年、其妻・其子破蕩無餘、此豈所以為人婦・為人子哉。王氏原有自随田二十三種、以粧奩置到田四十七種、及在呉収拾嚢篋、尽挈以嫁人。呉汝求既将故父遺業尽行作壊、豈応更与継母計較成訟。今拠所陳、王氏所置四十七種之田、係其故夫*己財置到、及有質庫銭物、尽為王氏所有。然官憑文書、索出契照、既作王氏名成契、尚復何説。呉汝求父死之時、非是幼騃、若有質庫銭物、何不自行照管、方其鬻産妄費之時、何不且取質庫銭物使用。継母已嫁、卻方有詞、無乃辨之不早乎。以前後亦有領去銀器財物、批照具在、已上二事、皆難施行。但王氏、呉貢士之妻也、呉汝求、呉貢士之子也。儻未忘夫婦之義、豈独無子母之情。王氏改適既得所、呉汝求一身無帰、亦為可念。請王氏以前夫為念、将所置到劉県尉屋子業与呉汝求居住、仍仰呉汝求不得典売。庶幾夫婦子母之間不至断絶、生者既得相安、死者亦有以自慰於地下矣。各責状入案、照会契書給還。（＊「夫」は「父」の誤記であろう）

（3）前掲註（1）滋賀著書、四二二～四二三頁。

（4）永田三枝「南宋期における女性の財産権について」（『北大史学』三一号、一九九一年）。永田氏は南宋代の粧奩につき「宋代の立法は曖昧だった」（一五頁註（40））とも述べているが、氏があげる史料は判決文であって立法ではない。

（5）Bettine Birge. *Women, Property, and Confucian Reaction in Sung and Yüan China (960-1368)*. Cambridge University Press, 2002.

（6）中国における研究としては、朱瑞熙・程郁『宋史研究』（福建人民出版社、二〇〇六年）第五章第七節「婦女史研究的興起」を参照。また張邦偉「宋代婦女再嫁問題探討」（『宋史研究論文集』浙江人民出版社、一九八七年）をも参照。

（7）なお次掲の註（8）とも関係するが、ここでも「無故出妻」の場合は持参できることに注意されたい。

（8）夫生前の離婚の場合は、ケースバイケースである。責任がどちらにあるかに関係するし、協議離婚の場合は協議内容による。前掲註（1）滋賀氏著書、五二九頁以下を参照。

（9）これは黄榦が嘉定五年（一二一二）から六年初にかけて江西路臨江軍新淦県の知県であった時の判語である。文中の「知軍呉寺簿」とは、李之亮『宋両江郡主易替考』（巴蜀書社、二〇〇一年）六〇七頁によれば、嘉定四年（一二一一）から五年に知軍であった呉機という人物である。

（10）前掲註（2）柳田著書、二二五頁を参照。なお柳田氏がここに引用した史料は、順に『名公書判清明集』巻五・戸婚門・争業下「妻財置業不係分」、同書巻九・戸婚門・取贖「孤女贖父田」、及び本文後引の『勉斎先生黄文粛公文集』巻四〇・判語「郭氏劉拱礼訴劉仁謙等冒占田産」の一部分であり、袁俐氏の論文は、杭州大学歴史系宋史研究室編『宋史研究集刊（二）』（一九八八年）所収の「宋代女子財産権述論」である。

（11）『名公書判清明集』巻四・戸婚門・争業上「熊邦兄弟与阿甘互争財産」に、

熊賑元生三子、長曰邦、次曰賢、幼曰資。熊資身死、其妻阿甘已行改嫁、惟存室女一人、戸有田三百五十把。当元以其価銭不満三百貫、従条尽給付女承分。未及畢姻、女復身故。今二兄争以其子立嗣、而阿甘又謂、内田百把係自置買、亦欲求分。立嗣之説、名雖為弟、志在得田。後来続買、亦非阿甘可以自随。律之以法、尽合没官、縦是立嗣、不出生前、亦於絶家財産只応給四分之一。今官司不欲例行籍没、仰除見銭十貫足埋葬女外、餘田均作三分、各給其一。此非法意、但官司従厚、聴自拋拈。如有互争、却当照条施行。

（熊賑元には三人の息子があり、長男は邦と言い、次男は賢と言い、末は資と言う。熊資は死亡し、その妻阿甘はすでに改嫁し、ただ一人の在室女がいるだけで、戸には田三百五十把がある。当時その価銭が三百貫に満たなかったので、法律に従って娘の相続分として給付した。ところが、結婚をする前に娘もまた死亡した。いま二人の兄は自分の息子を〔資の嗣子に〕立嗣しようと争い、阿甘もまた「家産の内百把は私が買ったものです」と言って、取り分としようとしている。立嗣という言い分は、名目は弟のためではあるが、本音は田を得ることにある。後に〔阿甘が〕買った田だとしても、阿甘が改嫁の際に持ってゆけるものではない。これを法律で処理すれば、すべて没官すべきであり、たとえ立嗣したとしても、嗣父生前のことではないので、戸絶の家の財産については〔嗣子は〕ただ四分の一を給付するだけである。いま官司は規定どおり没官したくはなく、命じて現銭十貫文足で娘を埋葬するほか、残りの田は三分割し、各人に一分を給する。これは法意ではなく、ただに官司が優遇してやるだけのことであって、各自はくじ引きして財産を選ぶのを許す。もし互いに争うことがあれば、当然法に従って措置する。）

と見え、阿甘は「内田百把係自置買」と述べて権利を主張したが、官は「後来続買、亦非阿甘可以自随」としてこれを斥けている。これは粧奩で買った田であると解釈できる余地があり、私は先に公刊した訳注（『訳註『名公書判清明集』戸婚門』創文社、二〇〇六年）ではそのような理解を示したが、阿甘は単に夫死亡後に自ら買ったものだと述べたにすぎないであろう。また本稿の検討からすれば、右の判語に附した注釈に「立法上妻持参の財産は再婚の際に前夫の家に留めおくことが定められていた」と述べた箇所は、南宋の状況としては訂正しなければならない。

　次に、『名公書判清明集』巻五・戸婚門・争業下「継母将養老田遺嘱与親女」には、「婦人随嫁奩田、乃是父母給与、夫家田業自有夫家承分人、豈容捲以自随乎」と見える。これは「婦人随嫁奩田、乃是父母給与夫家田業、自有夫家承分人」と断句して読む可能性があるが、これでは「婦人随嫁奩田、……田業」と重複する表現となり、また「捲」字は奩田と夫家の田業とを併せてというニュアンスを表現していると考えられることから、私はこの史料が奩田持ち去りを非難したものとは解釈しない。

(12) 前掲註（1）滋賀著書における前人未踏の成果のひとつは、同居共財とは経済関係であり、法律関係から言えば家産は父親のものだと解明した点にある。

(13) 文中に出てくる鄭知県とは鄭臬、韓知県とは韓元郷という人物である（隆慶『臨江府志』巻五・官師、及び嘉靖『臨江府志』巻四・官師を参照）。また趙安撫とは、嘉定二年に江西安撫使に就いた趙与択か趙希懌（『南宋制撫年表』巻上を参照）であろう。

(14) 前掲註（1）滋賀著書、五二八頁を参照。

（15）　これは黄榦が示した判決内容と同じ方向であり、元朝の持ち出し禁止は江浙行省という朱子学の源流地域が提案したものであった。南宋以降の道学＝朱子学がこうした方向性を推し進めたと私が考える所以である。また濱島敦俊『明代江南農村社会の研究』（東京大学出版会、一九八二年）第一章「明代前半の水利慣行」には、浙東の儒士が朱元璋集団及び明初の政権とどう関わったかについて興味深い分析がなされているので参照されたい。浙東の儒士とは言うまでもなく朱子学の徒である。

（16）　滋賀秀三「崇明島の承価と過投――寺田浩明氏論考の驥尾に附して――」『千葉大学法学論集』一―一、一九八六年）一八頁に、「その正当性を、前主から正当に引き継いだという来歴によって弁証されるものという性質は、「業」「管業」という言葉にとって殆んど概念自体のうちに内在する必要的要素であると言ってよい」との指摘があるが、粧奩もまたその来歴から法律上は夫妻の業、事実上は妻の業とされたのではないか。

（17）　この書物は、中国政法大学出版社から二〇〇二年に標点排印本が出版され閲覧が容易になったが、その原本とされた北京大学所蔵の崇禎刻本と比較すると字句の異同が少なくないので使用には慎重さが必要である。本稿では崇禎刻本に拠った。

（18）　この解釈に関しては、北海道大学の三木聰氏と京都大学の岩井茂樹氏の教示を得た。記して感謝を表したい。

（19）　民国期の実態調査ではケースバイケースである。前掲註（1）滋賀著書、五二〇頁以下を参照。

（20）　『名公書判清明集』巻八・戸婚門・分析「女婿不応中分妻家財産」（劉後村の判）、また劉克荘『後村先生大全集』巻一九三・書判「鄱陽県東尉検校周丙家財産事」を参照。

（補注）　本稿脱稿後に、邢鉄『家産継承史論』（雲南出版社、二〇〇〇年）の存在を知り入手した。また二〇〇七年九月末に北京へ出かけた際に新華書店で偶然、毛立平『清代嫁粧研究』（中国人民大学出版社、二〇〇七年）という書物が出版されていることを知った。邢鉄著書は第三章「婦女的家産継承権」で奩田は妻のものであったと言うが、章題からも窺えるように粧奩を家産の継承権と見ており、また七四頁の元朝の改嫁時粧奩持ち出し禁止の背景を論じる箇所など、やや論証に緻密さを欠く面があり、なお検討の余地があると感じられる。毛立平著書も粧奩を母家からの家産継承権とするが、多くの地方志また族譜などを用い、粧奩に対する妻の所有権・支配権の強さを論じている。清代の実態を知るために参照すべき成果と言えよう。中でも本稿との関連で興味深いのは、一七一頁以下に引かれた康熙末の彭定求による息子達への家産分割の事例で、そこでは正妻の粧奩は嫡子にだけ与えられ庶子には全く与えられておらず、ここでは粧奩が妻個人のものであったことを如実に示している。ただ毛著書を得た現在でも、粧奩の扱いに関する地方的時期的な変化・実態に関しては、依然研究の余地は広く残されていると思われる。

（原載『史朋』第四〇号、二〇〇七年十二月刊）

南宋四明史氏の斜陽——南宋後期政治史の一断面——

小林　晃

はじめに

清代の考証学者として有名な趙翼は、『廿二史箚記』巻二六「継世為相」において、宋代に三世代にわたって宰相を生んだ名族を二つ挙げている。一つは河南呂氏であり、もう一つが四明史氏である。河南呂氏は北宋時代に呂蒙世・呂夷簡・呂公著の三宰相を輩出しただけでなく、南宋時代でも呂好問・呂本中・呂祖謙といった高官や思想家を世に送り出した。呂氏は両宋三百年を通じて名族としての地位を保ったといえるであろう。

これに対して四明史氏は、南宋時代にやはり史浩・史彌遠・史嵩之という宰相を輩出し、一時は「史氏一門、宰相三人、執政二人、執政の恩数に視う大臣三人、侍従二人、卿監四人、その餘は数を悉くす能わざるなり」といわれるほどの繁栄を示したが(1)、史嵩之失脚後は一族の科挙合格者数を減らすなど、その政治的地位を急速に低下させて南宋の滅亡を迎えた。史氏は明代までは郷里の明州慶元府（現在の浙江省寧波市、以下、明州と称す）で地域の名族としての地位を保っていたようであるが、歴史の表舞台からは姿を消すことになったのである。本稿は南宋後期における四明史氏の衰退要因を再検討するとともに、その衰退が有した意味を政治史的な文脈のなかで探求しようとするものである。

史彌遠が南宋四代目寧宗・五代目理宗の両朝において、いわゆる「専権宰相」として長年にわたって独員宰相を務めたことや、史彌遠の死後に史嵩之がモンゴルとの和平政策を主導したことなどから分かるように、四明史氏は南宋中後期の政治史にとりわけ大きな足跡を残した一族であった。また後期南宋政治を主導したことで知られる鄭清之・喬行簡・趙葵・賈似道らが、いずれも史彌遠政権時代に形成された史氏の人脈から輩出されていたことも留意される。四明史氏の衰退過程を検討することが、そのまま南宋後期政治史の一端を明らかにすることにつながることが理解されよう。そのためか、史氏の衰退要因については、これまでにもいくつかの先行研究によって注目されてきた。

例えばリチャード・デイビス氏は、史氏の衰退要因として、史彌遠が長期にわたって権力を独占したことで、官界から強い反発を受けていたことを重視する。こうした反発は史彌遠死後に史氏全体への批判へと転化し、官界における史氏の族人の昇進を阻害する大きな要因になったという。しかも何人かの史氏の族人はそうした事態を予期して史彌遠を非難したため、史氏の結束に亀裂が生じ、それが一族の分裂を誘発したとデイビス氏は論じていた(2)。

また黄寛重氏は、南宋官界における明州士大夫の消長を論じたなかで次のように述べている。史彌遠政権が成立すると、史彌遠は同郷の楼氏や袁氏などの有力宗族の族人を中央に糾合し、新たな政治勢力を形成した。ところが、やがて対金政策や理宗擁立をめぐって政見の違いが顕在化すると、これらの宗族同士の関係が悪化したり、各宗族の内部で対立が生じたりすることになった。四明史氏の内部でも史彌遠や史嵩之の政治姿勢をめぐって軋轢が生じ、それが史氏を政治的な衰退に追いやる要因として作用したというのである(3)。

デイビス氏と黄氏の見解には異なる部分もあるが、史氏内部における深刻な対立の存在を指摘し、それに起因する宗族結合の弱体化を史氏衰退の要因の一つに数える点では一致しているといえるであろう。両氏が依拠した史料には、後述するように何人かの史氏の有力な族人たちが、史彌遠の政治姿勢を非難していたとする記述が確かに見いだされる。しかしそれらの史料は、史彌遠の否定的な評価が定着した後世に編纂されたものであり、必ずしも公平な立場から書かれたものではないのである。とすれば、そうした史料に大きく依拠して導かれた右の両氏の見解には、再検討の余地が多分にあると考えざるをえない。すなわち同時代の、しかも可能な限り史氏に近い立場から記された史料に依拠して、右の見解の妥当性が検証される必要があるのである。

以上の問題関心のもと、本稿では筆者がかつて紹介した明・鄭真輯『四明文献』を主に活用し、右の問題の再検証を行うことにしたい(4)。『四明文献』は明代初期に編纂された史料ではあるものの、南宋後期に史氏の族人の手で書かれた多くの史料がそのまま収められており、しかもそのほとんどは新出の史料である。それらを分析することにより、従来未知であった史実を明らかにすることができるはずである。なお本稿で『四明文献』を引用する場合は、静嘉堂文庫所蔵抄本を底本とする。史料引用文中に〔　〕がある場合は、静嘉堂文庫所蔵抄本の誤脱と思われる語句を中国国家図書館所蔵の清抄本で補正した部分であるので、注意して頂きたい(5)。

一　史彌遠政権時代の四明史氏

既述したように、史彌遠は寧宗朝後期から理宗朝前期にかけて、二十五年にもわたって独員宰相の地位を保持した。とくにその政権の後半期には、理宗の兄として帝位継承争いに敗北した済王趙竑の死後の処遇をめぐり、真徳秀や魏了翁ら朱子学派の領袖から厳しく批判されることになった。リチャード・デイビス氏と黄寛重氏は、そうした史彌遠の政治姿勢に不満を表明した史氏の族人として、史彌堅・史彌忠・史彌鞏・史彌応・史守之の名前を挙げている(6)。このうち史彌応・史守之については、清代以前の史料からは事跡をほとんど確認できないため今回は保留し、残りの史彌堅・史彌忠・史彌鞏の三人についてそれぞれ検証を加えていきたい。

（1）史彌堅

史彌堅は史浩の末子で、史彌遠の同母弟に当たり、その事跡は元代の延祐『四明志』巻五、人物攷中、先賢「史彌堅」に見えている。史彌堅は開禧三年（一二〇七）に知臨安府に就任したが、右史料に「兄彌遠入相するに、嫌を以て出で潭州湖南安撫使と為る」とあるように、兄史彌遠の宰相就任にともなって地方に出され、のちには知鎮江府や知建寧府などを務めた。さらに「兄久しく相位に在るを以て、数しば帰を勧むるも聴かず、遂に祠禄を家に食むこと十有六年」とあるから、宰相を長年務めていた史彌遠に引退を勧告するも容れられず、実権のない宮観差遣に十六年間も甘んじたというのである。

先行研究では右の記述から史彌堅と史彌遠との政見の不一致が指摘され、史氏の内部で不和が醸成されていたことの証左とされていた。しかし旧稿でも述べたように、そうした議論には疑問が残る。というのも、史彌堅の事跡を最も詳細に伝える鄭清之「宋贈開府儀同三司忠宣公墓誌銘」（以下「史彌堅墓誌銘」と称す）が、先行研究では活用されていないからである。以下に旧稿の要点を述べると、もともと史彌遠は、対金戦争を主導して敗北した韓侂冑を暗殺したことで宰相に抜擢され、その後の史氏繁栄の礎を築いた。韓侂冑暗殺事件こそは史氏一族の浮沈をかけた事件であったが、その暗殺と同日の開禧三年（一二〇七）十一月三日に、なんと史彌堅が知臨安府に就任していたのである。この件について、「史彌堅墓誌銘」は「開禧末、太師衛国忠献王、寧宗皇帝の密旨を奉じ、韓侂冑を誅す。公時に浙漕使為る者にして、叶志比力し、謀断して以て定め、崟に外府卿を以て天府を尹め、指揮弾圧して、声色を動かさず。忠献大勲労を帝室に有するは、公実に輔けて以て済さしむるなり」と記している。つまり史彌遠（「太師衛国忠献王」）

と史彌堅（「公」）とは、兄弟で協力して韓侂冑の暗殺とその事後処理に当たっていたのである。[7] 少なくとも韓侂冑暗殺の時点までは、両者の間に政治的な対立は見いだしえないといえる。

また史彌堅は韓侂冑暗殺後に権兵部侍郎に昇進したが、地方に出ることを願って認められ、その後二度と中央に戻ることはなかった。リチャード・デイビス氏は、こうした史彌堅の行動の裏に史彌遠との不和があったと推測するが、[8] これについても慎重な議論が求められる。というのも、史彌堅はもともと科挙合格を経ずに父の恩蔭によって出仕した人物であったうえに、孝宗の実兄の趙伯圭の女子を娶ることで皇族の姻戚としての立場をも保持していたからである。かかる背景を持つ史彌堅が中央の顕職にとどまれば、宰相となった兄が官界からの強い反発にさらされたであろうことは容易に想像される。史氏の族人に宛てられた劉宰の書簡に、「丞相当国するに及び、一尚書を以て滄洲を処するは、誠に未だ過為らざるも、滄洲懇辞すること十数にして止まず、丞相も亦た終に之を強いず。故に天下皆な大丞相の公に服して、滄洲の高を仰ぐ」とあるのは決して誇張ではあるまい。[9] 親族回避の原則に照らしても、史彌堅（「滄洲」）が中央の官職を離れたのは、史彌遠（「丞相」）の安定的な政権運営を支援するためであったと考えられよう。

さらにこれも旧稿で触れたが、「史彌堅墓誌銘」に「平時より雅より鑑裁有り、前後に薦揚するは、多くは一時の俊彦にして、葛公洪・喬公行簡自り次ぎ、皆卓卓として聞有り」とあるように、史彌堅が葛洪・喬行簡を推挙していたとされることも注目される。史彌遠は婺州金華府（現在の浙江省金華市）出身の潘氏を妻とし、同じく婺州出身の呂祖謙に師事するなど、婺州人と強いつながりを有していた。[10] 葛洪・喬行簡もまた婺州人であるうえに、史彌遠と同じく呂祖謙の門下生だったのである。[11] しかも葛洪・喬行簡はのちに執政官として史彌遠政権に参画したばかりか、喬行簡に至ってはのちに史彌遠の腹心と名指しされるほど史彌遠に近しい人物となった。[12] 兄史彌遠の政権を支えた重要な人材を、弟史彌堅が推挙していたという右の事実からは、兄弟間の政治的な協力関係こそうかがわれるものの、不和や対立といった状態は想定しがたいように思われるのである。

（2）史彌忠

史彌忠は史浩の従弟の史漸の子であり、史彌遠にとっては堂兄に当たり、理宗朝時代に宰相を務めた史嵩之の父としても知られる。この史彌忠についても、延祐『四明志』巻五、人物攷中、先賢「史彌忠」に、「時に従弟彌遠、久しく相位に在り、数しば其の帰を勧む」とあるように、史彌遠に宰相職からの引退を勧めたという、史彌堅の場合と全く同じ逸話が残されている。先行研究が、これを史彌忠が史彌遠に不満を抱いていたことの例証として挙げている点も同様である。

しかし史彌忠と史彌遠の関係については、『四明文献』史彌忠所収、史彌忠「祭従弟衛王文」に次のようにある。

某再従為兄、同年進士、堕身選坑、誰其料理、遭〔王〕秉鈞、薦足五紙、循序而進、分符将指。納祿有請、嘉其知止、仮寵疏栄、聞者興起。

史彌忠が史彌遠のために記した祭文であるが、二人が同年の進士であったことや、史彌忠は選人身分から長年抜け出せなかったが、史彌遠が宰相になったことでようやく推薦人がそろって改官できたことなどが記されている。史彌遠は史彌忠にとっての恩人であったことになるが、これは客観的な事実なのであろう。さらに右史料の続きには次のようにも記されている。

□□右之、視之如子、自叨世科、漫窃祿仕、誤辱当知、倶被隆□、□□無人、何用取爾、屢書力辞、幾於逆耳、言之不従、日虞□□、□□□〔□〕、□廟親政、当膺繁使、一召為郎、一進戸侍。抜擢之恩、銘〔鏤千〕載。

冒頭の字句に欠字があり、全体的な意味が不明瞭であるが、二句目に「之を視ること子の如し」とあり、その下に

「倶に隆□を被る」とあることからすれば、右冒頭の「□□右之」は、史彌忠の子である史嵩之・史巖之を示す語句か、史彌遠が二人を重用したという意味合いの語句だったのではないかと推測される。あるいは「巖」は「岩」とも書くから、もともと「嵩之岩之」とあったものが、汚損などによって「□□右之」と見誤られたのかもしれない。いずれにせよ、右史料前半では、史彌遠が史嵩之・史巖之を我が子同然に扱ったことや、二人が理宗からの恩寵を受けたことが述べられているのであろう。とすれば、後半の「□廟親政」と、「一は召されて郎と為り、一は戸侍に進めらる」とは、理宗（理廟）の「親政」開始によって、史嵩之・史巖之が郎官や戸部侍郎に抜擢されたことを特筆した文章であったことになる。この推測が正しいことは、近年公開された「宋史巖之墓誌」と「史嵩之壙志」に、紹定六年（一二三三）十二月に史巖之が金部郎官に任じられ、端平元年（一二三四）に史嵩之が戸部侍郎に任じられたと記されていることから確認できるのである。(13)

史嵩之は史彌遠政権時代に自らの新任の官職として、史彌遠も実情を掌握できていなかった前線の京湖制置使陳晐のもとの幕僚を史彌遠に対して希望し、赴任後は前線の状況を史彌遠に逐一報告して軍費削減を成功させ、のちには自ら京湖制置使のポストを務めたという。(14)史巖之も史彌遠政権末期に江淮制置使趙善湘の幕僚を務めていたことを勘案すると、(15)史彌遠は二人に前線の軍隊の目付役としての役割を期待していたものと推測される。また理宗朝時代の監察御史呉昌裔の上奏には、晩年の史彌遠が史嵩之を自らの後継者と見なし、史嵩之を宰相にしようとしていたとする批判が見えている。(16)呉昌裔の批判内容の当否は不明としても、そうした批判が真実味をもってなされていたことは、史彌遠が史嵩之を重用していたことが誰の目にも明らかであったこと、および右の祭文が修辞的な言辞を用いつつも、一定の事実関係を記していたことを示している。史彌遠が史嵩之・史巖之兄弟に特に目をかけていた事実は、史彌遠と二人の父史彌忠との間に親密な関係があったことを前提として初めて整合的に理解されるといえるであろう。

また史彌忠が咸寧県の県尉であった際に、隣接する蒲圻県の県尉であった趙方と親しい交友関係を築いていたことも重視される。両者は家族ぐるみのつきあいをしていたようであるが、史彌忠はのちに趙方を史彌遠に推挙し、趙方は史彌遠政権のもとで長期にわたって京湖制置使を務め、金国の侵攻を食い止める役目を果たしたのである。そして趙方の死後は、史彌遠は趙方の子の趙范・趙葵を重用し、この兄弟はのちに李全軍の南下を阻止するなど、両淮地方の防衛の中核を担ったのであった。(17) 史彌忠は史彌堅と同じく、史彌遠政権を支える重要な人材の供給源となったのであり、そうした点からも史彌遠と史彌忠とが不和であったと見なすのには躊躇を覚えるのである。

（3）史彌鞏

史彌鞏は史彌忠の実弟であり、史彌遠にとっては堂弟に当たる。史彌鞏の伝記としては、至正『四明続志』巻二、人物、補遺「史彌鞏」と『宋史』巻四二三、本伝とがあるが、後者は前者をもとにして作成されたとされる。(18) 内容も重複しているため、以下では主に至正『四明続志』の記述に依拠したい。これによると、史彌鞏は太学の上舎生となったが、史彌遠が宰相となったことで親族回避が適用され、十年にもわたって試験が認められなかった。そのため科挙を受験して峡州教授として出仕し、江東提点刑獄使や知婺州などを歴任したという。問題とされるのは、史彌鞏が史彌遠の死後に提示したとされる上奏である。すなわち史彌鞏は臨安府で火災があった際に、「霅川の変は済邸の本心に非ず、済邸の死は陛下の本心に非ず。矧や先帝の子、陛下の兄を以て、乃ち其の体魄を地下に安んずる能わざらしめば、寧んぞ能く和気を干して災異を召さざらんや」と述べたのであった。

前述したように、史彌遠は理宗の兄の済王を差し置いて、強引な方法で理宗を皇帝に擁立した。『宋史』によると、済王はのちに反乱軍にシンボルとして担ぎ出され、反乱鎮圧後に中央の命令で殺されたという。(19) その後、理宗・史彌遠は済王の王号を剝奪したが、この措置に対して官界から批判が噴出し、批判者の筆頭であった真徳秀や魏了翁は排斥されたのであった。史彌鞏が済王の名誉回復を唱えたことは、史彌遠政治を批判したに等しい行為であったといえる。そのためか、真徳秀は史彌鞏を高く評価し、「史南叔、宗袞の門に登らざること三十年、未だ仕えざれば則ち其の寄理するところと為り、已に仕えれば其の排擯するところと為る」（『宋史』巻四二三、史彌鞏伝）と述べ、史彌鞏（「史南叔」）が史彌遠との関係を三十年にもわたって絶ち、史彌遠に排斥されたことを賞賛したらしく、至正『四明続志』の人物伝もそのことを特筆しているのである。

一見して明らかなように、史彌鞏の伝記史料は、史彌堅・史彌忠のそれよりも、史彌遠との政見の違いを一層強調する書き方になっている。それだけに史氏内部の不和を主張する立場からすれば、史彌鞏の事例は有力な論拠になりうるであろう。しかし史彌鞏が済王の名誉回復を上奏したのが、史彌遠の死後であった事実には留意する必要があるのではないだろうか。当時は史彌遠に排斥されていた士大夫の復権が行われ、南宋官界では史彌遠を批判する言説がもてはやされていた。(20) 反史彌遠の立場を鮮明にすることが、そのまま官界での声望や保身につながる状態にあったのである。史彌鞏が史彌遠を批判したといっても、そうした政治的な利害が錯綜するなかでなされたのであるから、その一事をもって両者間の不和を指摘するのはあまりにも性急であろう。

そうなると、史彌鞏が史彌遠との関係を三十年間も絶ったとする真徳秀の言葉の是非が改めて重視される。両者の不和が史彌遠政権成立直後から始まっていたと立証できるのであれば、史彌鞏による史彌遠批判も利害とは関係なく、その不和の延長線上でなされたと見なすことも可能だからである。これについては、『四明文献』宣繒所収、宣繒「史中散墓志銘」の記述が注目される。

四明山水之秀、鍾為人物者類多、英発偉特、而其気之蟠且聚、又有周流於民族間。疑若独厚者、如近世之名門史氏也。繒史氏出也。……繒童稚時、聞諸舅行曰、諱浤、字深翁、自幼敏悟、不好戯弄、七八歳時、挙止応対、如成人。……娶呉興楊氏、大理寺丞洎之孫、無子、立従兄漸之子彌鞏以嗣、今迪功郎峡州学教授君。……彌鞏求銘於繒、不得辞。

宣繒が四明史氏の史浤のために記した墓誌銘である。これによると、史彌鞏は子がなかった史浤の継嗣となり、その墓誌銘の執筆を宣繒に求めたという。宣繒は史浩の「従妹」を母とし、史彌鞏の実父史漸に我が子同然に学問を教授されたというから、史氏にとって宣繒は族人に準じる存在であったといえる。[21] 問題となるのは、宣繒が史彌遠政権のもとで参知政事を務めるなど、史彌遠の腹心として活躍していたことである。右史料の省略部分では、史浩が「太師越忠定王」と称されているから、この墓誌銘は史浩が越王に封ぜられ、謚を忠定と改められた嘉定十四年（一二二一）八月以降に書かれたものと推定される。そして宣繒が同知枢密院事に任ぜられ、史彌遠政権に参画し始めたのも、同年同月のことなのであった。[22]

右の史料は史彌鞏と史彌遠とのつながりを直接示すものではもちろんない。しかし史彌鞏が義父の墓誌銘の執筆を、史彌遠政権の中核を担う準族人に依頼していた事実は、史彌鞏と史彌遠の関係が三十年間も断絶したとする言説の信憑性に、一定の疑義を突きつけるに十分であろう。前述した真徳秀の言葉には誇張が含まれていたものと推測され、その言葉に依拠して史氏内部の不和を指摘するのはやはり問題があると考えられるのである。

以上の検証により、先行研究が史彌遠政権時代における史氏内部の不和の例証として挙げていた五例のうち、少なくとも三例の妥当性に問題があることが明らかになった。史氏内部で作成された史料によったとはいえ、史彌堅・史彌忠の二人については、むしろ史彌遠に協力的であったことすらうかがわれたのである。先行研究が依拠していた史料の記述内容との落差はあまりにも大きいといえる。

それではなぜ史料の記述にこうした差異が生じたのであろうか。これについては、先行研究が依拠していた史料が、いずれも地方志の人物伝であった点が留意される。すなわち史彌堅・史彌忠・史彌鞏は明州の道学者楊簡の高弟として知られた人物であり、今回検証を保留した史守之についてもそれは同様であった[23]。しかも史彌鞏の弟子の王応麟と、史彌鞏の孫で王應麟の弟子でもあった史蒙卿とは明州に朱子学をもたらした人物としても知られている[24]。四明史氏は朱子学を始めとする明州の道学の重要なルーツに位置づけられるのである。つまり史氏一族の全体が否定的な評価を被れば、それがそのまま明州で道学を学ぶ知識人全体の汚名となる状況にあったのであった。

ここで我々は、史彌遠と道学派士大夫との関係を論じた小島毅氏の指摘を想起する必要がある。小島氏によると、史彌遠と道学派士大夫との関係はもともと悪くはなかったが、後世になって史彌遠の否定的な評価が定着すると、史彌遠との関係が深かった道学派士大夫については史彌遠との不和がことさらに強調され、それによって名誉の回復や擁護がはかられたという[25]。これと同じことが、史彌遠以外の史氏の族人に対しても行われたのではないだろうか。延祐『四明志』の編者袁桷の母が史彌堅の孫女で、二人の姉妹がいずれも史彌忠の曾孫の妻であったこと[26]、および至正『四明続志』の編纂に携わった王厚孫も王応麟の孫で、史彌鞏の孫が王応麟の女婿であったことを勘案すれば[27]、この疑いはより濃厚なものとならざるをえないであろう[28]。

このように、史彌遠政権に対して不満を持つ史氏の族人がいた可能性は残るにしても、少なくともそれが史氏一族の全体的な傾向であったとは見なし難いことが明らかになった。そしてこのことは一宗族の問題を越えて、史彌遠政権のあり方そのものについても重要な示唆を与えるといえる。これまで見てきたように、執政官として史彌遠政権を南宋中央で支えた葛洪・喬行簡は、史彌遠と同門であっただけでなく史彌堅に推挙されていた。同じく執政官として活躍した袁韶・宣繒はいずれも史氏の姻戚であったし、[29] 鄭清之は史彌堅の家塾の元教師であった。[30] また前線の司令官として史彌遠政権を国防面で支えた趙方とその子の趙范・趙葵は、史彌忠による推挙をきっかけに重用され、史嵩之に至っては史氏の族人であった。さらに趙善湘と賈渉とは、嘉定十二年（一二一九）から淮西・淮東の制置副使をそれぞれ務めて対金防衛の最前線を担ったが、このうち趙善湘の子趙汝楳は史彌遠の女婿であり、[31] 賈渉は史彌遠の兄史彌正の孫女を娶っていたことが判明している。[32]

史彌遠政権は長期におよんだため、時期による程度の違いは見られるにしても、史彌遠政権が史氏一族やその姻戚・友人を重要な構成員としていたことは明らかであるといえよう。そういったことからしても、先行研究の主張には首肯できない点が残るのである。

二　史彌遠死後の南宋官界における四明史氏

前章では四明史氏の内部に不和が見られたとする先行研究の見解に異を唱えたが、その範囲はあくまでも史彌遠政権時代にとどまっていたといえる。ところが黄寛重氏は、史氏内部の対立が史彌遠の死後に一層深刻さを増したと論じていた。[33] 本章では引き続き、史彌遠死後の史氏内部の状況について検証することにしたい。

史彌遠死後の南宋政権では、前線にあった京湖制置使史嵩之がモンゴルと協力して金国を滅ぼすことに成功したが、まもなく右丞相鄭清之の主導で河南の奪還が図られ、モンゴルと開戦して大敗した。理宗は鄭清之を排斥しつつ、和平論者の喬行簡・史嵩之を宰執に起用し、喬行簡に中央政治を委ねるとともに、史嵩之に崩壊した前線の建て直しを命じたのであった。[34] その後、史嵩之が前線の総司令官として新たな防衛体制を構築し、襄陽府などの湖北方面の重要拠点を奪還すると、理宗は史嵩之を臨安府に召喚し、喬行簡亡きあとは中央政治をも史嵩之に委ねたのである。史嵩之は嘉熙四年（一二四〇）に中央に召喚され、淳祐元年（一二四一）に独員宰相となった。淳祐四年（一二四四）に父史彌忠が死去して服喪し、その後は再び中央に戻らなかったことを勘案すると、史嵩之政権の存続期間は四年間から五年間ほどであったことになる。この期間中に、史嵩之はモンゴルの淮西侵攻を食い止め、余玠を派遣して四川の防衛体制を再建するなど、相応の成果をあげたようである。しかし史嵩之は「儒士の迂緩なるを喜ばず」とあるように、実務に疎い士大夫官僚を毛嫌いしていたという。(35) このことが当時の士大夫にいまだ記憶の生々しかった史彌遠政権の再現を予感させたらしく、理宗が史嵩之の服喪を免除しようとすると官界や太学生から猛烈な反発が起こった。このとき史嵩之を弾劾した言路官の徐元杰・劉漢弼が相次いで急死したため、士大夫の多くが史嵩之による毒殺を疑ったという逸話は、そうした反発の雰囲気の一端を伝えたものといえる。(36) 理宗も官界の声を無視することができず、ついには史嵩之の中央復帰を断念せざるをえなくなったのであった。

このように史嵩之政権は当時の官界から強い反発を受けたが、黄寛重氏によると史氏の族人も史嵩之を公然と非難し、史氏内部の対立は激化の一途をたどったという。(37) その論拠としては二つの例証が挙げられており、そのうちの一つが史嵩之と史璟卿との対立である。史璟卿は史彌忠の孫とされるから、史嵩之にとっては姪《おい》に当たる。『宋史』巻四一四、史嵩之伝には、この史璟卿が史嵩之に宛てた書簡が引用されており、そこには史嵩之が宰相として都督を兼任してから不当な抜擢人事が横行していることや、史嵩之の不手際で四川の防衛軍が退却したことへの批判が見いだされる。また史璟卿は右の書簡の末尾で「在野の君子」とともに早急に政策の転換を行うように提言したが、その後まもなく急死したため、人々は史嵩之による毒殺だと噂しあったというのである。

史璟卿が書簡で史嵩之の政策の誤りを指摘し、その是正を求めたこと自体は動かしがたい事実なのだと思われる。

だがその内容は政策批判の枠内にとどまるものであって、右の書簡の存在だけをもって両者の不和の明証とすることには躊躇を感じざるをえない。史嵩之が史璟卿を毒殺したという疑惑にしても、徐元杰・劉漢弼の急死に附会して流布された憶説であろうから、これに信を置くことができないのはもちろんである。少なくとも右の事例だけでは、史氏内部に軋轢があったと立証することは困難であるといえよう。

それではもう一つの例証は何かといえば、史嵩之と史宅之との対立がそれである。史宅之は史彌遠の子で、史彌遠の晩年には病に伏した父に代わって人事を差配したとされるほか(38)、同進士出身を賜って権戸部侍郎に任じられるなど優遇を受けた(39)。史彌遠の死後は賜与された邸宅を返納するなど謹慎の意を示し(40)、理宗も史氏の保全を命じる詔を下して恩寵を示したが(41)、ほかの史彌遠の腹心たちともども弾劾を被り(42)、喪が明けてからもしばらくは地方と中央の官職を行き来した。しかし淳祐六年（一二四六）に工部尚書となり、翌年に括田法の施行を主導すると昇進を速め、同八年（一二四八）には同簽書枢密院事に任じられて執政官入りを果たし、まもなく同知枢密院事に任じられた(43)。清代の全祖望によると、理宗は史宅之を宰相に起用するつもりであったというが、史宅之は同九年（一二四九）に急死してしまい、理宗の意図は果たされなかったのであった(44)。

さて先行研究によると、史嵩之の服喪の免除が問題になった際に、史宅之もほかの官僚たちとともにこれに反対し、史嵩之の乱脈ぶりを暴露したという。周密『癸辛雑識』別集下「史嵩之始末」には次のようにある。

嵩之之従弟宅之、衛王之長子也。与之素不咸。遂入劄声其悪、且云、先臣彌遠、晩年有愛妾顧氏、為嵩之強取以去。乞令慶元府押顧氏還本宅、以礼遣嫁。仍乞置嵩之於晋朱挺之典。

もともと史嵩之と不仲であった史宅之は、劄子を提示して史嵩之が史彌遠の愛妾の顧氏を強引に連れ去ったことを非難し、顧氏を帰らせて史嵩之を処罰することを求めたということが記されている。史氏内部に深刻な対立があったことが示されており、これを文字通りに受け取ることができるとすれば、先行研究の主張にとって有力な論拠となる史料であることは間違いないと思われる。

　しかし筆者は右史料の記述に疑問を抱いている。というのも、筆者が旧稿で明らかにした当時の史嵩之政権のあり方と、右史料の内容との間には大きな隔たりがあるからである。すなわち史嵩之は嘉熙三年（一二三九）に南宋の国防体制を再建するに当たり、中央に働きかけて平江府（現在の江蘇省蘇州市）に浙西両淮発運使なる新官職を設けさせたと見られる。浙西地方から両淮方面への軍糧補給を統轄したこの官職の設置は、南宋中央による両淮防衛軍の統制を強化させるものであった。史嵩之は自分に近い人物を発運使・発運副使に起用することにより、自らの構想する防衛体制構築の助けとしたものと思われるが、このとき発運副使に任じられた人物のなかに史宅之の名前も見いだされるのである。[45] 右の『癸辛雑識』の記述と異なり、史嵩之と史宅之とが協力関係にあった可能性はきわめて高いといえる。『癸辛雑識』の記事内容の妥当性については、他史料と突き合わせたうえで慎重に検討される必要があるであろう。ここで注目したいのが、『四明文献』に収められている史宅之の書簡である。そこには当時の史氏の内部状況をうかがわせるものも含まれていた。『四明文献』史宅之所収、史宅之「与侍読修史判部尚書〔書〕」には次のようにある。

　伏領賜誨、不勝慰幸。六一姪、明爽可喜。吾族子弟、若此者亦不多得。命之以官、儘自承当〔得〕去、渠近者数有此請。和仲表兄、嘗与之言、継又貽書相囑。縁宅之諸□子、元被特旨、補授之官、今僅有其一、已許奏十三哥之孫。尚須挨排、必〔得〕両沢均命之、斯可矣。以此区処未定、非有他説也。兄長九鼎之重、既俯為著語。在宅之、敢不敬遵尊命。終有成説、自当稟白、而後畀之云云。銓期猶在来春、少俟政無害也。率此占復、尚容趨侍。稟謝、伏乞尊察。

内容に立ち入る前にいくつかの解説が必要であろう。まず書簡が宛てられた「侍読修史判部尚書」については、鄭真は右の書簡のために記した題跋において、「此の書の尚書は名号を著さざるも、其の時を以て之を計るに、豈に大資寿楽公なるや」と述べ、史巖之（「大資寿楽公」）ではないかと推測していた。(46)「宋史巖之墓誌」によると、史巖之は嘉熙三年（一二三九）正月に権戸部尚書兼同修国史兼実録院同修撰に任ぜられ、同年六月に侍読を兼任しているので、鄭真の推測は妥当だと思われる。(47)さらに書簡中に見える「六一姪」「和仲表兄」「十三哥」のうち、「十三哥」は史氏の族人であること以外は不明なものの、鄭真は「六一姪」を史浩の同母弟史淵の曾孫の「菊屛君」に、「和仲表兄」を陳塤（字は和仲）にそれぞれ比定していた。(48)陳塤は史氏の外甥で、史氏の族人と同じく楊簡に師事し、史彌遠の政治姿勢を厳しく批判して名声を博したとされる。問題は「菊屛君」の本名であるが、鄭真の手になる史世卿の墓表を見ると、この史世卿こそが「菊屛君」その人であることが判明する。(49)史世卿は史損之の子（史彌高の孫）であり、陳塤に文章を学んで太学生となった人物であった。

以上を踏まえると、右の書簡は史宅之が史巖之に宛てたもので、史世卿をいかに任官させるかが話題とされていたことが分かる。すなわち史宅之は史世卿を任官させたく思っていたところ、史世卿自身からその要請があったほか、姻戚の陳塤も書簡で同じことを依頼してきた。史宅之は諸子に官職を与える特旨を受けていたが、すでに残りの枠は一つしかなく、その一つも「十三哥」の孫にあてがうことを約束してしまっていた。「十三哥」の孫と史世卿とを順番に任官させればよいが、自分の最終的な考えはまだ定まっていないと述べ、史宅之は史巖之からの返信を謝し、史巖之の教えに従うと述べたのであった。

右の書簡に先立ち、史宅之は史巖之に書簡で史世卿の任官を相談していたようであるが、その文面や史巖之からの返信内容は明らかではない。ただしその後の状況は『四明文献』史宅之所収、史宅之「与丞相永国公書」からうかがうことができる。

宅之僭有忱悃、仰扣崇厳。六一姪幼失怙恃、能自植立、且其疏爽可愛。先爹爹在日、嘗欲命為待制兄之後、旋即中輟、東馳西鶩、依然白丁。宅之甚念之。因思先爹爹解政、有特補諸孫恩命。曩嘗改奏、已蒙公朝従申、已保明補授。茲欲以宅之第四子会卿未受告命、申請于朝、改奏六一姪承受。向者制書兄長数嘗為致斯請、因循未嘗所願、毎切歎然。伏惟兄長独運化鈞、斡旋成就、尤易為力。此又六一姪之栄遇。謹先具拝呈、敢望鈞慈憐其困躓之久、曲賜造化。時与鈞判劄下、召保具奏、庶使大田二位、復有此姪、預名仕版、不勝宗党之幸。凌蹴控稟、伏楮震悚、仰祈鈞察。不備。

これは史宅之が史嵩之に宛てた書簡であり、先の書簡と同じく史世卿の任官が話題とされている。史嵩之が「独運化鈞」しているとあるから嘉熙四年（一二四〇）以降のものであろう。史宅之によると、史彌遠（「先爹爹」）は史世卿を早逝した史宅之の兄史寛之（「待制兄」）の継嗣にしようと考えていたが果たせず、[50]史世卿は依然として無官のままである。史彌遠の死に当たり、諸孫を任官する恩命が下されていたため、史宅之はそのとき申請した枠の一つを史世卿に改めようとしたが、その前に申請が認められて任官の命令が下されてしまった。史宅之の第四子の史会卿だけはまだ告命を受けていないため、朝廷に上奏して史会卿の枠を史世卿に振り替えたいと考えている。以前、「制書兄長」がこのことを請願してくれたがまだ認可されていない。史嵩之は独員宰相であり、このことを斡旋するのは容易であろうから、どうか力添えをしてもらいたいと述べ、「大田二位」（中国国家図書館所蔵清抄本は「大田一位」とする）において史世卿のような者を仕籍に登らせることは宗族の幸いであると結ばれている。

「制書兄長」と「大田二位」の意味が明らかではないが、前掲した「与侍読修史判部尚書〔書〕」の内容を踏まえると、あるいは「制書兄長」とは「制置尚書兄長」を省略したもので、史巖之を指しているのではないかと思われる。[51]

この推測が正しければ、史巖之は史宅之と前掲書簡のやり取りをしたあと、史世卿の任官のために中央に対して働きかけを行ったものの、それは不首尾に終わっていたということになる。また「大田二位」については、史彌遠や史彌忠・史彌鞏らの曾祖父であった史詔が連想される。史詔は北宋末に八行科に挙げられたが、母葉氏と離れることを忌避し、葉氏を連れて鄞県東部の大田山に逃避したという(52)。史詔のことを「大田」と称した事例が見いだせず、根拠が薄弱であることを免れないが、右の故事から史詔を開祖とする史氏一族の一分枝を「大田二位」と呼んでいたものとここでは推測しておきたい。

右の二通の書簡は一事例を提供するにとどまるが、それでもその内容からは、当時の史氏の族人が互いに書簡をやり取りし、恩蔭による任官を融通し合うことで一族の結束を維持しようとしていたことが事実として看取されよう。ただしこれらの書簡の内容だけでは、史嵩之と史宅之が不仲であったとする『癸辛雑識』の前掲記事を否定することはできない。史宅之の働きかけにもかかわらず、史世卿の任官はこのとき成就しなかったからである。史世卿は史宇之（史宅之の弟）に認められた明堂の恩により、淳祐九年（一二四九）にようやく出仕できたのであった。となると、史嵩之政権下で史世卿の任官がかなわなかったのは、史嵩之が不仲であった史宅之の要請を拒否したからだったとも解釈しうるのである。しかしこうした解釈の可能性は、次の史料によってほぼ否定される。『四明文献』史宅之所収、史宅之「与六一姪書」にはこのようにある。

宅之初七日、承見訪、獲聆偉論、且同得剖露心曲之蘊。諒辱采悉、慰甚幸甚。次日沐恵汗、開諭諄諄、足佩委曲之意。第吾姪行計速甚、〔竟〕不果相送、殊用慊然。別去幾旬、已切馳企想、已善達郷間、未審幾次到。①集賢叔〔父〕、侍旁大資伯公、何日成服、用何日出殯、用何日〔下〕葬。佳城必已有吉地、定在何処。集賢叔父、已頒奪情之制、殊切賛慶。宣押中使、絶江已多日、必已到郷里。集賢当須急遵承聖上眷倚之意、必不俟駕。不諗的、用何日届途。計今必已有成説。造朝〔在〕大資成服之後、或在窀穸之後、悉匃一一批報。此間近日事体、当自知之、政不在劣叔〔贅〕述也。②宅之本擬此月半喚渡、上澣前後、感冒発熱、一病数日、謁告之奏、今日方上、勢須俟得回降、方可絶江也。劣叔心事、昨已面剖、凡心之精微、已索言之、無餘蘊矣。或有揣摩臆度者、妄為異端、幸為我明辨之。宅之已連拝集賢書、如到侍辺、望為伸起居。率此布叙、人行速不克詳控、欲言未竟。尚俟続訊、幷幾亮及。不具。（丸数字と傍線は筆者加筆）

史宅之が史世卿に宛てた書簡である。冒頭では史宅之が史世卿の訪問を受けて腹を割って話し合ったこと、史世卿の明州への出発を見送れずに残念であったことなどが述べられている。注目すべきは①の部分であり、ここではまず史嵩之（「集賢叔〔父〕」）が父史彌忠（「大資伯公」）の成服（喪服に着替えること）・出棺・埋葬を何日に行い、墓地はどこに決めたのかが尋ねられている。(53) つまりこの書簡は『癸辛雑識』の前掲記事と同じく、史嵩之の父の死の直後に出されたものなのである。さらに史宅之は、史嵩之の服喪を免除する「奪情の制」が下されたことを祝福し、その使者は何日も前に銭塘江を渡っており、すでに明州に到着しているはずであり、史嵩之は必ずやすぐにそれに応じるべきだと主張する。そして史嵩之が中央に戻るのは成服のあとなのか、それとも埋葬のあとなのか、逐一教えて欲しいと記されている。また②には、史宅之の帰郷は病のせいで遅れてしまうため、自分の気持ちを邪推する者がいれば弁明して欲しいともあるが、その後ろの記述から史宅之が史嵩之の書簡を何度も受け取っていたことが判明するのである。

史嵩之と史宅之がきわめて親密な関係にあり、官界でも協力しあっていたことが赤裸々に示された書簡であるといえよう。それではこれと異なる事情を記していた『癸辛雑識』の前掲記事は全くの虚偽であったのかといえば、必ずしもそうではあるまい。史宅之が劄子によって史嵩之を批判したこと自体は事実だったのではないかと思われる。史嵩之の服喪の免除が問題化すると、南宋の官界では「時に士人の嵩を攻める者は免解せられ、士大夫の嵩を攻める者は擢用せらる」ことになった[54]。史嵩之を批判することが史氏全体の政治的な利益につながる状態にあったとすれば、政治的な配慮のもとで史宅之が史嵩之を批判したとしても何ら不思議はあるまい。また史宅之がのちに執政官になると、南宋中央では「宅之政府に在れば、以て嵩之を遏めて之を来たらざらしむべし」という声が聞かれたという[55]。親族回避の原則を盾にして史嵩之の中央復帰を阻もうとしたものと思われるが、その代替として史宅之の執政官への起用が官界に許容されていたことは、史宅之による史嵩之批判が一定の効果を収めていたことを示唆するのである。

なお同族内でこうした政治的な選択が行われることは決して珍しくなかったようで、同時代の類似例としては趙范・趙葵の事例が挙げられる。河南の領有をめぐる南宋とモンゴルとの戦争において、趙氏兄弟は南宋軍の司令官を務めたが大敗した。そこで趙范は弟の趙葵が洛陽を軽々しく占拠したことが敗北につながったとして趙葵を弾劾し、自らは京湖安撫制置大使に任じられた[56]。これだけを見ると、兄弟は不仲であったように思える。ところがその二年後に趙范の不手際で重要拠点の襄陽府が失陥すると、趙葵は密かに「趙検正」に書簡を送り、兄の窮状を救うための力添えを依頼したのであった[57]。右の趙范の弾劾が、あくまでも兄弟のどちらかが高官に残るための便宜的なものであったことは明らかであろう。史氏も趙氏も本音と建前を巧みに使い分けながら、官界における一族の生き残りを模索していたのである。恐らくは官界の側もそれを承知のうえでそうした駆け引きを容認していたであろうことを考えると、そこに政治の場における伝統中国の人々の行動様式を垣間見ることも可能かもしれない。

以上の検証により、史彌遠の死後においても、四明史氏の内部に深刻な軋轢があったとは見なし難いことが明らかになった。となると、史氏が政治的に衰退した原因を別途説明する必要が生じてくるが、これについては史氏の衰退が史嵩之・史宅之の退場後に始まっていたことが留意される。すなわち宰相史嵩之が淳祐四年（一二四四）に父の死を機に引退に追い込まれ、そのあとを襲って執政官となった史宅之も淳祐九年（一二四九）に急死すると、政府高官に史氏の族人が起用されることはほとんど見られなくなるのである。そもそも理宗が史嵩之・史宅之を重用したのは、二人の才腕もさることながら、史彌遠政権が長期におよんだがゆえに、中央政府や最前線での政務経験を持つ者の多くが史氏の人脈で占められていたこともその理由であったと推測される。理宗が即位してから史彌遠が死去するまで、南宋の中央政治のほとんどは史彌遠によって取り仕切られていた。そうした理宗にとって、にわかにモンゴルの脅威に自ら対処しなければならなくなったことは、あまりにも大きな負担であったに相違ない。理宗がかかる状況下で現実的に頼りにできたのは、中央・前線の有為な人材を知悉し、様々なつながりを張り巡らしていた史氏の巨大な人脈であったはずである。なかでも史嵩之と史宅之は人脈の中心に位置していたうえに、史彌遠政権のもとで最前線の司令官を務めたり、宰相が行うべき人事の差配を代行したりしていた点で、理宗の補佐役として二人はまさに最適の人材であったといえるであろう。

ところが史嵩之・史宅之の退場後、史氏にはこの二人に匹敵する経歴・実績・能力を備えた族人は見当たらなくなる。史嵩之政権のもとで沿江制置副使を務め、開慶元年（一二五九）に同職に復帰した史巖之は例外であるが、史嵩之の服喪をめぐって官界が紛糾したあとにあっては、実弟の史巖之が中央の要職に起用されることは困難であったろう。[58] つまり史氏が政治的に衰退した最大の要因は、史嵩之・史宅之の退場後にその役割を引き継ぎ、政府高官を担うことのできる史氏の族人が存在しなかったことに求められる。史嵩之・史宅之は理宗の求める人材に合致していたからこそ躍進できたのであり、史氏がそれに見合う人材を供給できなくなれば、政治の表舞台から遠ざかるのはむしろ当然であったといえる。高官となる族人が減れば恩蔭も減少し、それだけ史氏一族の結束を減退させたと思われるが、それは当時の宗族で普遍的に見られた現象であろう。史氏の内部に不和があったと無理に想定せずとも、史氏もまたほかの宗族と同じ衰退過程をたどったものと説明できるのである。

それでは四明史氏のこうした衰退は、当時の政治史においていかなる意義を有したのであろうか。これについては、史氏の衰退が結果として賈似道を登場させたことに留意すべきだと筆者は考える。賈似道は賈渉の子で、賈渉は前章で見たように史彌遠政権のもとで国防を担った人物であり、その妻は史彌遠の兄史彌正の孫女であった。理宗の貴妃賈氏はこの史氏と賈渉との間に生まれた女子である。賈似道は賈渉の妾の胡氏を母とし、(59)史氏の血を引いてはいなかったが、賈似道が史氏一族にとって近しい姻戚であったことは間違いないといえる。これまで賈似道は貴妃賈氏が異母姉であったことから理宗の信任を受け、要職に抜擢されたと理解されてきたが、(60)史氏の姻戚であったことも理由の一つに数えられるべきであろう。というのも、賈似道を金部に推薦して昇進の足がかりを与えたのは、ほかならぬ史巖之だったからである。(61)その後、賈似道は史嵩之政権下の淳祐元年（一二四一）に湖広総領官に抜擢され、京湖方面の軍糧補給を一任されるが、当時の京湖安撫制置大使は史嵩之の腹心孟珙であった。史嵩之は孟珙が動きやすいように自らの姻戚を補給役に起用したのであろう。また孟珙は死の直前に賈似道を自分の後任として中央に推挙するとともに、賈似道に李庭芝を推挙したという。(62)李庭芝はのちに賈似道の腹心となり、賈似道政権のもとで両淮方面の防衛を担うことになる。同じく賈似道の腹心として京湖・四川方面の防衛を担った呂文徳は趙葵に見いだされた人材であったが、(63)趙葵がもともと史氏の人脈から出ていたことは前章で見た。ちなみに、『宋史』巻四七、瀛国公本紀では、趙葵の長子趙溍もまた賈似道に近い人物として名前が挙がっている。呂文徳は賈似道が開慶元年（一二五九）に鄂州府を防衛した際に信任されたらしく、その後、姪《おい》の呂師孟が賈似道に近い東元嘉の女子を娶るなど、(64)賈似道との関係を急速に深めていったようである。このほか賈似道が両淮制置大使であった宝祐三年（一二五五）に、史嵩之の女婿の程坰を蔡県の県丞として辟召していたことも注目される。(65)

これらの事例からは、賈似道が四明史氏の人脈、とりわけ史嵩之に連なる人脈を濃厚に継承していた事実がはっきりと浮かび上がる。史彌遠は自分が才腕を認めた人物を「人才簿」に記録していたとされ、その「人才簿」はのちに史嵩之に継承されたと伝えられる。(66)ことの真偽は不明なものの、当時の人々が史彌遠・史嵩之両政権の間に人脈の連続性を看取していたのは間違いないと思われる。賈似道もまたそうした人脈のなかでそれを利用しながら台頭し、史嵩之の退場後にその人脈を取り込んでいったものと見られるのである。そして賈似道は前線の司令官としてのキャリアを積み重ね、開慶元年（一二五九）には鄂州府の防衛を成功させるに至る。理宗の目にこうした賈似道が能力・実績からしても、また人的なつながりからしても、史氏に代わりうる存在として映ったであろうことは想像するに難くない。だからこそ賈似道は宰相に就任したあと、打算法（軍事経費の会計監査）を推進するに当たり、史氏の人脈のもう一つの中心として自らの対抗馬になりうる存在であった史巖之をも標的にしなければならなかったのであろう。(67)史氏の姻戚として史嵩之に重宝され、その手駒として頭角を現した賈似道は、史巖之の政治生命を絶つことでついに史氏との立場を完全に逆転させたと思われる。景定二年（一二六一）から史嵩之の子史玠卿が、同じく咸淳元年（一二六五）からは史彌鞏の孫史蒙卿が長期にわたって呂文徳の幕府に参画しているのは、賈似道政権に取り込まれた史氏の姿を如実に示すといえる。(68)しかも史玠卿の女子の史采伯は、范文虎の子と思しき范偉に嫁いでいた。(69)范文虎は呂文徳の一族の女婿であるとともに、賈似道政権のもとで国防の中核を担ったことでも知られるから、(70)右の婚姻が南宋滅亡前に行われたとすれば、そこに賈似道の意思が介在していた可能性は高いといえる。(71)この想定が妥当であるとすれば、史氏は賈似道の姻戚として、いまや逆にその手駒とされるに至っていたとも考えられるのである。

元代の袁桷は、賈似道が権力掌握後に明州人を毛嫌いして排斥したことを伝えているが、恐らくはこれも史巖之の排斥と同じく、高衡孫・趙汝楳・趙孟伝・袁洪といった史氏に近い明州人たちを、賈似道が自らの潜在的な脅威と見なして狙い撃ちした結果であったと思われる。(72)これまで見た経緯からしても、賈似道はもともと明州人の人脈にきわめて近い立場にあったと考えざるをえず、賈似道が明州人の全てを目の敵にしたとする袁桷の証言には明らかな誇張が認められる。黄震・孫子秀・陳著といった明州人が、賈似道政権のもとで活躍していた事実はそれを裏づけるといえる。(73) 袁桷は賈似道による権力抗争を針小棒大に書き立て、賈似道と明州人全体との間に対立があったかのように歪曲することで、「亡国の宰相」であった賈似道と自らの属する明州人との関係を糊塗しようとしたのであろう。そこに貫かれているのは、やはり袁桷が史彌堅・史彌忠と史彌遠との不和を曲筆していたのと全く同じ手法である。

おわりに

以上本稿では、四明史氏の内部に深刻な対立が見られたとする先行研究の見解を再検討した。その論点は以下のようにまとめられる。

まず史氏同士の対立が醸成されたという史彌遠政権時代については、墓誌銘や祭文といった史氏内部で形成された同時代史料を検討したところ、史氏の族人が史彌遠と対立した形跡は見いだされず、それどころか史彌堅・史彌忠といった族人は史彌遠の政権運営に協力的だったことがうかがわれた。史彌遠政権の安定的な運営は、史氏の族人・姻戚・友人を政権の中核とすることで果たされており、史氏内部に史彌遠への不満を持つ族人がいたとしてもそれはごく少数であったはずである。当時の史氏内部の対立を伝える史料はいずれも地方志の人物伝であり、それらの編纂には後世の史氏の縁者が深くかかわっていた。彼らが史氏の内部対立を強調したのは、自らの姻戚である一部の史氏の族人を、史彌遠が被った否定的な評価から切り離す狙いがあったと考えられる。

さらに史氏同士の対立がより深刻化したとされる史彌遠死後については、史宅之が族人に宛てた三通の書簡に注目した。これらの書簡には、互いに書簡をやり取りしながら恩蔭の分配を調整し、一族相互の結合を維持する努力を払っていた当時の史氏の姿が描かれていた。当時の筆記史料には史宅之と史嵩之の不和が書き立てられていたが、右の書簡からはむしろ二人が互いに協力し合いながら、官界での生き残りを模索していたことが明らかになったのである。史嵩之・史宅之の退場後に四明史氏が政治の表舞台から遠ざかった理由は、当時の史氏に二人の政治的な役割を引き継げる族人が不在であったことにこそ求められよう。

ただし史氏の政治的な衰退には、単なる一宗族の盛衰を超えた政治史的な意義が認められる。すなわち史氏の姻戚としてその人脈を継承し、しかも貴妃の異母弟として理宗からの信任を受けやすい立場にあった賈似道が、史氏が衰退した間隙を縫う形で台頭してきたのである。賈似道がのちに形成した対モンゴル国防体制は、史彌遠・史嵩之の政策を祖型とするものであった(74)。理宗が史氏に代わる新たな補佐役を求めることで史氏の政治的な衰退が始まったとすれば、史嵩之・史宅之が退場したあとの四明史氏の衰退は、賈似道政権成立のための前提条件をなしていたと結論づけられるのである。

註

(1) 清・全祖望『甬上望族表』巻上。
(2) Richard L. Davis, *Court and Family in Sung China 960–1279—Bureaucratic Success and Kinship Fortunes for the Shih of Ming-Zhou*, Duke U.P., 1986, pp.117–187を参照。
(3) 黄寛重「四明風騒——宋元時期四明士族衰替——」(同『政策・対策——宋代政治史探索——』中央研究院聯経出版、二〇一二年、初出は二〇〇九年)一四〇～一五八頁を参照。
(4) 拙稿「鄭真輯『四明文献』の史料価値とその編纂目的——『全宋文』『全元文』補遺の試み——」(『北大史学』四九、二〇〇九年）を参照。

（5）本稿でいう静嘉堂文庫所蔵抄本と中国国家図書館所蔵の清抄本とは、註（4）拙稿二九～三〇頁で紹介した①静嘉堂本と②国図本がそれに当たる。

（6）Davis, *op.cit.*, pp.117-127、および註（3）黄論文一五三～一五五頁を参照。

（7）拙稿「史彌堅墓誌銘と史彌遠神道碑――南宋四明史氏の伝記史料二種――」（『史朋』四三、二〇一〇年）六～八頁を参照。「史彌堅墓誌銘」の原文は、標点を付したものを同論文二～六頁に掲載しているため、そちらを参照して頂ければ幸いである。なお標点には誤りもあるが、修正については後日に期したい。

（8）Davis, *op.cit.*, pp.118-119を参照。

（9）劉宰『漫塘集』巻六、書問「回鎮江権倅史延陵之時二」。

（10）潘氏の一族については、朱熹『晦庵先生朱文公文集』巻九四、墓誌銘「直顕謨閣潘公墓誌銘」に記述がある。また史彌遠が呂祖謙に師事していたことは、延祐『四明志』巻五、人物攷中、先賢「史彌遠」に見える。

（11）清・黄宗義『宋元学案』巻七三、麗沢諸儒学案、東萊門人「端献葛先生洪」、および同書同巻「文恵喬孔山先生行簡」。

（12）王邁『臞軒集』巻二、奏疏「乙未六月上封事」。

（13）章国慶編著『寧波歴代碑碣墓誌彙編　唐／五代／宋／元巻』（上海古籍出版社、二〇一二年）三一九～三二一頁「宋史巌之墓誌」、および魏峰・鄭嘉励「新出《史嵩之壙志》・《趙氏壙志》考釈」（『浙江社会科学』二〇一一―一〇）を参照。

（14）延祐『四明志』巻五、人物攷中、先賢「史嵩之」。

（15）註（13）の章編著書三一九～三二一頁「宋史巌之墓誌」を参照。

（16）明・楊士奇等編『歴代名臣奏議』巻一八五、去邪、呉昌裔「論史嵩之疏」に、「彌遠晩年、毎欲引之自代。師昭之心、人皆知之」とある。

（17）方震華「軍務与儒業的矛盾――衡山趙氏与晩宋統兵文官家族――」（『新史学』一七―二、二〇〇六年）三～一五頁を参照。

（18）稲葉一郎「袁桷と『延祐四明志』」（同『中国史学史の研究』京都大学学術出版会、二〇〇六年、初出は二〇〇二年）六〇三～六〇六頁を参照。
(19)『宋史』巻二四六、鎮王竑伝。
(20)当時の南宋中央の状況は、中砂明徳「劉後村と南宋士人社会」（同『中国近世の福建人――士大夫と出版人――』名古屋大学出版会、二〇一二年、初出は一九九四年）六四頁や、何忠礼・徐吉軍『南宋史稿――政治・軍事・文化――』（杭州大学出版社、一九九九年）二九六～三〇〇頁などに描かれている。
(21)註（7）拙稿一一頁、および一七頁の注29を参照。なお宣繒の母が史浩の「従妹」であることは、註（13）魏・鄭論文一四四頁、および一四八頁の注39が引く袁燮『絜斎集』巻二一、誌銘「何夫人宣氏墓誌銘」を参照。ただしこれを宣繒の妹の墓誌銘とする魏・鄭両氏の見解は誤りで、正しくは姉の墓誌銘である。
(22)『宋史』巻四〇、寧宗本紀四、嘉定十四年八月条。
(23)『宋元学案』巻七四、慈湖学案「慈湖門人」にこれら史氏の族人の名前が見られる。
(24)陳暁蘭『南宋四明地区教育和学術研究』（鳳凰出版社、二〇〇八年）一八六～二一二頁を参照。
(25)小島毅『中国の歴史07　中国思想と宗教の奔流――宋朝――』（講談社、二〇〇五年）一五五～一五七頁を参照。
(26)袁桷『清容居士集』巻三三、表誌「先大夫行状」。
(27)註（18）稲葉論文六〇三頁、および註（4）拙稿三九頁と四七頁の注68を参照。
(28)なお史彌堅が史彌遠に宰相からの引退を勧めたという延祐『四明志』所載の逸話については、実は編纂者の袁桷自身がその史料源を明らかにしている。すなわち『清容居士集』巻三三、表誌「外祖母張氏墓記」の、「汝外曾祖太傅忠宣公、居東湖滄洲十有四年、不復仕。作書諫兄忠献辞相位不輟」という記述がそれで、史賓之（史彌堅の子）の妻張氏が袁桷に語ったことが情報の出所になっていたようなのである。史氏内部からの情報ではあるものの、袁桷が生きたのは史彌遠への否定的な評価が定まった元代である。張氏を初めとする史彌堅の子孫やその関係者たちが、史彌堅が史彌遠の悪評に巻き込まれるのを防ごうと試みていたことがうかがわれ、本稿における筆者の推測を裏づけるといえる。
(29)『清容居士集』巻三三、表誌「先夫人行述」によると、袁韶の子袁似道の妻王氏は史浩の「甥孫」であり、史彌遠と袁韶とは間接的な姻戚関係にあった。宣繒については註（21）を参照。なお宣繒の妻楼氏は、史彌遠政権初期の参知政事楼鑰の従兄楼鎧の女子であり、ここにも史彌遠政権の構成員と史氏一族との間接的な姻戚関係が認められる。

（30）『清容居士集』巻三三、表誌「外祖母張氏墓記」。

（31）『宋史』巻四一三、趙善湘伝。

（32）拙稿「南宋理宗朝における二つの政治抗争――『四明文献』から見た理宗親政の成立過程――」（『史学』七九―四、二〇一〇年）四二頁、および五七頁の注36で、貴妃賈氏の母が四明史氏の女子であることを指摘したが、その時点ではこの史氏が誰の血統の女子なのかは不明であった。その後、洪咨夔『平斎文集』巻二〇、外制「故母弟迪功郎史商卿贈修職郎制」が、その史氏の弟史商卿に下されたものであることに気づかされた。Davis, *op.cit.*, pp.198-249によると、史商卿は史彌正の孫である。

（33）註（3）黄論文一五五頁を参照。

（34）註（32）拙稿四七～五二頁を参照。

（35）延祐『四明志』巻五、人物攷中、先賢「史嵩之」。

（36）周密『癸辛雑識』別集下「嵩之起復」、および元・劉一清『銭塘遺事』巻三「嵩之起復」。

（37）註（3）黄論文一五五頁を参照。

（38）『歴代名臣奏議』巻一五〇、用人、呉昌裔「論史宅之上疏」。

（39）闕名『宋史全文続資治通鑑』巻三二、理宗二、紹定六年十月条。

（40）『宋史全文続資治通鑑』巻三二、理宗二、紹定六年十二月戊寅条。

（41）『四明文献』史宅之所収「宋理宗保全史後詔」。

（42）『歴代名臣奏議』巻一五〇、用人、呉昌裔「論史宅之上疏」。

（43）『四明文献』の史宅之の伝を参照。

（44）全祖望『鮚埼亭集外編』巻四五、簡帖五「答九沙先生問史枢密兄弟遺事帖子」に、「然理宗終以其父定策之功、下詔保全之、

賜第湖上、引入西府、且有意相之、会以疾卒。見史氏家伝。」とある。

(45) 拙稿「南宋後期における両淮防衛軍の統制政策——浙西両淮発運司から公田法へ——」(『歴史学研究』九二三、二〇一四年)七～一〇頁を参照。

(46) 明・鄭真『滎陽外史集』巻三八、題跋雑識「跋史忠清公貽其兄判部尚書墨跡」。

(47) 註(13)章編著書三一九～三二二頁「宋史巖之墓誌」を参照。

(48) 『滎陽外史集』巻三八、題跋雑識「跋史忠清公貽其兄判部尚書墨跡」。

(49) 『滎陽外史集』巻四三、墓表「故宋文林郎史公墓表」。

(50) 「待制兄」が史寛之を指すことは、註(12)章編著書三一七～三一八頁「宋史汲卿墓誌」に、「考諱寛之、待制・中大」とあることから分かる。この墓誌によると、史寛之の継嗣には史宅之の子の史汲卿がなったという。

(51) 註(13)章編著書三一九～三二二頁「宋史巖之墓誌」によると、史巖之は嘉熙四年(一二四〇)から淳祐二年(一二四二)まで沿江制置副使の任にあり、それ以前には戸部尚書であった。

(52) 成化『寧波郡志』巻八、人物攷、隠逸「史詔」。

(53) 「集賢」が史嵩之を指し、「大資」が史彌忠を指すことは、『滎陽外史集』巻三八、題跋雑識「題史忠清公帖」に記述がある。

(54) 劉克荘『後村先生大全集』巻八〇、掖垣日記「跋語」。

(55) 『四明文献』史宅之所収、「宋太学生裘(埜)等五十六人上皇帝書」。

(56) 『宋史』巻四一、理宗本紀一、端平元年九月条。

(57) 方岳『秋崖集』巻二四、書簡「代与趙検正」。

(58) 註(13)章編著書三一九～三二二頁「宋史巖之墓誌」を参照。また王應麟『四明文献集』巻五、墓誌銘「故観文殿学士正奉大夫史宇之墓誌銘」によると、史宇之も宝祐二年(一二五四)に兵部尚書になっているが、まもなく地方に出されている。父史彌遠の功績に付随する恩典であろう。

(59) 何忠礼「賈似道与鄂州之戦」(同『科挙与宋代社会』商務印書館、二〇〇六年、初出は二〇〇四年)四九一～四九二頁を参照。
(60) 宮崎市定「南宋末の宰相賈似道」(『宮崎市定全集』11、岩波書店、一九九二年、初出は一九四一年)を参照。
(61) 黄震『古今紀要逸編』「度宗」。
(62) 『宋史』巻四二一、李庭芝伝。
(63) 『古今紀要逸編』「度宗」。
(64) 向珊「方回撰《呂師孟墓誌銘》考釈」(『中国国家博物館館刊』二〇一五—六、二〇一五年)一四九頁・一五二頁を参照。賈似道と東元嘉が親しかったことは、咸淳『臨安志』巻七八、寺観四、寺院、大仁院「太傅平章賈魏公游山題名」や、同書同巻、旌徳顕慶寺「太傅平章賈魏公留題」に、賈似道の「客」として東元嘉の名前が見えることから分かる。
(65) 註(13)章編著書三一一〜三一三頁「宋太常丞尚右郎官兼史館校勘程公(埛)歳月記」を参照。
(66) 呂午『左史諫草』所収、方回「左史呂公家伝」。
(67) 寺地遵「賈似道の対蒙防衛構想」(『広島東洋史学報』一三、二〇〇八年)三一頁を参照。
(68) 註(13)章編著書三四〇〜三四二「元史玠卿墓誌」、および『清容居士集』巻二八、墓誌銘「静清処士史君墓誌銘」。
(69) 註(13)章編著書三四〇〜三四二「元史玠卿墓誌」に、「采伯適范偉、今中書右丞之子」とあり、註(13)魏・鄭論文一四八頁の注43は、この「中書右丞」を范文虎に比定している。
(70) 『棠陽外史集』巻三七、題跋雑識「論范氏」。
(71) 註(13)章編著書三三七頁「元魯十娘子墓誌」によると、史玠卿の次女は至元十七年(一二八〇)の時点で十六歳であった。史采伯が史玠卿の長女であったとすれば、南宋滅亡前に范偉に嫁いでいた可能性はあるといえる。
(72) 『清容居士集』巻三三、表誌「先大夫行状」。
(73) 賈似道政権下での黄震・孫子秀の活動については、註(45)拙稿一二〜一五頁を参照。また陳著と賈似道の関係については、宮崎聖明「南宋末期における賈似道と宗室・外戚の対抗関係——陳著『本堂集』を手がかりに——」(『歴史学研究』九三五、二〇一五年)を参照。

（74）　史彌遠政権下の対金防衛政策については別稿で論じる予定である。

〔**付記**〕　本稿は平成二十八年度科学研究費補助金（若手研究（B））による研究成果の一部である。

地主佃戸関係の具体像のために
——万暦九年休寧県二十七都五図における租佃関係——

伊藤正彦

はじめに

戦後日本の中国史研究において最も多くの論争を重ねた地主佃戸関係理解の追究は、一九七〇年代後半から八〇年代の大きな成果によって、いまや終熄しているように見える。地主佃戸関係研究を終熄させた主要な成果は、身分法の観点から宋元代の佃戸を佃僕・地客（両者は同一実体の別称）と佃客という二つの類型としてとらえる高橋芳郎氏の理解(1)、宋代以来の地主経営の方式を分種と租佃という二つの類型によってとらえる草野靖氏の理解(2)、明代後半以降の田面田底慣行を中国固有の多重所有権としてとらえる寺田浩明氏の理解(3)であろう。なかでも、地主—佃戸間の人格的支配隷属性の有無をめぐる問題を解決した高橋氏の成果をうけて、その後の課題は佃僕・地客と佃客が具体的にどのように存在したか——佃戸の具体的な存在形態の追究へと移った。

渡辺信一郎氏は、宋代の佃客の多くが自ら土地を所有し国家に下等主戸（四等戸・五等戸）として把握される自小作農であったことを明らかにし(4)、宮澤知之氏も、宋代両浙における農民の階層構成を探るなかで、地主佃戸関係の支配的形態は下等主戸がとり結ぶ自小作関係であり、当時の先進的な水稲作技術を実現した扇状地・河谷平野・山間小盆地には人格的隷属性の強い佃僕・地客が併存したことを指摘した。(5) これらは宋代の佃戸の存在形態を鮮明にした重要な認識である。だが、宋代史料の制約性のために、その検討は州・県レヴェルの数値に依拠した分析にとどまらざるを得ないものであり、より具体的な地域に即して租佃関係の存在状況を探る作業は課題として残されている。

小論は、史料の制約性を免れるために宋代から時代を下らざるを得ないが、いわゆる張居正の丈量によって作製された徽州府休寧県二十七都五図の魚鱗冊――上海図書館蔵『明万暦九年休寧県二十七都五図得字丈量保簿』一冊（線普五六二三五八五号。以下、『得字丈量保簿』と略記する）をもとに、明・万暦九年（一五八一）の休寧県二十七都五図における租佃関係の具体像を追究し、右の残された課題に接近しようとする試みである。明・万暦年間の休寧県二十七都五図は、先に論じたように、南宋期に確立した牛犂耕を基軸とする集約的な水稲作技術が定着し成熟していた地域であり、(6) そうした地域における租佃関係の存在状況を探る試みでもある。

一　二十七都五図内の事産と出租事産の概況

『得字丈量保簿』の書誌と概要はすでに論じたとおりであるが、(7) 行論に必要な点、ならびに検討にあたっての留意点を確認しておこう。

『得字丈量保簿』は、上海図書館の目録では『休寧県二十七都伍図丈量保簿』と称され清代のものとされているが、まぎれもなく張居正の丈量――休寧県では知県の曾乾亨（字は于健、江西吉水の人。万暦五年の進士）が万暦九年八月下旬～十一月に実施した丈量の魚鱗冊である。全四四二葉の分量で、万暦九年丈量の二十七都五図の魚鱗字号である得字九号～三五四四号の事産の情報を伝える。二十七都五図以外の都図に所在する所有事産も含めて二十七都五図所属人戸のすべての所有事産の情報を一戸分ずつ記した魚鱗冊関係文書（魚鱗冊が記載する所有事産の情報を一戸分ずつ名寄せした簿冊）――安徽省博物館蔵『万暦九年清丈二十七都五図帰戸親供冊』一冊（二：二四五八二号。以下、『帰戸親供冊』と略記する）が伝える二十七都五図内の事産の最後の地番（得字四一九七号）からすると、同図の事産は四二〇〇号ぐらいまでであり、現存する『得字丈量保簿』は本来の約八四パーセントの分量が残存したものと推測される。したがって、『得字丈量保簿』から判明する二十七都五図の事産の情報は、同図の事産全体の約八四パーセントについてということになる。

『得字丈量保簿』が各号の事産について記載する項目は次のとおりであり、佃人に関する記載があることが特徴の一つである。

字号数、土名、事産の種類・等則、実測面積額（歩数）、計税額（税畝数）、佃人、事産の形状（図示）、四至（東西南北の順）、見業（業主）の所属都・図・戸名（業主戸が複数の場合、各人戸の所有事産額も記す）。

佃人の項の記載に着目すれば、万暦九年時点の二十七都図内における事産の租佃関係を探ることができる。ただし、検討にあたっては、次の点に留意しておかなければならない。

第一は、佃人が記載されていても、出租・租佃している事産額は記されておらず、一つの号の事産すべてを出租・租佃していたのか、事産の一部のみを出租・租佃していたのかは不明な点である。どちらも可能性があるが、実際の出租・租佃事産額を知り得ない以上、ここでは一つの号の事産すべてを出租・租佃していたと仮定して出租事産額・租佃事産額を算出する。

第二は、一つの号の事産の佃人が複数名記される場合があり、また事産の業主戸（見業戸）も複数の場合がある点である。租佃事産額・出租事産額ともにその内訳を知り得ないため、佃人が複数名記される場合はそれぞれの佃人に

表1　万暦9年休寧県27都5図内の事産と出租事産

27都5図内の事産の内訳					税畝比	出租事産					坵比　税畝比
田	2228	坵	2176.1174	税畝	(68.5%)	田	1410	坵	1409.9344	税畝	(63.3%, 64.8%)
地	1002	坵	510.3420	税畝	(16.1%)	地	255	坵	140.4310	税畝	(25.5%, 27.5%)
山	370	坵	446.9590	税畝	(14.1%)	山	75	坵	110.4745	税畝	(20.3%, 24.8%)
塘	62	坵	42.9430	税畝	(1.4%)	塘	11	坵	2.7990	税畝	(17.7%, 6.5%)
計	3662	坵	3176.3614	税畝		計	1751	坵	1663.6389	税畝	(47.8%, 52.4%)

租佃事産額として計上し、業主戸が複数の場合は業主戸それぞれに出租事産額として計上する。したがって、租佃事産・出租事産ともに想定される最大の事産額の数値を示すことになる。

なお、明末の徽州府下でも田面田底慣行が存在したことが明らかにされているが、(8)魚鱗冊の記載からは田面田底慣行の存在を検討することができないため、田面田底慣行の問題については捨象する。

二十七都五図内の事産全体の約八四パーセントに限定され、かつ右のような制約性を免れないとはいえ、同図内における事産の租佃関係の大勢を探ることは可能であろう。

さて、以上の留意点をふまえたうえで、まず二十七都五図内の事産の内訳(田・地・山・塘の額)、ならびに租佃関係を結んでいた事産(出租事産)の全体的傾向を見よう。『得字丈量保簿』が伝える事産の内訳、佃人名が記載される出租事産を集計した結果は、**表1**のとおりである。一つの号で把握された事産のなかには複数の種類の事産によって構成される場合(田と塘、地と山など)があるため、事産数は号ではなく坵を単位に表記した。事産額については、万暦九年の丈量以降採用された各種等級の事産面積を相当する納税面積に換算した税畝(9)によって表記する(以下、同じ)。

『得字丈量保簿』によって判明する万暦九年の二十七都五図内の事産は、総数三六六二坵、総額三一七六・三六一四税畝であり、そのうち地と山はともに一五パーセント前後にとどまり、田は六八・五パーセントにのぼる。『帰戸親供冊』が伝える二十七都五図以外の都図の事産も含めた二十七都五図所属人戸の全所有事産のうち田の占める比率は六四パーセント（地：一七パーセント、山：一八パーセント、塘：一パーセント）であったから[10]、二十七都五図内の田の比率はそれよりも高い。出租された事産に眼を移せば、総数一七五一坵、総額一六六三・六三八九税畝の事産が出租されており、占める比率は事産数では四七・八パーセントであるが、税畝額では五二・四パーセントと過半数を超えていた。また、地と山の出租率は二七・五パーセントと二四・八パーセント（ともに税畝額の比率）と低いが、田の出租率は六四・八パーセント（税畝額の比率）と高い。

ここで見た二十七都五図内の事産の過半数以上の額が出租されており、かつ田の出租率が高いという全体的傾向からすると、万暦九年の休寧県二十七都五図では地主的土地所有が発達していたように映る。その内実はどのようなものであったのか、詳しい検討に入ろう。

二　二十七都五図内事産の出租人戸

二十七都五図内の事産を出租していた人戸は、どのような人戸であり、どれくらいの額を出租していたのだろうか。『得字丈量保簿』に個人名の記載がある事産を出租されたものと見なして、業主戸ごとに二十七都五図の事産の出租額を集計した結果が**表2**である。**表2**では、二十七都内の図、二十七都五図所属人戸は所属の甲ごとに出租事産額の多い順に示し、二十七都五図以外の人戸については二十七都以外の都図ごとに出租事産額の多い順に示している。

先学が明らかにしたように、明代後半以降の徽州府下では、均分相続後も独立の戸名を立てることなく、冊籍上の名義戸（総戸）のもとに複数の戸（子戸）が含まれる慣行――いわゆる〈総戸―子戸〉制が存在した[11]。〈総戸―子戸〉制の子戸は、徽州文書のなかで〝戸丁〟とも記され[12]、『得字丈量保簿』でも事産所有の主体として子戸＝戸丁が記されている。そのため、所有主体が子戸＝戸丁であると判明した事産については総戸のもとに合わせて計上した。

表2の内容を見よう。二十七都五図内の事産を出租する人戸は、計一四七戸であった。そのうち、二十七都五図所属の出租人戸は四八戸にとどまり[13]、他図所属の人戸は九九戸と出租人戸の六七・三パーセントにのぼった。最も出租人戸が多いのは二十七都一図所属の五二戸であり、つづいて多い順に確認すれば、十一都三図が三一戸、二十七都六図が六戸、二十七都三図が三戸、二十六都四図が二戸、三十都一図・二十六都五図・十三都二図・西南隅二図・西北隅一図がいずれも一戸ずつであった。

二十七都五図内の事産を出租する人戸は他図所属のものが多く、なかでも二十七都一図所属の人戸が二十七都五図所属人戸を凌ぐというのは、先に論じた事産所有の状況——二十七都五図内の事産は隣接する都図の所属人戸を中心に半数以上（五三・二パーセント）が他図所属人戸によって所有されており、とくに里甲編成の主要基盤となった集落（陳村・霞瀛）を共にする二十七都一図と五図の人戸は相互に両図内の多額の事産を所有し合っていた[14]という地理的近縁性に規定されたものであろう。

次に、二十七都五図内の事産を出租する人戸自体に眼を移そう。すでに検討したとおり、万暦年間の二十七都五図では、中国の平均的な家族とされる五人家族（夫妻二人と子ども三人）の場合、一〇税畝程度の田・地を所有すれば十分に再生産が可能であり、商業活動で蓄財した人戸であっても出租する事産は二〇税畝台にとどまっていた[15]。こうした点から、二〇税畝以上の事産を出租していた人戸を多額の事産を出租する人戸と見なすことにする。

表2から二〇税畝以上の事産を出租する人戸を出租事産額の多い順に抽出すれば、次のとおりである（丸括弧内には、所属の図［二十七都五図については図・甲］と図内の役職を示す）。

表2　万暦9年27都5図事産の出租人戸

※事産額の単位は税畝。○は〈総戸 - 子戸〉制を行なっている人戸を示す。□は判読不能を示す。

27都5図所属人戸　48戸

第1甲

○王　茂　214.0365（田 183.3490，地 16.2000，山 14.0925，塘 0.3950）　202 坵
　程　相　6.4180（田 6.2620，地 0.1560）　11 坵
○王　栄　7.1130（田 6.1130，山 1.0000）　7 坵
　金　清　3.4820（田 3,4820）　1 坵
　謝　社　3.7060（田 3.7060）　2 坵

第2甲

○朱　洪　74.7450（田 72.4960，地 0.9980，山 1.1100，塘 0.1410）　75 坵
　朱　隆　21.1100（田 19.6900，山 1.4200）　23 坵
○呉四保　3.6700（田 3.6700，地 1.6110）　7 坵
　朱時応　0.6500（田 0.6500）　1 坵

第3甲

○朱　清　5.9660（田 5.7040，地 0.2620）　8 坵

第4甲

○王　時　16.3660（田 12.5280，地 1.0880，山 2.7500）　22 坵
○王　法　6.9690（田 0.1740，地 0.1730，山 6.6220）　6 坵

第5甲

○陳　章　87.9230（田 80.9060，地 1.8270，山 4.9000，塘 0.2900）　87 坵
　朱勝付　2.7630（田 2.1330，山 0.6300）　3 坵
　陳　新　7.5140（田 2.0880，地 0.3720，山 5.0540）　6 坵
　陳信漢　10.1220（田 10.1220）　7 坵
　陳　宜　3.0390（田 3.0390）　3 坵

第6甲

　王　科　0.7100（ 地0.7100）　1 坵
　汪　琰　11.8210（ 田10.6360，地 1.1850）　12 坵
　汪　龍　0.2440（ 地0.2440）　1 坵

第7甲

○王斉興　49.2190（田 25.2160，地 13.2400，山 10.7630）　47 坵
　程周宣　1.2160（田 1.2160）　2 坵

第8甲

　王継成　5.0570（田 3.7310，地 1.3260）　5 坵
　朱　瑾　18.1930（田 17.1610，地 0.6620，山 0.3700）　17 坵

○王　桂　23.3180（田 15.5920，地 0.9240，山 6.8020）20 坵
　程　学　11.0800（田 10.1720，地 0.0710，山 0.7000，塘 0.1370）21 坵

第 9 甲

○王　初　4.7890（田 1.9680，地 1.0710，山 1.7500）5 坵
　朱　得　1.3320（田 1.3320）1 坵
○畢　盛　8.8560（田 4.7760，山 4.0800）8 坵
○朱廷鶴　11.3240（田 11.3240）14 坵

第10甲

○金万政　57.6464（田 50.2260，地 1.8350，山 5.5854）58 坵
　朱　太　0.6500（田 0.6500）1 坵
　朱　祐　12.0420（田 11.8530，0.1890）10 坵
　陳　祥　33.0170（田 33.0170）33 坵
　朱　社　3.2720（田 3.2720）5 坵
　朱　瑚　2.0350（田 2.0350）3 坵

その他の27都 5 図所属人戸（27都 5 図所属人戸の子戸と推測される人戸）

　朱　憲　11.1010（田 10.1010，地 0.6970）13 坵
　朱　稷　1.2070（田 1.2070）1 坵
　朱　邦　8.3900（田 8.1260，地 0.2640）9 坵
　朱祖祐　2.4810（田 2.4810）2 坵
　汪大祿　3.2860（田 3.2860）3 坵
　王岩本　1.3730（田 1.3730）1 坵
　王清明　0.0930（田 0.0930）1 坵
　王楸房　0.9450（地 0.9450）1 坵
　汪　才　0.2120（地 0.2120）1 坵
　王廷栄　0.7860（田 0.7860）1 坵
　王　叙　0.7740（地 0.7740）1 坵
　王　将　0.7400（山 0.7400）1 坵

27都 1 図所属人戸　52戸

○陳　興　276.7770（田 230.7410，地 34.3580，山 11.5770，塘 0.1010）278 坵
○王　爵　156.5720（田 114.9550，地 13.2400，山 28.3770）116 坵
○陳振達　89.5120（田 66.0670，地 18.7400，山 4.7050）99 坵
○陳天相　84.0240（田 76.2080，地 4.9260，山 2.6840，塘 0.2060）77 坵
○陳寓祿　80.6150（田 67.6100，地 4.8670，山 8.1380）70 坵
○陳岩求　74.1070（田 21.7930，地 41.6590，山 10.4490，塘 0.2060）60 坵
○汪　明　27.7260（田 20.9040，地 1.8720，山 4.9500）28 坵

○著存観　27.4570（田 26.8570，塘 0.6000）　32 坵
○陳　嘉　23.5140（田 12.6670，地 5.0730，山 5.7740）　21 坵
　陳　本　20.6280（田 17.6680，地 0.4600，山 2.5000）　18 坵
　朱得真　19.8840（田 19.8840）　10 坵
○陳　法　12.8550（田 7.3610，地 0.2520，山 5.2420）　16 坵
○陳建忠　11.8020（田 9.4520，地 2.3500）　12 坵
　陳時陽　11.7330（田 11.7330）　9 坵
　陳　学　11.4150（田 9.0650，地 2.3500）　8 坵
○陳　鵬　11.2980（田 10.0580，地 0.0400，山 1.2000）　6 坵
　陳　善　10.4890（田 10.4890）　9 坵
　陳文討　9.7370（田 3.8510，地 3.6470，山 2.2390）　11 坵
　汪　希　8.9340（田 2.2890，地 3.0050，山 3.6400）　4 坵
　陳　長　8.9060（田 0.6500，地 6.6010，山 1.6550）　8 坵
　陳応時　8.8490（田 0.4440，地 7.3250，山 1.0800）　3 坵
　陳積社　8.1020（地 6.3470，山 1.7550）　7 坵
　朱　法　7.3210（田 7.3210）　6 坵
　陳光儀　6.3330（田 6.3330）　6 坵
○陳文燦　6.3450（田 6.3450）　6 坵
　程道華　5.7330（田 1.6200，地 1.0730，山 3.0400）　5 坵
○朱　曜　4.0250（田 3.7990，地 0.2260）　7 坵
　陳　亮　3.9030（田 0.8370，地 0.2920，山 2.7740）　3 坵
　陳三同　3.3600（山 3.3600）　1 坵
　陳　相　3.0840（田 3.0840）　3 坵
　汪　志　2.9840（田 2.9840）　2 坵
　黄　雲　2.7190（田 2.7190）　2 坵
　陳　鉤　2.6300（田 2.3500，山 0.2800）　4 坵
　陳寄得　2.6250（地 1.5450，山 1.0800）　4 坵
○朱天生　1.9450（田 1.9450）　1 坵
　周　進　1.9360（田 1.9360）　1 坵
　汪　琰　1.8430（田 1.8430）　1 坵
○朱自方　1.8120（田 1.8120）　1 坵
　陳勝佑　1.7660（田 1.7660）　1 坵
　陳　貴　1.7140（田 1.7140）　3 坵
○朱　友　1.3480（田 1.3480）　1 坵
　陳　学　1.2800（田 1.2800）　1 坵
　陳□陽　1.2000（地 1.2000）　1 坵
　汪本亨　1.1360（地 1.1360）　1 坵
　陳　明　0.8520（田 0.8520）　1 坵

陳　大	0.6960（田 0.6960）	1 坵
陳天付	0.6630（田 0.6630）	1 坵
陳斉龍	0.5580（地 0.3580，山 0.2000）	2 坵
呉天志	0.5000（山 0.5000）	1 坵
○陳天盛	0.3590（地 0.3590）	2 坵
汪　鑑	0.3120（田 0.1540・地 0.1580）	1 坵
陳　進	0.1000（山 0.1000）	1 坵

27都3図所属人戸　3戸

朱玄貴	8.0830（田 8.0830）	6 坵
金萬全	1.3970（田 1.3620，地 0.0350）	1 坵
朱持金	1.2520（田 1.2520）	1 坵

27都6図所属人戸　6戸

李　福	4.2090（田 4.2090）	3 坵
汪得祐	2.6660（田 2.6660）	1 坵
金有祥	1.1190（田 1.1190）	2 坵
汪天祿	1.0360（田 1.0360）	1 坵
金　斉	0.2500（山 0.2500）	1 坵
陳　甫	0.1690（田 0.1690）	1 坵

西北隅1図所属人戸　1戸

蘇叔武	2.9260（田 1.5560，地 1.3700）	3 坵

西南隅2図所属人戸　1戸

巴　麟	0.6430（田 0.6430）	1 坵

11都3図所属人戸　31戸

金桐竹	40.2220（田 29.9260，地 1.6310，山 7.9170，塘 0.7480）	51 坵
金経衛	18.4970（田 17.9340，地 0.5090，塘 0.0540）	16 坵
金湛英	12.8270（田 12.2640，地 0.5090，塘 0.0540）	12 坵
金神護	8.2890（田 8.2890）	10 坵

○金以用	5.1330（田 5.1330）	5 坵
金文献	4.6450（田 4.6450）	4 坵
金子厚	3.9520（中田 3.7310，地 0.2210）	5 坵
金初孫	3.7480（田 3.7480）	3 坵
金汝鍇	3.7170（田 3.7170）	4 坵
金可儀	3.0690（田 3.0690）	3 坵
金沢民	3.0340（田 3.0340）	2 坵
程　珊	2.3280（田 2.3280）	1 坵
○汪国英	2.0940（田 1.3540，山 0.7400）	2 坵
金守進	1.6800（田 1.1800，山 0.5000）	2 坵
金応元	1.4970（田 1.4970）	1 坵
金応昴	1.4410（田 1.4410）	2 坵
金　儒	1.4040（田 1.4040）	1 坵
金王陞	1.3690（田 1.3690）	1 坵
金汝賢	1.3420（田 1.1710，地 0.1710）	3 坵
金応陞	1.0470（田 1.0470）	1 坵
汪尚楷	1.0190（田 1.0190）	1 坵
金求英	1.0080（田 1.0080）	1 坵
○呉小保	0.9410（田 0.8870・塘 0.0540）	1 坵
羅岩付	0.8120（田 0.8120）	1 坵
金廷黄	0.6070（田 0.6070）	1 坵
金景付	0.5840（田 0.5840）	1 坵
金継宗	0.4950（田 0.4950）	1 坵
金　斉	0.3920（田 0.3920）	1 坵
金廷淑	0.3530（田 0.3530）	1 坵
金革孫	0.2340（地 0.2340）	1 坵
汪本静	0.2240（地 0.2240）	1 坵

13都 2 図所属人戸	1 戸	
○程文	4.1380（田 4.1380）	3 坵

26都 4 図所属人戸	2 戸	
洪雲相	2.9020（田 2.9020）	3 坵
朱允升	0.5500（地 0.5500）	1 坵

26都5図所属人戸	1戸
汪登源	9.1670（田 9.1670） 9 坵

30都1図所属人戸	1戸
陳明宗	3.1240（田 3.1240, 地 0.6170, 山 2.1900） 4 坵

陳興：二七六・七七七〇税畝（一図）、王茂：二一四・〇三六五税畝（五図一甲里長）、王爵：一五五・六五二〇税畝（一図里長）、陳振達：八九・五一二〇税畝（一図里長）、陳天相：八三・一六九〇税畝（一図里長）、陳寓祿：八〇・六一五〇税畝（一図）、陳岩求：七四・一〇七〇税畝（一図里長）、陳章：八七・九二三〇税畝（五図五甲里長）、朱洪：七四・七四五〇税畝（五図二甲里長）、金万政：五七・六四六四税畝（五図十甲里長）、王斉興：四九・二一九〇税畝（五図七甲里長）、陳祥：三三・〇一七〇税畝（五図十甲）、汪明：二七・七二六〇税畝（一図）、著存観：二七・四五七〇税畝（一図）、陳嘉：二三・五一四〇税畝（一図）、王桂：二三・三一八〇税畝（五図八甲）、朱隆：二一・一一〇〇税畝（五図二甲）、陳本：二〇・六二八〇税畝（一図）

二十七都五図所属の八戸と一図所属の一〇戸の計一八戸である。これらの半数の九戸が二十七都五図と一図の里長戸を務める人戸であった[16]（五図：王茂・陳章・朱洪・金万政・王斉興の五戸、一図：王爵・陳振達・陳天相・陳岩求の四戸）。二七六・七七七〇税畝と最も出租事産額が多い一図所属の陳興戸は、二十七都五図内の事産を最も数多く所有した人戸（所有事産数は四五六坵）であり、里長戸ではなかったが、万暦九年の丈量で都正を務めており[17]、二十七都全体の有力人戸であったと解してよい。なお、二十七都五図の他の里長戸の出租事産が少額であったのは不可思議に映るかもしれないが、それは他の里長戸が二十七都五図内の事産を少額しか所有せず、他図に所在する事産を所有していたからである。二十七都五図内の事産の出租額が五・九六六〇税畝にとどまった第三甲の里長である朱清戸を例にしよう。『帰戸親供冊』の記載によれば、朱清戸は総数四七二坵、総額三〇五・六二六五税畝の事産を所有していたが、二十七都五図内の所有事産はわずか一九坵にとどまり、一図内の所有事産が四三〇坵にのぼっていた[18]。繰り返しになるが、『得字丈量保簿』が伝えるのは二十七都五図内の事産のみにとどまる。

里長戸と並んで出租人戸に多いのは、〈総戸—子戸〉制を行なっていた人戸である。『得字丈量保簿』に戸丁が記され、〈総戸—子戸〉制を行なっていたことが確認できる人戸については、**表2**のなかに丸印を付している。二十七都五図の所属は、里長を務める人戸のほか、王栄・呉四保・王法・王桂・畢盛・朱廷鶴の六戸である。二十七都一図所属では、里長戸のほか、陳寓祿・汪明・著存観・陳嘉・陳法・陳建忠・陳鵬・陳文燦・朱曜・朱天生・朱友・朱自方・陳天盛の一三戸である。これらの人戸の出租事産額は、里長を務める人戸ほど多額ではないが、二〇〜一〇税畝前後の場合が多い。

以上のように、里長を務める人戸や〈総戸—子戸〉制を行なっている人戸が出租人戸の主軸であったが、所有事産が少額の人戸が出租している点も看過できない。『帰戸親供冊』の記載によって二十七都五図所属人戸の所有事産額を確認すると、一甲の謝社戸は三・九五七〇税畝（地：二・二九一五税畝、山：一・六六五五税畝）、五甲の陳宜戸は四・五九八〇税畝（田：四・五九八〇税畝）、六甲の王科戸は一・五九四〇税畝（田：〇・四三三〇税畝、地：〇・九五七〇税畝、山：〇・二〇四〇税畝）、汪龍戸は三・八二六〇税畝（地：二・二四六〇税畝、山：一・五八〇〇税畝）、七甲の程周宣戸は四・〇二二〇税畝（田：三・四二二〇税畝、地：〇・六〇〇〇税畝）であった[19]。謝社戸・王科戸・汪龍戸の場合は、明らかに所有事産で再生産することができない[20]。そうした人戸であっても、事産を出租していた。

あわせて指摘しておくべきは、多額の事産を出租する人戸も生産活動から遊離していたわけではなかったことである。たとえば、出租事産額が最も多い二十七都一図所属の陳興戸は六三坵の田を出租せず、二十七都五図所属で出租事産額が最も多い一甲里長の王茂戸は一一三坵の田を出租せず、二甲里長の朱洪戸は五八坵の田を出租していなかった。(21) こうした例によれば、出租事産が多額の人戸であっても、自耕する事産を所有したうえで出租しており、二十七都五図の事産の地主的土地所有は寄生的なものではなかったと考えられる。

三　二十七都五図内事産の佃人

では、二十七都五図の事産を租佃する佃人はどのような状況だったのだろうか。佃人の側に眼を向けよう。『得字丈量保簿』に佃人名の記載がある事産を租佃されたものと見なして、佃人ごとに情報を集計した結果が**表3**である。そこには、佃人ごとに、租佃する事産の数、租佃する事産の種類（田・地・山・塘の別）と数、租佃する事産の総額、租佃関係を結んでいる業主戸の数を記した。佃人の所属都図に関する記載はなく、佃人名から所属都図が推測できる場合はごく少数であり、基本的に佃人の所属都図は不明である。佃人名については、姓・名ともに記す場合（例：郭晶、謝足）、名のみを記す場合（例：新志、進曜）、姓・名ともに記したか、名のみを記したか判然としない場合（例：岩玘、付曜）が混在している。また、佃人名は音通異字で記されることも多く見られる。音通異字の場合は最初に記された表記に統一し、末尾に（〇〇を含む）と附記した。

以上をふまえて**表3**の内容を見よう。二十七都五図の事産を租佃する佃人の総数は、四三一名であった。**表3**を通覧すれば、次の二点が明らかである。一つは、租佃する事産の総額が一〇税畝以下の佃人は三九六名にのぼり、圧倒的多数の佃人の租佃事産額は少額であったことである。一坵の事産のみを租佃する佃人も一六九名であった。もう一つは、一坵の事産のみを租佃する佃人を除くと、単独の業主戸からのみ租佃している佃人は少なく、佃人の大多数は

表3　休寧県27都5図事産の個人一覧

※個人ごとに租佃する事産数，租佃事産の内訳（事産の種類），租佃事産額（単位は税畝），租佃関係を結ぶ業主戸の総数を示した。□は判読不能を示す。姓名が判明する場合は末尾に附記した。

1. 郭晶	5 坵	田 4（2.7180）＋地 1（0.0420）＝2.7600	主 5
2. 郭曾	2 坵	田 2＝0.6940	主 1
3. 郭互	2 坵	田 2＝1.2550	主 2
4. 新志	2 坵	田 2＝1.0520	主 2
5. 進曜	8 坵	田 7（4.2090）＋地 1（1.0650）＝5.2740	主 4
6. 黒志	7 坵	田 6（8.1240）＋山 1（0.0600）＝8.1840	主 3
7. 社佃	14 坵	田 14（8.7380）＋塘 1（0.0920）＝8.8300	主 13
8. 謝足	4 坵	田 4＝6.6450	主 3
9. 白佃	12 坵	田 11（11.3680）＋地 1（0.6620）＝12.0300	主 7
10. 積志	3 坵	田 3＝1.6850	主 2
11. 社保	3 坵	田 2（2.4130）＋地 1（0.4330）＝2.8460	主 2
12. 謝澪	1 坵	田 1＝0.9020	主 1
13. 岩志	2 坵	田 2＝0.8680	主 2
14. 天興	4 坵	田 4＝7.3610	主 3
15. 謝全	6 坵	田 6＝4.1290	主 5
16. 辛志	2 坵	田 2＝3.3780	主 3
17. 謝廷林	3坵	田 2（1.9820）＋地 1（0.1890）＝2.1710	主 17
18. 雲玘	4坵	田 3（2.4290）＋地 1（0.6620）＝3.0910	主 7
19. 社祖	5坵	田 5＝4.0830	主 8
20. 金住	2坵	田 2＝1.5750	主 4
21. 謝堂	3坵	田 1（0.8940）＋地 2（0.8700）＝1.7640	主 9
22. 謝僕	1坵	山 1＝1.0500	主 5
23. 社保祖	1坵	地1＝0.4330	主8
24. 潤志	6坵	田4（3.5840）＋地2（0.1570）＝3.7410	主7
25. 趙曜	1坵	田1＋塘1＝0.1410	主3
26. 牛欄	1坵	地1＝0.4370	主4
27. 社林	1坵	田1＝0.6740	主1
28. 謝祖	5坵	田5＝6.3860	主7
29. 参佃	10坵	田10＝6.4890	主8
30. 社才	6坵	田6＝7.2010	主4
31. 謝巴	3坵	田3＝4.7100	主6
32. 社堂	3坵	田3＝3.7760	主4
33. 起林	2坵	田2＝1.8820	主3
34. 岩澪	4坵	田4＝4.9290	主4
35. 春曜	1坵	田1＝0.4670	主2

36. 社曜　2 坵　田 2＝2.6220　主 3
37. 天潯　16 坵　田 13（13.0160）＋地 3（0.4680）＝13.4840　主 17
38. 岩玘　1 坵　田 1＝1.1310　主 3
39. 文義　7 坵　田 6（10.0590）＋地 1（0.5570）＝10.6160　主 3
40. 周法　2 坵　田 2＝6.2680　主 3
41. 付曜　6 坵　田 6＝4.3730　主 5（富曜を含む）
42. 謝憲　1 坵　田 1＝0.5340　主 3
43. 謝欽　2 坵　田 2＝2.5820　主 4
44. 初義　15 坵　田 13（16.6070）＋地 2（1.1000）＝17.7070　主 9
45. 洪志　23 坵　田 23＝33.0920　主 13
46. 金祥　3 坵　田 3＝3.0550　主 3
47. 黒駈　5 坵　田 5＝7.1760　主 5
48. 宋八　5 坵　田 4（3.3450）＋地 1（0.2920）＋山 1（2.1900）＝5.8270　主 12
49. 志個　53 坵　田 45（48.5010）＋地 5（0.8200）＋山 3（2.1385）＝51.4595　主 27（至個・志固・遅固・遅個・細個を含む）
50. 法志　6 坵　田 6＝6.4900　主 6
51. 社玘　3 坵　田 3＝5.8250　主 3
52. 王徳　2 坵　田 2＝2.3640　主 2
53. 社志　4 坵　田 4＝6.6220　主 3
54. 初曜　2 坵　田 2＝1.2660　主 2
55. 三義　16 坵　田 12（15.9550）＋地 3（0.7310）＋山 1（3.2000）＝19.8860　主 10
56. 四義　3 坵　田 3＝2.4620　主 4
57. 遅徳　3 坵　田 3＝2.6460　主 2
58. 金春　1 坵　田 1＝1.6500　主 1
59. 汪潯　3 坵　田 3＝4.0550　主 3
60. 起龍　1 坵　田 1＝2.3440　主 1
61. 付進　14 坵　田 11（10.9160）＋地 1（0.1700）＋山 2（0.7870）＝11.8730　主 8（富進を含む）
62. 天曜　4 坵　田 4＝6.3370　主 3
63. 四個　6 坵　田 6＝6.3180　主 5
64. 程曜　9 坵　田 8（8.07702）＋地 1（0.2190）＝8.29602　主 6
65. 保寿　4 坵　田 4＝5.4960　主 4
66. 金仲　10 坵　田 10＝6.6650　主 4
67. 進祿　13 坵　田 13＝6.7510　主 5
68. 汪祥　5 坵　田 3（2.1100）＋地 1（0.0710）＋山 1（1.2500）＝3.4310　主 2
69. 陳黄　3 坵　田 2（0.4720）＋地 1（0.0710）＝0.5430　主 2
70. 招保　20 坵　田 17（10.8800）＋地 1（0.1200）＋山 2（2.4900）＝13.4900　主 12
71. 付俚　1 坵　田 1＝1.6200　主 1

72. 大法　8 坵　田 8 = 8.0910　主 7
73. 志法　1 坵　田 1 = 0.1860　主 1
74. 伍拾　17 坵　田 17 = 17.4760　主 11
75. 陸曜　1 坵　田 1 = 1.2450　主 1
76. 勝保　6 坵　田 6 = 7.7400　主 5
77. 富龍　3 坵　田 1（3.2560）＋地 2（0.3410）＝3.5970　主 2（付龍を含む）
78. 長付　12 坵　田 10（8.9670）＋地 2（0.8440）＝9.8110　主 7（長富を含む）
79. 長瀞　1 坵　田 1 = 1.1100　主 1
80. 金尚　5 坵　田 5 = 4.8530　主 3
81. 汪元　7 坵　田 7 = 5.2940　主 5
82. 談保　1 坵　田 1 = 1.1650　主 1
83. 五瀞　2 坵　田 2 = 1.6750　主 2
84. 陳相　2 坵　田 2 = 3.5440　主 2
85. 義龍　5 坵　田 5 = 6.6150　主 4
86. 曜瀞　4 坵　田 4 = 5.4670　主 3
87. 老個　5 坵　田 4（4.5620）＋地 1（0.0910）＝4.6530　主 5
88. 金下　7 坵　田 7 = 5.5790　主 3
89. 五個　4 坵　田 4 = 3.7220　主 5
90. 法瀞　4 坵　田 4 = 4.5660　主 1
91. 汪洋　1 坵　田 1 = 1.5960　主 1
92. 成良　1 坵　田 1 = 1.0150　主 1
93. 教化　13 坵　田 10（10.9860）＋地 3（0.4700）＝11.4560　主 12
94. 来興　14 坵　田 6（6.3470）＋山 8（23.3720）＝29.3720　主 7
95. 良成　3 坵　田 3 = 3.6610　主 2
96. 初元　2 坵　田 2 = 2.1810　主 2
97. 辛徳　3 坵　田 3 = 3.8980　主 6
98. 洛仂　3 坵　田 3（2.7300）　主 3（洛力を含む）
99. 雲付　5 坵　田 5 = 6.0920　主 3　【金雲付】
100. 周義　1 坵　田 1 = 0.8650　主 1
101. 明曜　5 坵　田 5 = 3.7760　主 5
102. 黒狗　1 坵　田 1 = 0.63802　主 1
103. 義林　2 坵　田 2 = 1.3290　主 1.
104. 社雷　1 坵　田 1 = 1.1810　主 1
105. 天進　9 坵　田 9 = 14.0220　主 8
106. 天付　11 坵　田 11 = 11.3840　主 10　【陳天付】
107. 白九　1 坵　田 1 = 0.5660　主 1
108. 岩付　2 坵　田 2 = 2.2540　主 1　【羅岩付】

109. 初法　7 垢　田 7＝7.8850　主 4
110. 曜得　1 垢　田 1＝0.5660　主 1
111. 有徳　3 垢　田 3＝3.39502　主 1
112. 初貞　1 垢　田 1＝1.6300　主 1
113. 雲時　1 垢　田 1＝1.1940　主 1
114. 玘潯　1 垢　田 1＝1.8800　主 1
115. 辛得　1 垢　田 1＝1.5660　主 1
116. 付保　8 垢　田 8＝8.9690　主 3
117. 玘林　1 垢　田 1＝0.9900　主 1
118. 託盛　1 垢　田 1＝0.4970　主 1
119. 法曜　6 垢　田 5（4.1800）＋地 1（0.0720）＝4.2520　主 5
120. 唐保　19 垢　田 16（12.5310）＋地 3（0.8370）＝13.3680　主 9
121. 黒九　4 垢　田 4＝3.8370　主 4　【葉黒九】
122. 六個　6 垢　田 6＝5.7980　主 6
123. 法廷　1 垢　田 1＝1.5880　主 1
124. 義富　1 垢　田 1＝1.5880　主 1
125. 姨婆　2 垢　田 2＝0.6080　主 1
126. 甲毛　7 垢　田 7＝7.0650　主 5
127. 天槐　1 垢　田 1＝1.0850　主 1
128. 王相　1 垢　田 1＝1.1040　主 1
129. 義齊　4 垢　田 4＝2.5730　主 3
130. 汪員　2 垢　田 2＝2.1990　主 1
131. 長法　1 垢　田 1＝0.7960　主 2
132. 金付　2 垢　田 1（0.5430）＋山 1（1.0000）＝1.5430　主 2
133. 長才　5 垢　田 5＝2.2570　主 4
134. 員徳　1 垢　田 1＝0.7660　主 1
135. 津拾　20 垢　田 10（11.7760）＋地 7（4.1440）＋山 2（0.7870）＋塘 1（0.0540）
＝16.7610　主 16　【呉津拾】
136. 員力　3 垢　田 2（3.1100）＋地 1（0.2210）＝4.1730　主 3
137. 新法　1 垢　田 1＝0.3930　主 1
138. 能曜　1 垢　田 1＝0.9380　主 1
139. 黒林　1 垢　田 1＝0.9500　主 1
140. 天員　2 垢　田 2＝1.7960　主 2
141. 新徳　3 垢　田 3＝3.2950　主 2
142. 新玘　4 垢　田 4＝4.5820　主 4（新起を含む）
143. 天元　1 垢　田 1＝1.1910　主 1
144. 寄保　8 垢　田 8＝8.0040　主 7
145. 社潯　1 垢　田 1＝1.2160　主 1

146. 記盛　3 坵　田 3＝4.4830　主 4（記成を含む）
147. 長保　8 坵　田 8＝12.3140　主 6
148. 呉元　1 坵　田 1＝1.4760　主 1
150. 天法　9 坵　田 9＝8.5870　主 8
151. 雲白　2 坵　田 1（1.6540）＋地 1（0.2300）＝1.8840　主 2
152. 記来　3 坵　田 3＝3.4000　主 3
153. 斉興　1 坵　田 1＝1.1870　主 1
154. 四十　6 坵　田 2（2.4620）＋地 3（5.3480）＋山 1（0.9750）＝8.7850　主 13【金四十】
155. 四十力　6 坵　田 1（0.9800）＋地 5（1.9340）＝2.9140　主 7（四十俚・津拾力を含む）
156. 辛潯　3 坵　田 3＝4.2630　主 3
157. 辛法　2 坵　田 2＝1.6080　主 2
158. 龍俚　3 坵　田 3＝5.6380　主 3
159. 文□　1 坵　田 1＝0.8250　主 1
160. 白狗　1 坵　田 1＝1.3770　主 1
161. 天雷　1 坵　田 1＝1.0270　主 1
162. 元義　5 坵　田 5＝4.5880　主 3
163. 白元　2 坵　田 2＝2.8790　主 2
164. □俚　1 坵　田 1＝0.9910　主 1
165. 万全　1 坵　田 1＝1.9060　主 1
166. 天成　1 坵　田 1＝0.8140　主 1
167. 雲林　1 坵　田 1＝1.4470　主 1
168. 向明　1 坵　田 1＝1.7380　主 2
169. 査長　3 坵　田 3＝2.6380　主 3
170. 三保　1 坵　田 1＝1.1330　主 1
171. 義力　1 坵　田 1＝0.6840　主 1
172. 天龍　3 坵　田 3＝3.9720　主 3
173. 記明　1 坵　田 1＝0.6140　主 1
174. 再徳　1 坵　田 1＝0.6000　主 1
175. 尚明　4 坵　田 2（2.0090）＋地 2（0.3220）＝2.3310　主 3
176. 金大　1 坵　田 1＝0.5840　主 1
177. 初員　2 坵　田 2＝4.0980　主 2
178. 辛玘　2 坵　田 2＝1.9360　主 1
179. 紹保　1 坵　田 1＝1.2150　主 1
180. 天潯　3 坵　田 2（1.9760）＋地 1（0.3140）＝2.2900　主 4
181. 陳法　17 坵　田 4（1.2620）＋地 4（0.6440）＋山 9（11.8180）＝13.7240　主 14
182. 進喜　8 坵　田 8＝5.8250　主 5

183. 陳順　6 圻　田 6＝4.2190　主 5
184. 陳時　6 圻　田 6＝3.4310　主 6
185. 順力　3 圻　田 3＝1.9780　主 3
186. 陳進　4 圻　田 4＝3.3980　主 3
187. 進賢　1 圻　田 1＝0.8410　主 1
188. 班理　1 圻　田 1＝0.7350　主 3
189. 天雲　16 圻　田 13（11.2800）＋地 3（0.6420）＝11.9220　主 11
190. 記保　1 圻　田 1＝0.9490　主 1
191. 銀童　9 圻　田 9＝15.1470　主 6
192. 七滯　3 圻　田 3＝3.4050　主 2
193. 天得　2 圻　田 2＝0.8930　主 2
194. 応雷　5 圻　田 4（2.6080）＋地 1（0.1670）＝2.7750　主 3
195. 雲来　1 圻　田 1＝1.3900　主 1
196. 臘保　2 圻　田 2＝0.8750　主 2
197. 互力　3 圻　田 1（0.5000）＋地 1（0.1090）＋山 1（2.0000）＝2.6090　主 6（互俚を含む）
198. 王法　8 圻　田 3（2.9480）＋地 2（0.1890）＋山 3（1.9500）＝5.0870　主 9
199. 呉志　1 圻　地 1＝0.1560　主 1
200. 義付　1 圻　田 1＝2.3390　主 1
201. 書童　13 圻　田 6（5.1530）＋地 4（2.5200）＋山 2（4.8600）＋塘 1（0.0540）＝12.5870　主 7（書同を含む）
202. 法力　10 圻　田 9（9.9760）＋地 1（0.3400）＝10.3160　主 6
203. 斉六　14 圻　田 11（8.3470）＋地 1（0.0180）＋山 3（1.3000）＝9.6650　主 7
204. 黒個　2 圻　田 2＝1.5370　主 2
205. 雲生　13 圻　田 10（6.5400）＋地 3（1.5730）＝8.1130　主 5
206. 倪社　13 圻　田 2（1.7120）＋地 9（10.5450）＋山 2（2.7500）＝15.0070　主 6
207. 王進　2 圻　田 1（0.7500）＋地 1（0.9380）＝1.6880　主 3
208. 王寿　2 圻　地 1（1.1680）＋山 1（2.0000）＝3.1680　主 1
209. 大個　9 圻　田 5（5.7780）＋地 3（0.6160）＋山 1（2.1000）＝8.4940　主 4
210. 秋時　2 圻　田 2＝1.4660　主 2
211. 臘梨　2 圻　田 2＝2.8880　主 2
212. 廷珎　1 圻　田 1＝0.8000　主 1
213. 天佑　6 圻　田 4（6.1530）＋地 2（0.5150）＝6.6680　主 5（天祐を含む）
214. 長力　13 圻　田 12（13.8210）＋地 1（0.3750）＝14.1960　主 9（長仂・長俚を含む）
215. 文然　3 圻　田 3＝2.7190　主 3
216. 呉寿　1 圻　田 1＝3.3800　主 2
217. 天玄　18 圻　田 7（7.2510）＋地 4（0.8030）＋山 7（4.3430）＝12.3970　主 17
218. 天四　6 圻　田 4（4.9890）＋地 1（0.2540）＋山 1（2.5000）＝7.7430　主 10

219. 保児　1 坵　田 1＝1.4680　主 2
220. 元保　1 坵　田 1＝1.6730　主 1
221. 進才　1 坵　田 1＝4.4900　主 1
222. 岩順　4 坵　田 2（2.3460）＋地 2（0.2360）＝2.5820　主 3
223. 相固　1 坵　地 1＝0.0800　主 1
224. 陳皇　1 坵　田 1＝0.4730　主 1
225. 参拾　6 坵　田 5（2.6060）＋地 1（0.2260）＝2.8320　主 4
226. 三十仂　3 坵　田 1（0.4450）＋地 2（0.7500）＝1.1950　主 3
227. □児　1 坵　田 1＝0.2550　主 2
228. 応来　1 坵　田 1＝2.2100　主 1
229. 孫進　1 坵　田 1＝1.2120　主 1
230. 金寫　2 坵　田 2＝2.4410　主 3
231. 斉互　3 坵　田 2（2.4500）＋地 1（0.0300）＝2.4800　主 2
232. 雲九　1 坵　田 1＝0.7320　主 1
233. 汪才　10 坵　田 6（5.2930）＋地 3（5.4870）＋塘 1（0.0130）＝10.7930　主 7
234. 即法　2 坵　田 2＝3.3580　主 2
235. 進貴　1 坵　田 1＝1.0910　主 1
236. 潭保　2 坵　田 2＝3.7330　主 2
237. 則法　4 坵　田 4＝6.7280　主 3
238. 程互　1 坵　田 1＝2.8700　主 4
239. 守牛　3 坵　田 2（2.8940）＋地 1（0.0560）＝2.9500　主 4
240. 象仂　5 坵　田 5＝6.6820　主 5（象力・象俚を含む）
241. 玘龍　2 坵　田 2＝3.4000　主 3
242. 金華　1 坵　田 1＝1.2180　主 2
243. 個個　2 坵　田 2＝2.6300　主 2
244. 付成　6 坵　田 1（2.0560）＋地 4（2.3570）＋山 1（0.7930）＝5.2060　主 12（富成を含む）
245. 法龍　14 坵　田 13（11.8700）＋地 1（0.6200）＝12.4900　主 9
246. 天相　2 坵　田 2＝2.1690　主 2
247. 法林　6 坵　田 4（3.2050）＋地 1（0.3600）＋山 1（1.0000）＝4.5650　主 6
248. 廷光　14 坵　田 5（3.5570）＋地 6（5.1310）＋山 3（3.5000）＝12.1880　主 9【汪廷光】
249. 廷雲　2 坵　田 2＝1.7060　主 2
250. 祐力　7 坵　田 7＝6.4120　主 8
251. 廷直　1 坵　田 1＝0.6540　主 1
252. 廷真　17 坵　田 11（11.5380）＋地 3（2.4880）＋山 3（0.6800）＝14.7060　主 16【汪廷真】
253. 天津　2 坵　田 2＝3.0420　主 3

254. 李奇　2 坵　田 2＝3.0530　主 2
255. 雲奇　7 坵　田 5（5.1720）＋地 2（1.1900）＝6.3620　主 3　【李雲奇】
256. 文進　14 坵　田 9（11.0230）＋地 5（1.9380）＝12.9610　主 10　【陳文進】
257. 園保　12 坵　田 10（7.5930）＋地 2（0.6240）＝8.2170　主 5（員保を含む）
258. 李盛　1 坵　田 1＝1.9790　主 1
259. 員保　11 坵　田 9（6.6110）＋地 2（0.6240）＝7.2350　主 5
260. 李高　2 坵　田 1（0.8600）＋地 1（0.1560）＝1.0160　主 2
261. 員相　2 坵　田 1（0.0460）＋地 1（0.9310）＝0.9770　主 2
262. 高力　1 坵　田 1＝1.1180　主 1
263. 李象　4 坵　田 4＝3.4280　主 5
264. 玄応　3 坵　田 2（2.0300）＋地 1（0.4320）＝2.4620　主 2
265. 晋潯　1 坵　田 1＝1.4150　主 2
266. 積法　1 坵　田 1＝0.9240　主 1
267. 雲力　1 坵　田 1＝1.4930　主 2
268. 法盛　1 坵　田 1＝0.9710　主 1
269. 奇力　1 坵　田 1＝0.8150　主 1
270. 辛保　1 坵　田 1＝2.1260　主 1
271. 劉潯　1 坵　田 1＝0.8600　主 1
272. 寿児　1 坵　田 1＝2.0700　主 1
273. 天貴　8 坵　田 6（6.3580）＋地 1（0.3360）＋塘 1（0.1010）＝6.7950　主 4
274. 文相　3 坵　田 3＝1.5610　主 2
275. 玘力　4 坵　田 1（1.2310）＋地 3（0.9110）＝2.1420　主 3
276. 原林　1 坵　山 1＝1.0000　主 3
277. 玄宗　1 坵　田 1＝0.2800　主 1
278. 金鑒　10 坵　田 9（6.6200）＋山 1（0.1000）＝6.7200　主 12
279. 陳特　1 坵　田 1＝1.5550　主 1
280. 程護　5 坵　田 5＝4.6940　主 4
281. 長祐　1 坵　田 1＝1.0850　主 1
282. 程象　2 坵　田 2＝3.4700　主 2
283. 六斉　1 坵　田 1＝0.0820　主 1
284. 金成　17 坵　田 13（10.2640）＋地 3（2.9340）＋山 1（0.5700）＝13.7680　主 5【程金成】
285. 満潯　2 坵　田 2＝0.8590　主 2
286. 王悌　1 坵　田 1＝1.0660　主 1
287. 斉曜　1 坵　田 1＝0.6420　主 1
288. 王祥　1 坵　地 1＝0.2860　主 1
289. 仏保　4 坵　田 1（1.3100）＋地 3（2.3300）＝3.6400　主 2
290. 陳寿　2 坵　地 1（1.2600）＋山 1（2.6000）＝3.8600　主 1

291. 臘保　1 坵　田 1＝0.1730　主 1
292. 応付　1 坵　田 1＝1.0440　主 1
293. 文意　2 坵　田 2＝1.9780　主 2
294. 長貴　6 坵　田 5（5.9500）＋地 1（0.1000）＝6.0500　主 4
295. 員頭　10 坵　田 6（6.3650）＋地 4（0.7850）＝7.1500　主 4
296. 天保　10 坵　田 9（7.1690）＋地 1（0.2210）＝7.3900　主 5
297. 文富　1 坵　田 1＝0.9780　主 1
298. 天象　1 坵　田 1＝0.8450　主 1
299. 満得　10 坵　田 9（7.9070）＋地 1（0.0690）＝7.9760　主 5
300. 朱遅　8 坵　田 5（3.6600）＋地 3（0.8710）＝4.5310　主 4
301. 義潯　5 坵　田 5＝4.7730　主 5
302. 朱保　8 坵　田 6（5.1730）＋地 1（1.6890）＋塘 1（0.7480）＝7.6100　主 3
303. 天徳　7 坵　田 6（4.7830）＋地 1（0.2340）＝5.0170　主 5
304. 岩好　5 坵　田 3（2.5170）＋地 2（1.9720）＝4.4890　主 3
305. 邵初　2 坵　田 2＝1.3200　主 2
306. 来九　2 坵　田 2＝1.0840　主 1
307. 初潯　2 坵　田 2＝1.0710　主 1
308. 初□　1 坵　田 1＝0.8680　主 1
309. 遅保　7 坵　田 6（7.0700）＋地 1（0.2300）＝7.3000　主 6
310. 陳保　3 坵　田 2（1.5940）＋地 1（0.0860）＝1.6800　主 1
311. 法隆　2 坵　田 2＝2.3220　主 2
312. 朱進　1 坵　田 1＝0.4790　主 1
313. 進徳　1 坵　田 1＝0.5520　主 1
314. 顕保　3 坵　田 3＝2.4120　主 2
315. 斉玘　1 坵　田 1＝0.8150　主 1
316. 応力　12 坵　田 7（6.4280）＋地 4（1.8730）＋山 1（0.1000）＝8.4010　主 4
（応仂を含む）
317. 丫頭　15 坵　田 8（9.9620）＋地 5（3.1060）＋山 2（5.8900）＝18.9580　主 5
318. 潯特　1 坵　田 1＝0.5350　主 1
319. 岩鳳　2 坵　田 2＝1.1960　主 2
320. 文盛　6 坵　田 6＝5.0790　主 4
321. 伴儅　4 坵　田 4＝3.0050　主 2　【呉伴儅】
322. 梁成　2 坵　地 2＝0.6040　主 1
323. 李元　3 坵　田 2（2.0700）＋地 1（1.0730）＝2.1460　主 3
324. 進潯　9 坵　田 8（6.9110）＋地 1（1.0730）＝7.9840　主 10　【程進潯】
325. 臘生　1 坵　田 1＝1.5590　主 1
326. 明潯　1 坵　田 1＝0.3590　主 1
327. 斉起　7 坵　田 7＝6.6950　主 2

328. 陳希　13 坵　田 7（5.0430）＋地 3（0.7000）＋山 3（0.6620）＝6.4050　主 5
329. 新寿　1 坵　田 1＝0.7600　主 1
330. 社希　10 坵　田 6（6.6980）＋地 3（1.5690）＋山 1（3.7000）＝11.9670　主 4
331. 盛仂　1 坵　田 1＝1.8000　主 1
332. 潯個　7 坵　田 5（4.1120）＋地 2（0.8180）＝4.9300　主 5
333. 辛寿　1 坵　地 1＝0.4360　主 1
334. 文隆　1 坵　田 1＝0.8770　主 1
335. 希力　2 坵　田 1（1.8410）＋地 1（0.3850）＝2.2260　主 1
336. 屎力　1 坵　田 1＝0.9400　主 1
337. 汪明　18 坵　田 4（2.2160）＋地 12（10.6380）＋山 1（0.5000）＋塘 1（0.2060）
＝13.5600　主 10
338. 李員　4 坵　田 3（1.9130）＋地 1（0.1110）＝2.0240　主 2
339. 進保　3 坵　田 2（1.3070）＋地 1（1.2240）＝2.5310　主 4
340. 元象　4 坵　田 1（0.5520）＋地 3（0.5990）＝1.1510　主 4
341. 富元　1 坵　田 1＝1.4270　主 1
342. 富員　1 坵　地 1＝0.6860　主 1
343. 員象　5 坵　田 2（0.8070）＋地 3（1.2220）＝2.0290　主 6
344. 祈力　1 坵　地 1＝0.4170　主 1
345. 汪貴　1 坵　地 1＝0.2100　主 1
346. 金支　1 坵　地 1＝0.4480　主 1
347. 初保　3 坵　田 1（1.2200）＋地 2（1.0670）＝2.2870　主 3
348. 初力　5 坵　田 2（2.6300）＋地 3（1.2420）＝3.8720　主 5
349. 四保　2 坵　地 2＝13.8810　主 2
350. 天玘　2 坵　田 2＝2.7190　主 2
351. 天寿　7 坵　田 1（0.7500）＋地 5（5.2580）＋山 1（0.2870）＝6.2950　主 13
352. 天賜　3 坵　田 3＝2.5940　主 3
353. 文付　4 坵　田 3（3.0670）＋地 1（0.2330）＝3.3000　主 5
354. 李富　1 坵　田 1＝1.3770　主 1
355. 黒龍　1 坵　田 1＝1.3500　主 1
356. 文志　6 坵　田 2（2.2610）＋地 4（2.5310）＝4.7920　主 13
357. 彪力　1 坵　地 1＝0.1780　主 1
358. 李相　1 坵　田 1＝0.4400　主 1
359. 李玘　2 坵　田 2＝3.5140　主 2
360. 文顕　1 坵　田 1＝2.6120　主 1
361. 李其　1 坵　田 1＝0.7270　主 1
362. 社亭　1 坵　地 1＝0.8700　主 1
363. 曜仂　1 坵　地 1＝0.2340　主 1
364. 文貴志　1 坵　田 1＝1.8350　主 1

365. 五郎　1 坵　地 1＝0.8830　主 1
366. 李信成　1 坵　地 1＝0.0960　主 1
367. 応祥　1 坵　山 0.2500　主 1
368. 有力　1 坵　田 1＝0.5000　主 1
369. 文林　1 坵　田 1＝0.3770　主 1
370. 付興　1 坵　地 1＝0.1400　主 1
371. 道力　2 坵　山 2＝4.7920　主 2
372. 張道　15 坵　田 10（6.2950）＋地 2（0.7180）＋山 2（4.0840）＋塘 1（0.3100）＝11.4070　主 8
373. 岩頭　1 坵　田 1＝0.7970　主 1
374. 保力　1 坵　田 1（0.6230）＋地 1（0.0330）＝0.6560　主 1
375. 朱盛　1 坵　地 1＝0.5580　主 1
376. 天福　1 坵　田 1＝0.9170　主 1
377. 応保　1 坵　地 1＝0.9390　主 1
378. 満徳　1 坵　田 1＝0.8530　主 1
379. 程大　2 坵　田 2＝0.9380　主 2
380. 呉義　1 坵　地 1＝1.9230　主 1
381. 満潯　1 坵　田 1＝0.6210　主 1
382. 義徳　1 坵　地 1＝1.2790　主 1
383. 岩雲　6 坵　田 6＝2.8980　主 4　【程岩雲】
384. 岩大　2 坵　田 2＝2.7340　主 3
385. 岩光　1 坵　田 1＝1.3150　主 1
386. 初徳　1 坵　田 1＝1.0000　主 1
387. 遅力　1 坵　田 1＝0.9790　主 1
388. 盛児　1 坵　田 1（0.7000）＋地 1（0.0960）＝0.7960　主 1
389. 長白　1 坵　田 1＝1.2400　主 1
390. 白象　1 坵　田 1＝0.5500　主 1
391. 応金　1 坵　田 1＝0.6670　主 1
392. 程義　3 坵　田 1（1.9960）＋地 2（1.2730）＝3.2690　主 2
393. 程万　1 坵　田 1＝0.4390　主 1
394. 洗力　1 坵　田 1＝1.0100　主 1
395. 程豹　1 坵　田 1＝0.9740　主 1
396. 五保　13 坵　田 13＝13.6640　主 13　【呉五保】
397. 来付　2 坵　田 2＝1.7730　主 2
398. 斉義　1 坵　田 1＝0.7750　主 1
399. 仲方　1 坵　田 1＝0.5620　主 1
400. 来福　5 坵　田 5＝2.5780　主 5
401. 岩□　1 坵　田 1＝0.4350　主 1

402. 来保　4 垳　田 4＝3.6320　主 4
403. 程□　1 垳　田 1＝1.0930　主 1
404. 斉象　1 垳　田 1＝0.7400　主 1
405. 寄羅　2 垳　田 2＝1.0600　主 2（記羅を含む）
406. 程羅　3 垳　田 3＝2.8610　主 3
407. 岩討　1 垳　田 1＝1.2590　主 1
408. 呉象　12 垳　田 8（7.8610）＋地 1（0.3200）＋山 2（1.2000）＋塘 1（0.2900）＝9.6710　主 8
409. 岩時　3 垳　田 3＝3.0420　主 1
410. 五十力　1 垳　田 1＝0.7690　主 1
411. 朱祥　2 垳　田 2＝1.3570　主 1
412. 来貴　4 垳　田 4＝3.9790　主 3
413. 朱祖　13 垳　田 11（8.9880）＋地 2（0.3280）＝9.3160　主 8
414. 呉馬　1 垳　田 1＝1.0950　主 1
415. 大付　5 垳　田 5＝3.4250　主 5
416. 岩天　1 垳　田 1＝0.6550　主 1
417. 呉海　10 垳　田 10＝7.6430　主 4
418. 尖大　1 垳　田 1＝1.4970　主 1
419. 八個　2 垳　田 2＝2.6550　主 2.
420. 岩救　4 垳　田 2（2.1260）＋地 2（1.5820）＝3.7080　主 3
421. 天祥　3 垳　田 3＝4.1870
422. 玖児　1 垳　田 1＝0.5920　主 1
423. 貴来　1 垳　田 1＝0.5430　主 1
424. 応馬　5 垳　田 5＝5.9960　主 5
425. 岩海　2 垳　田 1（1.3510）＋地 1（0.0750）＝1.4260　主 2
426. 天漢　1 垳　田 1＝0.8220　主 1
427. 応成　1 垳　田 1＝0.6000　主 1
428. 礼力　1 垳　田 1＝0.2530　主 1
429. 呉和　2 垳　地 1（0.1710）＋山 1（0.7514）＝0.9224　主 2
430. 仲和　1 垳　田 1＝0.9180　主 1
431. 廷進　1 垳　田 1＝1.5640　主 1

複数の業主戸から租佃していたことである。最も多い場合は一七の業主戸と租佃関係を結んでおり（一七の謝廷林、三七の天潯）、一坵の事産のみを租佃する場合であっても複数の業主戸と租佃関係を結んでいることがある（たとえば、二三八の程互は一坵の田を四戸の業主戸から租佃している）。こうした複数の業主戸と租佃関係をとり結ぶ傾向からすると、業主戸と佃人の間に支配隷属関係が存在したとは考え難い。佃人の項の記載に反映された租佃関係は、人格的支配隷属を伴わない経済的契約関係——高橋芳郎氏の宋代佃戸の二類型論でいえば佃客がとり結ぶ関係に相当するもの——であったと考えてよいだろう。

圧倒的多数の佃人の租佃事産額が少額であったなかで、多額の事産を租佃する佃人もいた。**表4**は、一〇税畝以上の事産を租佃する佃人について、田を一〇税畝以上租佃する佃人、田以外の事産を含めて一〇税畝以上租佃する佃人に区分して、租佃する事産の情報（租佃する事産の地番、事産の種類、事産額、業主戸）、租佃する事産の総額（事産数、事産の種類ごとの数と事産額、総額）を一覧にしたものである。

一〇税畝以上の事産を租佃する佃人は、五一・四五九五税畝を租佃した志個（四九）を筆頭とする三五名であった。田のみを租佃する佃人は洪志（四五）・伍拾（七四）・銀童（一九一）・天進（一〇五）・五保（三九六）・天付（一〇六）の六名のみであり、長力（二一四）・天潯（三七）・唐保（一二〇）・法龍（二四五）・津拾（一三五）・白個（九）・天雲（一八九）・文進（二五六）・教化（九三）・付進（六一）・招保（七〇）・金成（二八四）・文義（三九）・丫頭（三一七）・天玄（二一七）・法力（二〇二）などのように、一〇税畝前後の田と少額の地・山を租佃した場合が多く見られる。[22] 先に万暦年間の二十七都五図における租佃経営の再生産可能規模をシミュレーションしたとおり、五人家族（夫妻二人と子ども三人）を想定した場合の再生産可能な租佃事産額は田一〇・四一〇七税畝であり、[23] 一〇税畝前後の田の租佃というのはこの数値とほぼ一致している。

表4　10税畝以上の事産を租佃する個人

※個人ごとに租佃する事産の地番，事産の種類・税畝額，業主戸（丸括弧内の数字は所属都図）の順に示し，最後に総事産数と総額，租佃関係を結ぶ業主戸の総数を示した。同号の事産を複数の個人が租佃する場合はその個人名を［○○］と示し，個人名が記されず“○○等”とのみ記される場合は［等］と示した。姓名がわかる場合，子戸であることがわかる場合は末尾に附記した。□は判読不能を示す。

10税畝以上の田を租佃する個人（租佃する田の額が多い順）

49. 志個　593 山 0.0385（27-5 王茂），594 下地 0.0960・山 1.5000（27-5 王茂），598 中田 0.9230（27-5 王茂），599 中田 0.9520（27-1 陳祖陽），600 中田 0.4000（27-5 王茂），601 中田 0.7900（27-5 王茂），626 上田 1.6460（27-1 王爵），683 下田 0.7380（27-5 王時），689 上田 0.9190（27-1 陳天相），719 上田 1.3720（27-5 金万政），693 上田 1.2600（27-5 朱滔・朱濱・朱淳），730 上田 1.4900（27-1 陳本），741 下田 0.2180（27-1 陳本），742 下田 0.3000（27-5 王茂），774 上田 3.8470（27-1 鄭才・王爵），814 上田 1.8320（27-5 陳章，27-1 陳善），852 上田 2.5350（27-5 王茂，26-5 汪登源），856 上田 1.3620・上地 0.0350（27-3 金万全），881 下田 1.0260（27-5 金万政），890 下田 1.1870（27-5 王時），1007 中田 1.7120（27-5 金万政），1008 中田 0.4490（27-5 金万政），1016 中田 1.2390（27-5 金万政，27-1 王爵），1034 上田 0.9630（27-1 朱曜），1082 上地 0.3650（27-1 王爵），1084 中田 1.4500（27-5 陳祥），1085 中田 0.5340（27-5 陳祥），1062 上田 1.8110（27-5 陳章・王時），1123 上田 1.1510（27-1 陳天相），1258 上田 1.3480（27-1 朱友），1263 上田 1.5050（27-1 陳興），1273 上田 1.1820（27-5 王時，27-1 陳振達），1367 上田 1.0980（26-4 洪雲相），369 上田 1.5460（27-1 陳学），1372 上田 2.8600（27-5 王茂），1375 中田 1.2110（27-1 王爵），1896 中田 0.5960（27-5 王茂，27-1 陳学），1915 中田 0.5560（27-5 畢盛），1917 下田 0.1690（27-1 陳興），1923 下下地 0.0600・山 0.6000（27-5 王茂，27-1 陳興），2348 中田 1.2700（27-5 王茂），2368 中田 0.3350（27-1 王爵），2369 中田 0.5110（27-1 王爵），1938 下田 0.1200（27-1 陳興），2595 上田 0.4390（27-1 著存観），2988 中地 0.2640（27-1 陳龍生），3037 上田 1.5960（27-5 王茂），3038 下田 0.0530（27-1 陳興）
53 坵　田 45（48.5010）＋地 5（0.8200）＋山 3（2.1385）＝51.4595　主 27（至個・志固・遅固・遅個・細個を含む）

45. 洪志　487 上田 0.3760（27-5 王茂），488 上田 1.7950（27-1 陳興），694 上田 1.5020（27-5 陳章），695 上田 1.5040（27-5 陳章），778 上田 1.1150（27-5 王茂），819 上田 0.7560（27-1 陳本），935 中田 1.3430（27-3 朱玄貴），970 中田 0.8790（27-5 王茂，27-1 王爵），1023 上田 1.1130（27-5 陳祥），1043 上田 0.9460（27-1 王爵），1083 中田 1.4210（27-5 王茂，27-1 陳興），1088 上田 1.5740（27-1 朱得真），1094 上田 1.6300（27-5 王茂，27-1 王爵），1098 上田

0.9330（27-5 王茂），1101 上田 2.1870（27-1 陳時陽）［記成］，1102 上田 1.0150（27-5 王茂），1140 上田 1.1900（27-5 王茂），1157 上田 3.3330（27-1 朱得真），1161 上田 1.4430（27-5 金万政），1190 中田 1.0740（27-1 汪明），1370 上田 1.6230（27-1 王爵），2122 上田 2.7240（27-1 著存観）［象仂］，2124 上田 1.6160（27-1 陳天相）
23 坵　田 23＝33.0920　主 13　【王洪志】27-5 王茂の子戸

74. 伍拾　707 中田 0.3910（27-5 王茂），939 下田 0.7840（27-5 王茂），997 下田 1.0210（27-5 陳祥），1000 中田 1.0540（27-5 汪琰），1009 中田 1.1240（27-5 王茂），1142 上田 1.0860（27-5 王茂，27-1 朱法），1301 下下田 0.9510（27-1 王爵），1312 中田 0.5480（27-5 王茂），1313 中田 1.5220（27-1 王爵），1317 中田 1.1640（27-1 陳興）［等］，1786 中田 2.6230（11-3 金桐竹），1791 中田 0.7390（27-5 陳章），1792 中田 0.3760（27-5 王茂），2238 中田 0.5860（27-5 陳祥），2261 中田 1.0200（27-1 陳振達），2298 上田 1.7180（27-5 程相，27-1 陳法），3343 下田 0.7690（27-1 王爵）
17 坵　田 17＝17.4760　主 11

44. 初義　481 上田 1.5100（27-5 朱滔・朱濱・朱淳），482 上田 0.6380（27-5 朱邦），483 上田 2.7440（27-5 朱邦），484 上田 1.5180（27-5 王茂），744 下下地 1.0870（27-1 王爵），748 下下田 0.3440（27-1 王爵），755 上田 1.6100（27-5 王茂，27-1 王爵），760 上田 0.7930（27-5 王茂），789 上田 0.9900（27-1 王爵），1089 上田 0.8510（27-1 王爵），1177 上田 0.8590（27-1 陳建忠），1277 中田 1.6380（27-1 王爵，27-3 朱玄貴），1278 下地 0.0130（27-1 王爵），1373 上田 2.7510（27-1 王爵・汪明）［天進］，1408 上田 0.3610（27-1 王爵）
15 坵　田 13（16.6070）＋地 2（1.1000）＝17.7070　主 9

55. 三義　611 下地 0.0110・山 3.2000（27-1 陳振達・王爵・汪明），612 下下地 0.0660（27-1 陳振達・王爵・汪明），613 下下地 0.6540（27-1 汪明），615下下田 0.8210（27-5 朱洪，27-1 汪明），616 下下田 0.2420（27-5 朱洪，27-1 汪明），618 下下田 2.4090（27-1 汪志），620 下下田 0.1800（27-5 朱洪，27-1 汪明）621 下下田 1.4540（27-5 朱洪，27-1 汪明），706 上田 1.4560（27-1 陳興），809 上田 2.2830（27-5 王茂，27-1 陳寓祿），815 上田 1.6980（27-1 王爵），1037 上田 1.8270（27-1 陳時陽），1172 上田 1.1410（27-1 陳寓祿），1175 上田 0.5080（27-1 汪明），2297 上田 1.9360（27-1 周進）
16 坵　田 12（15.9550）＋地 3（0.7310）＋山 1（3.2000）＝19.8860

191. 銀童　1358 上田 0.7200（27-1 王爵），1833 中田 0.8530（27-5 王斉興），2085 上田 1.1180（27-5 王茂），2086 上田 2.1450（27-5 王茂），2093 上田 2.6640（27-1 陳興），2100 上田 1.8520（27-1 陳興），2392 上田 2.5570（27-5 陳章），2393 上田 1.7680（27-1 陳振達），2400 上田 1.4700（27-1 王爵）
9 坵　田 9＝15.1470　主 6

105. 天進　793 上田 0.8620（27-1 陳本），1148 上田 2.8980（27-1 鄭才），1165 上田 0.9960（27-1 朱得真），1176 上田 2.6170（27-1 朱得真），1373 上田 2.7510

（27-1 王爵・汪明）［初義］，2358 下田 0.6460（27-1 陳貴），2364 中田 0.9170（26-4 洪雲相），2365 中田 1.1580（27-1 王爵），2366 中田 1.1770（27-1 王爵）
9 坵　田 9＝14.0220　主 8

214. 長力　1932 上田 1.8170（27-5 陳章），2111 上田 0.8770（27-5 陳章），2082 上田 1.4690（27-1 陳天相），2114 中田 1.0550（27-1 陳寓祿），2115 中田 1.2520（11-3 金湛英・金経衛），2116 上田 1.6020（11-3 金湛英・金経衛），2129 上田 1.2680（27-1 陳善），2133 上田 2.1620（27-1 陳天相），2167 中田 0.1710（27-5 王斉興），2169 中田 0.6680（27-5 王斉興），2223 上田 0.8550（27-1 陳鳳陽），2341 中田 0.6250（27-1 陳天相），2832 中地 0.3750（27-1 陳寓祿）
13 坵　田 12（13.8210）＋地 1（0.3750）＝14.1960　主 9（長仂・長俚を含む）

396. 五保　3150 上田 1.3120（27-1 著存観），3157 中田 0.2150（11-3 金桐竹），3161 上田 1.5280（27-1 陳時陽），3162 上田 1.8430（27-1 汪琰・汪明），3196 中田 1.0920（27-5 陳章），3222 上田 1.7540（27-5 陳章）［等］，3223 中田 0.5380（27-1 程岩才），3395 上田 1.4550（11-3 金可儀），3432 中田 1.4890（13-2 程文），3449 上田 1.0480（27-1 陳鵬），3450 上田 0.6550（11-3 金可儀），3504 中田 0.4960（27-5 程学），3526 中田 0.2390（27-5 王茂，27-1 陳興）
13 坵　田 13＝13.6640　主 13　**【呉五保】**

37. 天溡　334 下下田 0.4500（27-5 朱滔・朱濱・朱淳），762 上田 0.7680（27-5 王茂），1013 上田 1.6890（27-5 陳宜），1270 上田 0.6220（27-1 陳振達・汪明），1403 上田 1.1600（27-5 金万政，27-1 王爵），1407 上田 0.7000（27-5 金万政），2575 上田 1.2580（27-1 陳興），2619 下田 0.4910・下地 0.0340（27-1 陳興・陳岩求），3106 上田 1.3540（27-1 著存観），3031 下地 0.3140（27-1 陳晋），3136 中田 1.0200（27-1 陳興），3140 中田 1.9960・中地 0.1200（27-5 王桂）［程義］，3168 中田 0.8680（11-3 金桐竹），3514 中田 0.6400（27-5 陳章）
16 坵　田 13（13.0160）＋地 3（0.4680）＝13.4840　主 17

120. 唐保　850 中田 1.1260（27-5王茂），1339 上田 0.7660（27-1 王爵），2119 上田 1.8550（27-1 陳天相），2334 中田 0.5830（27-5 王茂），2342 中田 0.5700（27-5 王茂），2343 中田 0.8870（27-5 王茂），2347 中田 0.7200（27-5 王茂），2355 中田 1.1100（27-1 陳振達），2359 下下地 0.2320（27-1 王爵），2360 下下田 0.2260（27-1 王爵），2361 下田 0.0930（27-5 王清明），2362 下下田 0.8480（27-1 王爵），2367 下田 0.2350（27-1 王爵），2370 中田 0.7860（27-1 陳枝），2371 中田 0.9200（27-1 王爵），2372 中田 1.2660（27-5 王茂・王初，27-1），2373 中田 0.5400（27-5 王茂），2375 下下地 0.3100（27-5 金万政，27-1 王爵），2378 下下地 0.2950（27-1 王爵）
19 坵　田 16（12.5310）＋地 3（0.8370）＝13.3680　主 9

245. 法龍　2140 上田 1.5470（27-1 陳興），2143 上田 1.1450（27-1 陳嘉），2182 上田 0.7170（27-5 陳章），2187 上田 0.7990（27-1 陳寓祿），2188 中田 0.9560（27-5 王茂），2470 上田 1.4420（27-1 陳文討），2578 中田 0.7730（27-1陳興），

2737 上田 1.5280（27-1 陳天相），2760 中田 0.2860（27-1 陳興），2761 上田 0.3900（27-1 陳興），2768 下田 0.5500（27-1 陳興），2777 上田 1.1180（27-1 陳天相），2878 中地 0.6200（27-1 陳岩求），2885 中田 0.6190（27-1 陳寓祿・陳岩求）

14 坵　田 13（11.8700）＋地 1（0.6200）＝12.4900　主 9

135. 津拾　1019 中田 0.3840（27-5 金万政），1382 下下田 0.1300（27-5 王斉興），1395 下下地 0.1700・山 0.5070（27-5 王斉興），1396 山 0.2800（27-5 陳新，27-1 陳錡・陳晋・陳岩求），1834 中田 0.7920（27-1 陳興），2075 上田 1.8270（27-5 金万政・王斉興），2089 上田 3.4820（27-5 金清），2145 上田 1.6790（27-1 陳興），2302 中田 0.3550（27-5 王茂，27-1 陳寓祿），2336 中田 0.8400（27-5 王斉興），2386 下田 1.6350・下地 0.4770・塘 0.0540（11-3 金経衛・金湛英），2825 中田 0.6520（27-5 呉四保），2875 中地 0.7240（27-1 陳興），2879 中地 0.3960（27-1 陳岩求），2899 中地 0.4600（27-1 陳嘉・陳本），2926 中墳地 0.6700（27-1 陳天相），2927 下地 1.2470（27-1 陳興）

20 坵　田 10（11.7760）＋地 7（4.1440）＋山 2（0.7870）＋塘 1（0.0540）＝16.7610　主 16　【呉津拾】

252. 廷真　2154 下田（27-5 王斉興），2157 上田 2.2840（27-1 陳興），2162 上田 1.2240（27-1 陳建忠），2318 山 0.2000（27-1 陳振達）［来興］，2417 中田 0.6980（27-5 王茂・汪琰），2421 中地 0.2440（27-5 汪龍・廷真），2426 上地 0.7100（27-5 王科），2427 中田 0.7860（27-5 王廷栄），2428 中田 0.5120（27-5 王斉興），2430 上田 1.9630（27-1 陳天相），2438 中田 0.8800（27-1 陳天相），2439 中田 1.1750（27-5 王斉興），2445 中地 1.5340（27-5 王斉興），2446 下下田 0.6400（27-5 王斉興），2450 下下田 0.7560（27-5 王斉興），2458 山 0.3800（27-5 畢盛，27-1 陳興），2459 山 0.1000（27-1 陳進・陳応時・陳積社）

17 坵　田 11（11.5380）＋地 3（2.4880）＋山 3（0.6800）＝ 14.7060　主 16　【汪廷真】

106. 天付　794 上田 0.8340（27-1 陳本），800 上田 0.5620（27-5 陳章），1031 上田 0.5420（27-1 汪明），1032 上田 1.2330（27-1 陳天相），1169 上田 1.3260（27-1 陳天相），1173 上田 0.7820（27-1 朱得真），1198 上田 1.4390（27-1 王爵），2481 上田 2.0710（27-5 王茂），2560 上田 0.9870（11-3 金桐竹），2589 上田 0.6000（27-1 陳興），3105 下田 1.0080（11-3 金求英）

11 坵　田 11＝11.3840　主 10　【陳天付】

9. 白個　134 中田 1.2930（27-5 朱滔），140 中田 3.1310（27-5 朱瑾）［天興］，174 中田 0.5050（27-5 朱隆），194 中田 1.2960（27-5 朱滔），216 中地 0.6620（27-5 朱瑾）［雲玘］，275 下田 0.3380（27-5 朱洪），296 下田 0.6080（27-5 王茂），313 下下田 0.4200（27-5 朱洪），318 下下田 0.8770（27-5 朱憲），321 上田 1.9320（27-5 朱廷鶴），371 下田 0.4050（27-5 朱洪），372 下田 0.5630（27-5 朱滔）

12 坵　田 11（11.3680）＋地 1（0.6620）＝12.0300　主 7

189. 天雲　1340 上田 1.5690（27-1 陳興），1955 下下田 0.7530（27-5 王斉興・王桂），1959 下田 0.5130（27-5 王茂），2168 下田 0.8760（27-1 王爵），2172 上田 0.5950（27-1 陳鵬），2176 上田 0.6230（27-1 陳寓禄），2177 上田 1.1880（27-1 王爵・陳寓祿），2922 下田 1.0080・下地 0.1900（27-1 陳興），2923 下田 0.3000・下地 0.3600（27-1 陳興），2932 中田 0.9400・中地 0.0920（27-1 陳興），2982 上田 0.6630（27-1 陳天付），2983 上田 1.8120（27-1 朱自方）[等]，3019 中田 0.4400（27-1 陳振達）

16 坵　田 13（11.2800）＋地 3（0.6420）＝11.9220　主 11

256. 文進　2174 上田 1.2800（27-5 金万政），2175 中田 0.7430（27-5 金万政），2179 上田 0.9550（27-5 王桂），2184 中田 1.2820（27-1 陳興），2218 上田 1.9990（27-1 陳興），2475 上田 1.6390（27-1 陳興・陳寓祿），2491 上田 0.4130（27-1 陳文燦），2784 中地 1.2140（27-1 陳振達），2872 中田 1.6500（27-1 陳振達），2880 中地 0.1910（27-1 陳岩求），2951 下地 0.1250（27-1 陳興・陳天盛），2952 下地 0.1740（27-1 汪明），2977 中地 0.2340（27-1 陳興・陳天盛），3010 上田 1.0620（27-5 王茂）【陳文進】 27-1 陳天盛の子戸

14 坵　田 9（11.0230）＋地 5（1.9380）＝12.9610　主 10

93. 教化　759 上田 1.1890（27-5 陳章），864 中田 0.6080（27-5 陳祥，26-5 汪登源），1149 上田 1.0340（27-1 王爵・陳天相），1360 上田 1.3600（27-5 朱滔・王茂），1389 下下田 0.3200（27-1 陳振達），1390 下下田 0.6970（27-1 陳振達），2077 上田 2.0840（27-1 陳天相），2299 中田 1.7660（27-1 陳勝佑），2337 中田 0.9970（27-1 陳鋾），2338 中田 0.9310（27-1 陳鋾），3099 下地 0.0940（27-1 陳岩求），3101 下地 0.0570（27-1 陳岩求），3102 下地 0.3190（27-1 陳岩求）

13 坵　田 10（10.9860）＋地 3（0.4700）＝11.4560　主 12

61. 付進　630 上田 1.1220（27-1 王爵），631 上田 1.1590（27-1 王爵），635 上田 2.1690（27-5 陳祥），643 下下田 0.1480（27-5 朱廷鶴），651 中田 0.4440（27-5 朱廷鶴），645 下下田 0.1780（27-5 朱廷鶴）728 上田 1.0870（27-1 王爵），766 上田 1.1370（27-1 陳本），1267 上田 0.6320（27-5 陳祥），1393 山 0.2800（27-5 王斉興），1394 下下地 0.1700・山 0.5070（27-5 王斉興），2117 上田 2.4180（27-1 陳寓祿），2335 中田 0.4220（27-1 陳鋾）

14 坵　田 11（10.9160）＋地 1（0.1700）＋山 2（0.7870）＝11.8730　主 8（富進を含む）

70. 招保　671 下田 0.4180（27-1 陳法），672 下田 0.1790（27-1 陳法），673 下田 0.2670（27-1 陳法），674 下田 0.2500（27-1 陳法），675 下田 0.2930（27-1 陳法），676 下田 0.0780（27-1 陳法），938 下田 0.5500（27-5 金万政），1338 上田 1.7170（27-5 王斉興），1347 上田 0.7550（27-5 王茂），1349 上田 1.0340（27-5 王茂），1353 下田 0.2080（27-5 王時），1354 上田 1.0260（27-5 王時），1356 上田 0.9650（27-1 陳天相），2095 中田 0.8400（27-5 金万政），2331 下田 0.3110（27-5 陳章・程周宣），2333 中田 0.9050（27-5 陳章・程周宣），2541

上田 1.0840（27-1 陳興），3299 山 0.7400（27-5 王将，11-3 汪国英，27-1 陳寓祿），3300 下下地 0.1200・山 1.7500（27-5 王初・王時，27-1 汪明）
20 坵　田 17（10.8800）＋地 1（0.1200）＋山 2（2.4900）＝13.4900　主 12

284. 金成　2313 山 0.5700（27-1 陳興），2324 下下田 0.5130（27-1 陳振達），2325 下下田 0.3720（27-1 陳振達），2328 中田 0.4790（27-1 陳振達），2516 下田 0.8040・下地 0.5710（11-3 金桐竹），2543 上田 0.3840（27-1 陳興），2547 上地 0.6530（27-1 陳興），2563 上田 1.0470（27-1 陳興），2564 上田 0.7690（27-1 陳興），2574 上田 1.0630（27-1 陳興），2601 中田 1.3960（27-1 陳興），2606 下田 1.4220（27-1 陳興），2616 下田 0.5180（27-1 陳興），2650 中地 1.7100（27-1 陳興・陳岩求）［寺住］，2701 下田 0.4620（27-1 陳興），3094 上田 1.0350（27-1 著存観）
17 坵　田 13（10.2640）＋地 3（2.9340）＋山 1（0.5700）＝13.7680　主 5

【程金成】

39. 文義　355 下下田 3.8250（27-1 陳鵬），2580 上田 0.5740（27-1 陳興），2582 上田 0.9370（27-1 陳興），2664 中地 0.5770（27-1 陳興），2702 中田 1.2810（27-1 陳興）［斉起］，2734 中田 1.4450（27-1 陳興），3096 中田 1.9970（11-3 金初孫）［等］
7 坵　田 6（10.0590）＋地 1（0.5570）＝10.6160　主 3

その他10税畝以上の事産を租佃する人戸（租佃する事産の総額が多い順）

94. 来興　767 上田 1.4490（27-1 王爵），1099 上田 1.0500（27-1 王爵），1119 上田 0.5460（27-1 王爵），1126 上田 1.0110（27-1 王爵），1128 上田 1.2010（27-1 王爵），1135 上田 1.0900（27-1 王爵），2314 山 1.2540（27-1 王爵），2315 山 3.0400（27-1 程道華），2316 山 0.5840（27-5 金万政），2317 山 0.1000（27-5 陳章），2318 山 0.2000（27-1 陳振達）［廷真］，2319 山 4.6470（27-1 王爵・陳法），2320 山 12.0000（27-1 王爵），2321 山 1.2000（27-1 王爵）
14 坵　田 6（6.3470）＋山 8（23.3720）＝29.3720　主 7

317. 丫頭　2612 下田 0.8640（27-1 陳岩求），2641 中田 1.7100（27-1 陳興），2675 中地 0.4480（27-1 陳興・陳岩求），2699 中地 0.3110（27-1 陳岩求），2700 中地 0.2840（27-1 陳興），2713 中田 1.1000（27-1 陳興），2715 下田 0.7400（27-1 陳興），2716 中田 1.0600（27-1 陳興），2718 中田 1.2160（27-1 陳寓祿），2722 上田 2.1100（27-1 陳興），2726 下地 0.3430・山 2.2500（27-1 陳興），2730 下地 1.7200・山 3.6400（27-1 陳岩求・汪希），3087 上田 1.1620（11-3 金神護）
15 坵　田 8（9.9620）＋地 5（3.1060）＋山 2（5.8900）＝18.9580　主 5

206. 倪社　1795 中地 0.5000（27-1 陳興），1803 下田 0.4620・下地 0.0140（27-1 陳寓祿），1811 中地 0.4810（27-5 王茂），1812 中地 1.9630（27-5 王茂），1813 中地 1.0490（27-5 王茂），1814 中地 1.0490（27-5 王茂），1815 中地 1.6130（27-5

王茂），1816 中地 0.9960（27-5 王茂），1823 中地 2.8800・山 0.7500（27-5 王茂，27-1 王爵），1824 山 2.0000（27-5 王茂，27-1 王爵），2110 上田 1.2500（27-5 畢盛）

13 坵　田 2（1.7120）＋地 9（10.5450）＋山 2（2.7500）＝15.0070　主 6

181. 陳法　1279 山 0.9780（27-5 王法・王桂），1280 下下地 0.0620・山 0.9350（27-1 陳興・陳振達），1282 山 0.9250（27-1 陳興），1288 下下地 0.0300・山 1.2500（27-5 王法・王桂），1303 下下田 0.3700（27-1 陳振達），1793 中田 0.2330（27-1 陳興），2011 下地 0.1820・山 0.2000（27-5 王茂・陳章，27-1 陳斉龍・陳法），2012 山 0.3700（27-5 王茂・程学・朱瑾・朱隆，27-1 陳法・王爵・陳振達），2028 下地 0.3700・墳山 0.3300（27-1 王爵），2237 下田 0.3860（27-1 陳振達），2247 山 5.3300（27-1 陳寓祿），3315 山 1.5000（27-5 陳章），3326 下下田 0.2730（27-1 陳興・陳振達）

17 坵　田 4（1.2620）＋地 4（0.6440）＋山 9（11.8180）＝13.7240　主 14

337. 汪明　2754 上田 0.9090（27-5 陳章），2757 下田 0.0700（27-5 陳章），2779 上地 0.3000（27-1 陳岩求），2780 山 0.5000（27-5 王茂），2817 中地 3.6180（27-5 王斉興，27-1 陳興），2819 下地 0.5850（27-1 陳岩求），2826 下地 0.2900（27-5 王斉興），2835 中田 0.8850（27-1 陳岩求・陳光儀），2836 塘 0.2060（27-1 陳天相・陳岩求），2844 中地 0.7750（27-5 王斉興），2847 下地 0.1290（27-1 陳龍生），2849 中地 0.2220（27-5 陳章），2850 下地 0.1970（27-5 呉四保），2852 中田 0.3520（27-5 王斉興），2856 中地 3.0690（27-5 王斉興，27-1 陳興）［等］，2857 中地 1.2850（27-1 汪希），2862 下地 0.0800（27-1 陳龍生），2864 下地 0.0880（27-1 陳龍生）

18 坵　田 4（2.2160）＋地 12（10.6380）＋山 1（0.5000）＋塘 1（0.2060）＝13.5600　主 10

201. 書童　1460 中地 0.8230（27-1 陳興），1464 下下田 0.2410（27-5 王茂，27-1 陳興），1465 下下田 0.1900（27-5 王茂，27-1 陳興），1894 上田 0.7470（27-5 王茂），2101 上田 1.1900（27-1 陳興），2102 山 3.3600（27-5 王茂・王斉興，27-1 陳三同），2108 下下地 0.1820・山 1.5000（27-5 王斉興），2139 上田 1.1670（27-5 王栄），2401 中田 0.7310（27-5 王斉興），2403 中地 0.5700（27-5王斉興），2404 中地 0.9450（27-5 王楸房）

13 坵　田 6（5.1530）＋地 4（2.5200）＋山 2（4.8600）＋塘 1（0.0540）＝12.5870

217. 天玄　1957 下下地 0.0400・山 1.2000（27-1 陳鵬），1958 下下地 0.0480・山 0.6000（27-1 陳寓祿），1965 中田 1.2650（11-3 金以用），1981 上田 1.6200（27-5 王斉興，27-1 陳寓祿），2141 中地 0.0320（11-3 金経衛・金湛英），2380 下田 0.5560（11-3 金経衛・金湛英），2381 下田 0.7940（11-3 金経衛・金湛英），2382 下田 1.6680（11-3 金経衛・金湛英），2447 下田 0.9970（27-5 王斉興）［廷光］，2448 下下田 0.3510（27-5 王斉興），2483 山 0.6300（27-5 王茂・朱勝付，27-1 陳寓祿），2484 山 0.5000（27-5 王茂，27-1 呉天志），2485 山

0.5380（27-1 陳寓祿），2486 山 0.5750（27-1 陳晋・陳龍生・陳長・陳文討・陳応時・陳積社），2487 山 0.3000（27-1 陳寓祿），2787 下地 0.6830（27-1 陳振達）
18 坵　田 7（7.2510）＋地 4（0.8030）＋山 7（4.3430）＝12.3970　主 17

248. 廷光　2148 上田 1.0370（27-1 陳嘉），2155 下下地 1.7360・山 2.6260（27-1 王爵），2158 上田 0.6980（27-1 陳嘉），2161 中田 0.6720（27-1 陳振達），2443 中地 1.1550（27-5 王斉興・王継成），2444 中地 0.1710（27-5 王継成），2447 下田 0.9970（27-5 王斉興）［天玄］，2449 下下田 0.1530（27-5 王斉興），2452 中地 1.1400・山 0.1000（27-1 陳天相），2453 中地 0.7740（27-5 王叙・王桂・王初），2454 上地 0.1550（27-5 王斉興），2457 山 0.7740（27-5 王茂）
14 坵　田 5（3.5570）＋地 6（5.1310）＋山 3（3.5000）＝12.1880　主 9【汪廷光】

330. 社希　2684 下田 0.8150（27-1 陳興），2686 中田 1.2580（27-1 陳興），2688 中田 0.5670（27-1 著存観），2692 山 3.7000（27-5 畢盛，27-1 陳興），2695 中地 0.4580（27-1 陳興），2703 中地 0.2910（27-1 陳興），2704 下地 0.8200（27-1 陳興），2719 中田 0.9400（27-1 陳興），2732 上田 1.5580（27-1 陳興），2735 中田 1.5600（27-1 汪希）
10 坵　田 6（6.6980）＋地 3（1.5690）＋山 1（3.7000）＝11.9670　主 4

372. 張道　3052 下田 0.5410（11-3 金桐竹），3053 下田 0.7500（11-3 金桐竹），3057 山 0.5840（27-5 陳新，27-1 陳亮・陳文討・陳嘉・陳天相・陳岩求），3059 塘 0.3100（27-1 著存観），3060 下田 0.1170（27-1 著存観），3061 上地 0.2380・山 3.5000（11-3 金桐竹），3063 下田 0.2610（11-3 金桐竹），3069 上田 0.6760（11-3 金桐竹），3070 上田 0.8030（11-3 金桐竹），3072 中田 0.4140（11-3 金桐竹），3073 中田 1.2750（11-3 金桐竹），3075 下田 1.0280（11-3 金桐竹），3076 中地 0.4800（11-3 金桐竹），3079 中田 0.4300（11-3 金桐竹）
15 坵　田 10（6.2950）＋地 2（0.7180）＋山 2（4.0840）＋塘 1（0.3100）＝11.4070　主 8

233. 汪才　2078 下田 1.4970（27-1 王爵），2120 中地 1.5930（27-5 王茂），2127 上田 1.0520（27-1 陳興），2131 中田 0.0950（27-5 王茂），2379 下田 0.5450（11-3 金経衛・金湛英），2409 上田 1.2620（27-1 陳興），2410 上田 0.8420（27-1 陳天相），2411 中地 3.5460（27-1 王爵），2414 塘 0.0130（27-5 王茂），2830 中地 0.3480（27-1 王爵）
10 坵　田 6（5.2930）＋地 3（5.4870）＋塘 1（0.0130）＝10.7930　主 7

202. 法力　1461 下下田 0.3500（27-1 陳興），1462 中地 0.3400（27-1 陳興），1886 上田 1.0520（27-1 陳嘉），1888 中田 0.3270（27-1 陳興），1910 上田 1.0810（27-1 陳光儀），2103 上田 1.9440（27-5 王茂），2104 上田 3.0580（27-1 陳興），2217 上田 0.7530（27-1 陳興），2220 上田 0.9430（27-1 陳寓祿），3307 下田 0.4680（27-1 陳振達）

10 坵　田 9（9.9760）＋地 1（0.3400）＝10.3160　主 6

二〇税畝を超える多額の事産を租佃したのは、志個（四九）・洪志（四五）・来興（九四）の三名であった。来興の場合、租佃事産額二九・三七二〇税畝のうち山の租佃額が二三・三七二〇税畝にのぼる。また、租佃事産の総額が二〇税畝におよばなくとも、多額の地・山を租佃した佃人が見られる。陳法（一八一）の山の租佃額は一一・八一八〇税畝であり、汪明（三三七）の地の租佃額は一〇・六三八〇税畝であった。これらの佃人のうち陳法と汪明については、前節にあげた**表2**から分かるように、ともに二十七都一図に所属し、それぞれ一二・八五五〇税畝、二七・七二六〇税畝の事産を出租しており、〈総戸―子戸〉制を行なっている人戸でもあった。さらに、三三・〇九二〇税畝の田を租佃する洪志は、前節で見た二一四・〇三六五税畝もの事産を出租し、二十七都五図一甲の里長を務める王茂戸の子戸であった。(24)

洪志・陳法・汪明の例が示すように、自家消費目的を超える規模の事産を租佃していたのは、里長戸や〈総戸―子戸〉制を行なう人戸で自らも出租している有力な存在であった。それ以外の場合は、一〇税畝前後の田と少額の地・山といった自家消費目的規模の事産を租佃するのが一般的であったと考えられる。『得字丈量保簿』が伝えるのは二十七都五図内の事産を租佃する情報に限られるため、推測の域にとどまるが、圧倒的多数を占めた租佃事産額が少額の佃人は、租佃額から見て自小作農が生計補完する存在であったのではないかと思われる。

四　佃僕＝火佃の存在

周知のように、明清期の徽州府下では、一般に〝種主田、住主屋、葬主山〟という形で存在し、佃租のほかにも様々な労役を負担して世襲的に主家に隷属する佃僕制が普及していた。[25]『得字丈量保簿』からも二十七都五図における佃僕＝火佃（佃僕と火佃は同一実体の異称）の存在を窺うことができる。[26] てがかりとなるのは、事産の土名と四至に関する記載である。

佃僕＝火佃の存在を示す情報を伝えるのは、**表5**に示す計二九号の事産に限られる。これらの事産は、土名に佃僕・火佃の名称が付され、あるいは隣接する事産の四至の記載に佃僕・火佃の名称が付されており、〝住地〟・〝基地〟・〝屋地〟・〝倉基〟と呼ばれていることからすると佃僕＝火佃が居住する庄屋が置かれた事産と考えられる。[27] また、これらの事産の業主戸は、佃僕＝火佃の居住地を所有したのであるから、佃僕＝火佃の主家であったと考えてよいだろう。

表5から佃僕＝火佃の居住地の所有人戸を整理すると、二十七都五図二甲の里長を務める朱洪（朱滔・朱濱・朱淳を含む）戸を中心とした五図の朱氏（朱隆は二甲、朱瑾は八甲、朱祐・朱瑚は十甲の所属）、同図一甲の里長を務める王茂戸、同図四甲の里長を務める王時戸、同図五甲の里長を務める陳章戸、同図七甲の里長を務める王斉興戸、同図九甲の里長を務める王初戸、十甲の里長を務める金万政戸、また二十七都一図所属の王爵戸・陳興戸・陳岩求戸・陳天相戸・陳寓祿戸などであった。第二節で見たように、王爵・陳岩求・陳天相・陳寓祿は二十七都一図の里長を務める人戸であり、陳興は二十七都五図内の事産を最も多く所有し、万暦九年の丈量で都正を務めた人戸であった。

これによれば、佃僕＝火佃を保有したのは、二十七都五図と一図の里長等を務める有力人戸とその一族――朱氏・王氏・金氏・陳氏であったと考えられる。因みに、二十七都五図二甲の里長を務める朱洪戸は、万暦三十五年（一六〇七）までに朱淳（字は伯仁）と朱師孔（字は惟義）という二名の任官者（ともに国子監生からの任官者）を輩出する存在であった。[28]

表 5　佃僕＝火佃の存在を示す事産

※地番，土名，事産の種類・税畝額，佃人，業主戸（数字は所属都図。戸丁の場合は丸括弧内に記す）の順に示す。※は他の号の事産の四至に関する記載。□は判読不能を示す。

188 号　榨充火佃地　中地 0.1890　佃人：謝廷林住
見業：27-5 朱祐・朱邦・朱憲

209 号　楊冲西培及高園坟山　山 0.1050　佃人：謝僕葬祖
見業：朱洪・朱隆・朱滔・朱濱・朱淳
※232 号の四至が“南至貳百玖号謝火佃坟山”と記す。

215 号　外佃僕住地　中地 0.4330　佃人：謝堂・社保祖
見業：27-5 朱憲・朱滔・朱濱・朱淳・朱洪・朱祐・朱得・朱邦・朱隆
※214 号の四至が“北至後号朱滔等火佃地”と記す。

216 号　裡佃僕住地　中地 0.6620　佃人：雲玘謝（謝雲玘）・白個等住
見業：27-5 朱瑾・朱滔・朱濱・朱淳・朱洪・朱瑚・朱鶴・朱憲
※215 号の四至が“北至後号本家裏火佃地”，217 号の四至が“南至前号本家裡火佃地”と記す。

232 号　火佃対面牛欄基　中地 0.4370　佃人：謝堂等・牛欄
見業：27-5 朱洪・朱滔・朱濱・朱淳

233 号　墻園佃僕住地　下地 0.4500　佃人：なし
見業：27-5 朱滔・朱濱・朱淳・朱洪

251 号　新火佃地　中地 0.8000　佃人：なし
見業：27-5 朱滔・朱濱・朱淳

254 号　楊冲□火佃　中地 0.3260　佃人：なし
見業：27-5 朱隆・朱瑾
※256 号の四至が“東至貳百五拾津号火佃地”と記す。

1496 号　田西火佃基地　中地 0.1120　佃人：なし
見業：27-5 陳章（戸丁：漢・祿・廷春）

1539 号　陳村火佃地　上地 0.2280　佃人：なし
見業：27-5 金万政

1596号　陳村火佃基地　中地 0.1970　佃人：なし
見業：27-5 王斉興

1597号　陳村火佃地　中地 0.2680　佃人：なし
見業：27-5 王斉興

1683号　陳村心火佃基地　上地 0.1000　佃人：なし
見業：27-5 王茂

1764号　街頭火佃屋地　上地 0.3340　佃人：なし
見業：27-5 王時・王初

1768号　街頭火佃基地　中地 0.1840　佃人：なし
見業：27-5 王時・王廷栄・王初

1776号　陳村頭火佃基地　中地 0.4250　佃人：なし
見業：27-1 王爵（戸丁：済・洌）
1779号　陳村火佃基地　中地 0.4460　佃人：なし
見業：27-1 陳興（戸丁：玉）
1780号　陳村頭火佃地　中地 0.4760　佃人：なし
見業：27-5 金万政（汶・源・寛）
1781号　陳村火佃倉基地　中地 0.4420　佃人なし
見業：27-1 陳興（戸丁：富）
1782号　陳村火佃倉基　中地 0.3040　佃人：なし
見業：27-1 陳興（戸丁：鳳・富）
1783号　陳村火佃基地　中地 0.1600　佃人：なし
見業：27-1 陳興（戸丁：付・鳳）
1784号　陳村火佃基地　上地 0.1890　佃人：なし
見業：27-5 王斉興（戸丁：斉賜）・27-1 陳興（戸丁：富・鳳）
2648号　火佃屋地　中地 0.4040　佃人：なし
見業：27-1 陳興（戸丁：正陽）
2650号　沈塘　中地 1.7100　佃人：金成等住
見業：27-1 陳興（戸丁：正陽）・陳岩求（戸丁：応・軫・光・文・仁寿）
※2651号の四至が“西至前号正陽等火佃屋地”と記す。
2853号　周村火佃　中地 0.5540　佃人：初保
見業：27-1 陳興（戸丁：付・鳳）
2901号　周村火地　中地 0.6910　佃人：四十力
見業：27-1 陳岩求・陳嘉・呉四保
2902号　周村火地　中地 1.2810　佃人：なし
見業：27-1 陳嘉・陳天相・陳岩求・呉四保
3005号　後塘　中地 0.6240　佃人：付成
見業：27-1 陳寓禄
※3006号の四至が“西至前号寓禄火佃屋地”と記す。
3016号　後塘火佃　中地 0.5950　佃人：なし
見業：27-1 陳興・陳積社・陳嘉・陳天相・陳長・陳龍生・陳寓禄・陳応時・陳晋

表5に示した計二九号の事産のうち、二〇号の事産については佃人が記されていない。おそらく佃僕＝火佃の居住地だったからであろう。ただし、二一五号・二一六号・二三二号・二六五〇号のように佃人が記される事産がある。また、二〇九号のように佃人が主家の祖墳の管理に従事していたと推測される記述がある事産、二一六号や二六五〇号のように佃人の項に〝〇〇等住〟と記される事産がある。こうした佃人の項に記された人物は、佃僕＝火佃と理解してよいのかもしれない。しかし、佃人の項に記された人物のなかには、二一六号の佃人である謝雲玘のように賦役黄冊上に戸名をもって自ら事産を所有し、かつ複数の業主から租佃していた者（二十七都五図五甲の所属）や、一〇税畝以上の事産を租佃していた者がいる。後者は、二一六号の事産の佃人に記された白個と二六五〇号の事産の佃人に記された金成であり、前節の**表3**・**4**で示したとおり、白個と金成の租佃事産額はそれぞれ一二・〇三〇〇税畝と一三・七六八〇税畝にのぼっていた。こうした謝雲玘・白個・金成が佃僕＝火佃であったとは考え難い。

この問題を考える糸口となるのは、二十七都五図四甲の里長を務めた王時戸を中心とする王氏の活動を伝える南京大学歴史系資料室蔵『元至正二年至乾隆二十八年休寧王氏契約謄録簿』（〇〇〇〇一三号）である[29]。同文書のなかの「萬徳公分単」（崇禎十三年（一六四〇）七月）は、王氏が火佃に関わる事産として〝王蘭火佃地三歩〟・〝富進火佃地拾八歩〟・〝進徳火佃地三拾歩〟・〝街頭火佃衆地十三歩〟を所有していたことを伝える。前節の**表3**で確認できるように、富進（＝付進）と進徳は二十七都五図内の事産を租佃する佃人であった（富進＝付進は**表3**の六一、進徳は**表3**の三一三）が、王時戸の所有事産の佃人には記されていない。また**表5**が示すように、一七六四号の街頭火佃屋地、一七六八号の街頭火佃基地は、ともに佃人が記されていない。こうした事例からすると、佃僕＝火佃の居住地の事産の佃人の項には、居住する佃僕＝火佃は記されず、居住地の事産を租佃する者がいる場合（佃僕＝火佃自身が租佃する場合もある）にその人物が記されたのではないかと思われる。佃僕＝火佃の居住地の事産の佃人の項に〝〇〇等住〟と記されるのは、庄屋を賃借する者がいた場合であろう。

なお、王氏の火佃である富進（=付進）と進徳は、主家以外の人戸と租佃関係を結んでおり、富進（=付進）の場合、八戸の業主戸から一一・八七三〇税畝の事産を租佃していた。[30]明末に至ると、自ら事産を所有し、かつ商業活動にも参入して蓄財する佃僕=火佃が現れることが指摘されているが、[31]主家以外の人戸ととり結ぶ租佃関係は、そうした佃僕=火佃の社会的上昇の背景の一つとして位置づけられるものであろう。

おわりに——租佃関係の選択的性格——

多額の事産を出租していた人戸の多くは、二十七都五図と一図の里長を務める人戸や〈総戸—子戸〉制を行なっている人戸であり、里長を務める人戸とその一族は佃僕=火佃を保有する存在でもあった。二十七都五図内の事産の出租率が過半数を超えており、田の場合は出租率が六割を超えることからすると、二十七都五図では地主的土地所有が発達していたように見えるが、出租事産が多額の人戸であっても、生産活動から遊離せず自耕する事産を所有したうえで出租しており、二十七都五図の地主的土地所有は寄生的なものではなかった。

佃人の側に眼を移せば、一〇税畝以上の事産を租佃する場合であっても、一〇税畝前後の田と少額の地・山を租佃する自家消費目的の規模の事産を租佃するものが一般的であり、圧倒的多数の佃人の租佃事産額は少額であった。なかには自家消費目的を超える規模の事産を租佃する佃人も見られたが、それは里長戸を務める人戸や〈総戸—子戸〉制を行なう人戸で自らも出租している有力な存在であった。

圧倒的多数を占める租佃事産額が少額の佃人は自小作農が生計補完する存在であったと推測されるが、『得字丈量保簿』によって出租・租佃事産額が判明する二十七都五図所属の人戸（『万暦二十七都五図黄冊底籍』万暦十年冊が伝える人戸）について、『帰戸親供冊』が伝える所有事産の情報（事産額、事産数、所在都図ごとの事産数）を併せて示したのが表6である。実在戸一四五戸（里長・有産戸・無産戸）のうちの四二戸であるが、[32] 出租・租佃事産額が判明する人戸は、二十七都五図内の事産を所有する人戸に偏っている（逆に、二十七都五図内の事産を所有しない人戸は出租・租佃事産額が不明な場合が多い）。これは、租佃関係が所有事産の所在地の近縁性によって結ばれる傾向があったことを示している。

出租・租佃事産額が判明する二十七都五図所属の人戸は限られるとはいえ、表6からは多額の事産を所有する人戸が出租し、事産所有が少額な人戸や無産人戸が租佃する具体像が窺えるとともに、先に見たように所有事産が五税畝にも及ばない少額な人戸（一甲の謝社・五甲の陳宜・六甲の王科・同甲の汪龍・七甲の程周宣）であっても出租していたことや、二甲の呉和・五甲の金社保・八甲の陳進のように自家消費には十分な額の事産を所有する人戸が租佃していたこともわかる。

佃人の多くは複数の業主戸と租佃関係を結んでいたことが示すように、租佃関係は人格的支配隷属を伴わない経済的契約関係であり、一甲の里長を務める王茂のように多額の事産を所有して出租する人戸が自家消費目的を超える規模の事産を租佃していた。二甲の呉四保・四甲の王法のように、多額の事産を所有する人戸ではなくとも事産を出租し、租佃することもあった。王法戸の場合、九・一〇一〇税畝の事産を所有しながら、六・九六九〇税畝の事産を出租し、五・〇八七〇税畝の事産を租佃していた。さらには、佃僕＝火佃が主家以外の人戸の事産を租佃することもあった。万暦九年の二十七都五図を舞台とした租佃関係は、多額の事産を所有する人戸から佃僕＝火佃に至るまで、誰もが各々の経済状況の必要性に応じて自由に選択してとり結ぶ生産関係であった。

圧倒的多数を占めた租佃事産額が少額の佃人については、生計を補完する自小作農と推測するにとどまり、実態

表6　万暦9年27都5図所属人戸の事産所有と出租・租佃状況

※『得字丈量保簿』から出租・租佃状況がわかる人戸について，『帰戸親供冊』が伝える事産所有の状況（所有事産の総額［単位は税畝］，所有事産数，所有事産の所在都図ごとの事産数）を示した。出租状況は下線，租佃状況は波線を附した。

第1甲

里　長　事産額　事産数　所在都図と事産数

王　茂　547.3404　737坵　27-5：555坵，27-1：147坵，11-3：15坵，26-2：2坵，26-5：18坵
（田347.7118［394坵］，地76.1424［183坵］，山119.8872［137坵］，塘3.5990［23坵］）
出租214.0365（田183.3490，地16.2000，山14.0925，塘0.3950）　202坵
租佃33.0920＝田23　23坵　主13　子戸の洪志が佃人

有産戸

程　相　13.1110　33坵　27-5：30坵，27-6：3坵
（田10.4700［16坵］，地0.9580［8坵］，山1.3080［6坵］，塘0.3750［3坵］）
出租6.4180（田6.2620，地0.1560）　11坵

王　栄　14.2518　41坵　27-5：34坵，27-1：7坵
（田7.6580［10坵］，地4.7348［26坵］，山1.8380［4坵］，塘0.0210［1坵］）
出租7.1130（田6.1130，山1.0000）　7坵

金　清　96.5208　99坵　27-5：1坵，27-1：83坵，1-2：2坵，1-6：1坵，26-5：12坵
（田38.8488［48坵］，地26.2015［32坵］，山31.4705［19坵］）
出租3.4820（田3,4820）　1坵

謝　社　3.9570　9坵　27-5：5坵，27-1：3坵，26-5：1坵
（地2.2915［4坵］，山1.6655［5坵］）
出租3.7060（田3.7060）　2坵

第2甲

里　長

朱　洪　203.6334　829坵　27-5：704坵，27-1：7坵，27-3：77坵，27-6：31坵，29-4：6坵，西南隅1：4坵
（田148.2960［473坵］，地19.6310［166坵］，山34.2844［157坵］，塘1.4220［29坵］，正地2.9740［4坵］）
出租74.7450（田72.4960，地0.9980，山1.1100，塘0.1410）　75坵

有産戸

呉　和　19.3550　31坵　27-5：18坵，27-1：12坵，11-3：1坵
（田2.5790［6坵］，地6.9630［11坵］，山9.6130［13坵］，塘0.2000［1坵］）
租佃0.9224＝地1（0.1710）＋山1（0.7514）　2坵　主2

朱　隆　48.2000　97 坵　27-5：95 坵，27-3：1 坵，11-3：1 坵
（田 43.2960［44 坵］，地 2.1460［33 坵］，山 2.7580［20 坵］）
出租 21.1100（田 19.6900，山 1.4200）　23 坵

呉四保　6.9310　15 坵　27-5：14 坵，27-1：1 坵
（田 4.5860［7 坵］，地 2.3450［8 坵］）
出租 3.6700（田 3.6700，地 1.6110）　7 坵
租佃 13.8810＝地 2　2 坵　主 2

朱時応　25.3655　59 坵　27-5：52 坵，27-3：7 坵　3（2：1）
（田 22.7290［30 坵］，地 1.1455［19 坵］，山 1.4910［10 坵］）
出租 0.6500（田 0.6500）　1 坵

第 3 甲
里　長
朱　清　305.6265　472 坵　27-5：19 坵，27-1：430 坵，27-3：1 坵，11-3：4 坵，26-2：5 坵，26-5：13 坵
（田 185.1700［228 坵］，地 51.6010［165 坵］，山 68.6625［75 坵］，塘 0.1930［4 坵］）
出租 5.9660（田 5.7040，地 0.2620）　8 坵

無産戸
呉初保　**租佃 2.2870＝田 1（1.2200）＋地 2（1.0670）　3 坵　主 3**

第 4 甲
里　長
王　時　68.3190　108 坵　27-5：88 坵，27-1：13 坵，11-3：7 坵
（田 29.7560［34 坵］，地 13.5620［42 坵］，山 24.2400［29 坵］，塘 0.7610［3 坵］）
出租 16.3660（田 12.5280，地 1.0880，山 2.7500）　22 坵

有産戸
王　法　9.1010　40 坵　27-5：37 坵，27-1：3 坵
（田 4.3110［10 坵］，地 1.8070［17 坵］，山 2.8520［11 坵］，塘 0.1310［2 坵］）
出租 6.9690（田 0.1740，地 0.1730，山 6.6220）　6 坵
租佃 5.0870＝田 3（2.9480）＋地 2（0.1890）＋山 3（1.9500）　6 坵　主 9

第 5 甲
里　長
陳　章　176.0080　256 坵　27-5：175 坵，27-1：81 坵
（田 128.9980［149 坵］，地 14.3630［55 坵］，山 31.9130［46 坵］，塘 0.7340［6 坵］）
出租 87.9230（田 80.9060，地 1.8270，山 4.9000，塘 0.2900）　87 坵

有産戸

朱勝付　9.5430　14 坵　27-5：11 坵，27-1：3 坵
（田 8.9810［9 坵］，地 0.2460［2 坵］，山 0.2860［2 坵］，塘 0.0300［1 坵］）
出租 2.7630（田 2.1330，山 0.6300）　3 坵

陳　新　23.6060　33 坵　27-5：17 坵，27-1：14 坵，11-3：2 坵
（田 6.1890［7 坵］，地 5.8540［12 坵］，山 10.8520［11 坵］，塘 0.7110［3 坵］）
出租 7.5140（田 2.0880，地 0.3720，山 5.0540）　6 坵

陳信漢　14.9400　17 坵　27-5：10 坵，27-1：7 坵　（2：2）
（田 14.6420［15 坵］，地 0.2980［2 坵］）
出租 10.1220（田 10.1220）　7 坵

金社保　32.4230　60 坵　27-1：52 坵，26-2：2 坵，26-5：6 坵
（田 12.0350［21 坵］，地 14.1540［27 坵］，山 6.2340［12 坵］）
租佃 2.8460＝田 2（2.4130）＋地 1（0.4330）　3 坵　主 2

謝雲玘　1.0260　5 坵　27-5：5 坵　4（2：2）
（地 0.1670［2 坵］，山 0.8590［3 坵］）
租佃 3.0910＝田 3（2.4290）＋地 1（0.6620）　4 坵　主 7

陳　宜　4.5980　6 坵　27-5：6 坵　3（2：1）
（田 4.5980［6 坵］）
出租 3.0390（田 3.0390）　3 坵

絶　戸

呉仏保　**租佃 3.6400＝田 1（1.3100）＋地 3（2.3300）　4 坵　主 2**

第 6 甲

有産戸

王　科　1.5940　14 坵　27-5：11 坵，27-1：3 坵
（田 0.4330［2 坵］，地 0.9570［10 坵］，山 0.2040［2 坵］）
出租 0.7100（地 0.7100）　1 坵

汪　琰　19.9570　31 坵　27-5：26 坵，27-1：5 坵
（田 11.8300［14 坵］，地 4.7640［13 坵］，山 3.2500［3 坵］，塘 0.1130［1 坵］）
出租 11.8210（田 10.6360，地 1.1850）　12 坵

汪　龍　3.8260　9 坵　27-5：9 坵
（地 2.2460［6 坵］，山 1.5800［3 坵］）
出租 0.2440（地 0.2440）　1 坵

絶　戸

汪添興　**租佃7.3610＝田4　4坵　主3**

第 7 甲

里　長

王斉興　109.5820　194 坵　27-5：182 坵，27-1：10 坵，11-3：1 坵，30-1：1 坵
（田 39.9350［56 坵］，地 35.8990［98 坵］，山 29.7410［32 坵］，塘 4.0070［8 坵］）
出租 49.2190（田 25.2160，地 13.2400，山 10.7630）　47 坵

有産戸

程周宣　4.0220　11 坵　27-5：9 坵，27-1：2 坵
（田 3.4220［9 坵］，地 0.6000［2 坵］）
出租 1.2160（田 1.2160）　2 坵

絶　戸

李社祖　**租佃4.0830＝田5　5坵　主8**

第 8 甲

有産戸

王継成　10.2190　29 坵　27-5：24 坵，27-1：3 坵，26-4：2 坵
（田 7.0670［13 坵］，地 2.4910［10 坵］，山 0.6610［6 坵］）
出租 5.0570（田 3.7310，地 1.3260）　5 坵

朱　瑾　49.5920　108 坵　27-5：105 坵，27-1：1 坵，27-3：1 坵，27-6：1 坵
（田 45.5270［50 坵］，地 2.0450［35 坵］，山 1.9920［22 坵］，塘 0.0280［1 坵］）
出租 18.1930（田 17.1610，地 0.6620，山 0.3700）　17 坵

王応元　21.9570　49 坵　27-5：46 坵，27-1：2 坵，30-1：1 坵
（田 18.6340［21 坵］，地 1.6600［18 坵］，山 1.4430［7 坵］，塘 0.2200［3 坵］）
出租 23.3180（田 15.5920，地 0.9240，山 6.8020）　20 坵

程　学　13.0450　37 坵　27-5：37 坵
（田 11.8530［23 坵］，地 0.8530［7 坵］，山 0.2140［6 坵］，塘 0.1250［1 坵］）
出租 11.0800（田 10.1720，地 0.0710，山 0.7000，塘 0.1370）　21 坵

陳　進　17.9520　21 坵　27-6：21 坵
（田 17.8010［20 坵］，地 0.1510［1 坵］）
租佃 3.3980 ＝田 4　4 坵　主 3

汪社曜　0.1200　1 坵　27-3：1 坵
（地 0.1200［1 坵］）
租佃 2.6220 ＝田 2　2 坵　主 3

第 9 甲

里　長

王　初　37.5310　103 坵　27-5：36 坵，27-1：10 坵，11-3：4 坵，13-3：53 坵
（田 20.8090［32 坵］，地 7.8100［48 坵］，山 8.3620［22 坵］，塘 0.5500［1 坵］）

出租 4.7890（田 1.9680，地 1.0710，山 1.7500）　5 坵

有産戸

朱　得　0.6230　10 坵　27-3：10 坵
（地 0.5970［8 坵］，山 0.0260［2 坵］）
出租 1.3320（田 1.3320）　1 坵

畢　盛　14.5400　28 坵　27-5：17 坵，27-1：4 坵，26-5：7 坵
（田 9.2930［11 坵］，地 2.9960［8 坵］，山 2.2510［9 坵］）
出租 8.8560（田 4.7760，山 4.0800）　8 坵

朱廷鶴　20.1590　71 坵　27-5：68 坵，27-1：2 坵，27-3：1 坵
（田 16.5180［31 坵］，地 1.5830［25 坵］，山 2.0580［15 坵］）
出租 11.3240（田 11.3240）　14 坵

第10甲

里　長

金万政　138.7560　201 坵　27-5：176 坵，27-1：13 坵，27-3：5 坵，27-6：2 坵，11-3：5 坵
（田 83.1730［97 坵］，地 21.3890［67 坵］，山 31.9390［30 坵］，塘 2.2550［7 坵］）
出租 57.6464（田 50.2260，地 1.8350，山 5.5854）　58 坵

有産戸

朱　太　1.9150　27 坵　27-5：26 坵，27-6：1 坵
（田 0.5350［7 坵］，地 0.5550［12 坵］，山 0.8250［8 坵］）
出租 0.6500（田 0.6500）　1 坵

朱　祐　39.2180　83 坵　27-5：70 坵，27-3：8 坵，27-6：5 坵
（田 32.5610［41 坵］，地 3.2470［26 坵］，山 3.3100［15 坵］，塘 0.1000［1 坵］）
出租 12.0420（田 11.8530，0.1890）　10 坵

陳　祥　61.3490　78 坵　27-5：74 坵，27-1：4 坵
（田 48.3840［53 坵］，地 9.9230［18 坵］，山 3.0420［7 坵］）
出租 33.0170（田 33.0170）　33 坵

朱　社　5.2200　40 坵　27-5：31 坵，27-3：2 坵，27-6：7 坵
（田 2.3470［12 坵］，地 1.8260［16 坵］，山 1.0470［12 坵］）
出租 3.2720（田 3.2720）　5 坵

朱　瑚　8.3310　49 坵　27-5：48 坵，27-3：1 坵
（田 6.8380［14 坵］，地 0.6820［21 坵］，山 0.8110［14 坵］）
出租 2.0350（田 2.0350）　3 坵

（具体的人戸と所有事産額）が判明する例は限られている。その理由としては次の二点の可能性が考えられる。一つは、佃人が二十七都五図以外の図に所属していたことである。二十七都五図内の事産は半数以上が他図所属人戸によって所有されており、とりわけ二十七都一図所属人戸が所有する事産が多く、かつ出租する人戸も多かったことからすれば、佃人の多くが二十七都一図を中心とする他図所属であっても不思議はない。もう一つは、佃人の項に記された人物が〈総戸—子戸〉制の子戸であったことである。二十七都五図一甲の王茂戸の洪志の例が示すように、子戸が租佃することはまちがいなく存在していた。それは他図所属人戸の場合であっても同様である。どちらも可能性が高いが、今後追究すべき課題として残さざるを得ない。

註

（1）高橋芳郎「宋元代の奴婢・雇傭人・佃僕の身分」（『北海道大学文学部紀要』二六―二、一九七八年。のち『宋―清身分法の研究』北海道大学図書刊行会、二〇〇一年、所収）、同「宋元代の佃客身分」（『東洋史研究』三七―三、一九七八年。のち同右書、所収）。

（2）草野靖『中国の地主経済――分種制――』（汲古書院、一九八五年）、同『中国近世の寄生地主制――田面慣行――』（汲古書院、一九八九年）。

（3）寺田浩明「田面田底慣行の法的性格――概念的検討を中心にして――」（『東洋文化研究所紀要』九三、一九八三年）。

（4）渡辺信一郎「唐宋変革期における農業構造の発展と下級官人層――白居易の慙愧」（『京都府立大学学術報告　人文』三六、一九八四年。のち『中国古代社会論』青木書店、一九八六年、所収）。

（5）宮澤知之「宋代先進地帯の階層構成」（『鷹陵史学』一〇、一九八五年）。

（6）拙稿「明代里甲制体制下の階層構成――徽州府休寧県里仁東郷二七都五図の事例――」（伊藤正彦編『『万暦休寧県二七都

五図黄冊底籍」の世界』二〇〇九年―二〇一一年度科学研究費補助金基盤研究（C）研究成果報告書、二〇一二年）。

（7）拙稿「『丈量保簿』と『帰戸親供冊』から――万暦年間、徽州府休寧県二七都五図の事産所有状況――」（『東洋史研究』七五―三、二〇一六年）。

（8）劉和恵・汪慶元『徽州土地関係』（安徽人民出版社、二〇〇五年）。一〇三～一一八頁。中島楽章「明代中期、徽州農民の家産分割――祁門県三都の凌氏――」（『山根幸夫教授追悼記念論叢　明代中国の歴史的位相』上巻、汲古書院、二〇〇七年）。

（9）税畝制の詳細は、欒成顕「万暦九年清丈帰戸親供冊」（『明代黄冊研究』中国社会科学出版社、一九九七年。増訂本、二〇〇七年）一四八～一四九頁を参照。各種等級の事産の実測面積（歩）を一税畝に換算する歩数は次のとおりである。一等正地：三〇歩、二等正地：四〇歩、三等正地：五〇歩、上田：一九〇歩、中田：二二〇歩、下田：二六〇歩、下下田：三〇〇歩、上地：二〇〇歩、中地：二五〇歩、下地：三五〇歩、下下地：五〇〇歩、山：二四〇歩、塘：二六〇歩。

（10）前掲註（9）欒論文。

（11）欒成顕「明清大戸経済形態」（『明代黄冊研究』中国社会科学出版社、一九九七年。増訂本、二〇〇七年）。鈴木博之「明代徽州府の戸と里甲制」（井上徹・遠藤隆俊編『宋―明宗族の研究』汲古書院、二〇〇五年）。

（12）欒成顕「黄冊制度的几个基本問題」（『明代黄冊研究』中国社会科学出版社、増訂本、二〇〇七年）二八六～二九一頁。

（13）二十七都五図の所属人戸と記されるが、『帰戸親供冊』と安徽省博物館蔵『万暦二七都五図黄冊底籍』（二：二四五五四号）万暦十年冊には記載されない出租人戸が一二戸存在する（**表2**には、その他の二十七都五図所属人戸と記した）。それは、二十七都五図所属人戸の子戸と推測されるが、そうした人戸も二十七都五図所属の出租人戸に計上して四八戸とした。二十七都五図の所属人戸については、拙稿「『万暦二七都五図黄冊底籍』をめぐる初歩的知見」（伊藤正彦編『万暦休寧県二七都五図黄冊底籍」の世界』二〇〇九年―二〇一一年度科学研究費補助金基盤研究（C）研究成果報告書、二〇一二年）の【**資料2**】「『万暦二七都五図黄冊底籍』基礎データ」一九～二七頁を参照。

（14）前掲註（7）拙稿。

（15）前掲註（6）拙稿。

(16) 二十七都五図の里長戸については、安徽省博物館蔵『万暦二七都五図黄冊底籍』万暦十年冊の記載による。前掲註(13)拙稿の**【資料2】**「『万暦二七都五図黄冊底籍』基礎データ」一九～二七頁を参照。王爵・陳振達・陳天相・陳岩求が二十七都一図の里長戸であったことは、著存観という二十七都五図内の祠観をめぐる万暦十年前後の争訟記録である上海図書館蔵『著存文巻集』一巻の(一〇)「二十七都排年陳禄等告按院状」に見える。『著存文巻集』の項目の番号と名称は、高橋芳郎「明代徽州府休寧県の一争訟――『著存文巻集』の紹介――」(『北海道大学文学部紀要』四六―二、一九九八年。のち『宋代中国の法制と社会』汲古書院、二〇〇二年、所収)が付したものによる(以下、同じ)。なお、安徽省図書館蔵『休寧県都図里役備覧』(二:三〇七一〇号)は、汪明も二十七都一図の里長戸であったとするが、同書が伝えるのは万暦二十年に二十七都二図が一図から増置されて以降の情報であり、万暦九年の段階で汪明が二十七都一図の里長戸であったことを確定できないため、汪明については里長戸に数えなかった。

(17) 前掲註(7)拙稿を参照。陳興が都正であったことは、『著存文巻集』(八)「巡按御史の批」・(九)「休寧県の詳文」に見える。

(18) 朱清戸の所有事産の詳細は、後掲の**表6**を参照。

(19) 謝社戸・陳宜戸・王科戸・汪龍戸・程周宣戸の所有事産額は、後掲の**表6**を参照。なお、謝社戸は田を所有していないにもかかわらず三・七〇六〇税畝の田を出租するという矛盾した結果になるのは、前掲註(7)拙稿で述べたように、『帰戸親供冊』の記載内容は『得字丈量保簿』の記載情報そのものではなく、丈量後に行なわれた事産交易の結果を反映していたからである。謝社戸の場合、万暦九年内に二六・九八三〇税畝の田・地を売却していた。謝社戸が三・七〇六〇税畝の田を出租していたというのは、田を売却する以前の段階のことである。

(20) 前掲註(6)拙稿で行なった自家所有地の再生産可能規模のシミュレーションの結果によって、再生産できないと判断した。

(21) 『得字丈量保簿』が記載する陳興戸・王茂戸・朱洪戸の所有事産のうち個人名が記されていない田を数えた数値である。

(22) 便宜的に一三～七税畝台の田と少額の地・山を租佃する佃人を例示した。

(23)　再生産可能な田の租佃額のシミュレーションの詳細は、前掲註（6）拙稿七五〜七六頁を参照。ここでは、その結果の数値のみをあげておく。家族五人の場合：一〇・四一〇七税畝、家族四人の場合：八・三四〇二税畝、家族三人の場合：六・二六一一税畝、家族二人の場合：四・二二三八税畝、家族一人の場合：二・〇五七三税畝。

(24)　『得字丈量保簿』が洪志を王茂の戸丁と記すことに基づく。

(25)　葉顕恩『明清徽州農村社会与佃僕制』（安徽人民出版社、一九八三年）。中島楽章「明末徽州の佃僕制と紛争」（『東洋史研究』五八―三、一九九九年。のち『明代郷村の紛争と秩序――徽州文書を史料として――』汲古書院、二〇〇二年、所収）。前掲註（8）劉・汪著書。

(26)　二十七都五図においても佃僕と火佃が同一実体の異称であったことは、『得字丈量保簿』の得字二一五号の土名〝外佃僕住地〟が二一四号の四至では〝北至後号朱滔等火佃地〟と記され、二一六号の土名〝裡佃僕住地〟が二一五号と二一七号の四至ではそれぞれ〝北至後号本家裏火佃地〟・〝南至前号本家裡火佃地〟と記されていることによって明らかである。

(27)　前掲註（26）で記したように、〝佃僕住地〟が〝火佃地〟とも呼ばれているから、〝住地〟や〝屋地〟ではなく単に〝火佃地〟と記されるものも庄屋が置かれた事産と解してよいだろう。

(28)　拙稿「『明代里甲制体制下の階層構成』訂誤――任官者・読書人輩出人戸をめぐって――」（『唐宋変革研究通訊』六、二〇一五年）。なお、『著存文巻集』（八）「巡按御史の批」・（九）「休寧県の詳文」によれば、朱洪戸を構成する朱滔は万暦九年の丈量で図正を務めていた。

(29)　筆者は、范金民氏（南京大学歴史系）のご理解とご協力を得て、二〇一五年三月に『元至正二年至乾隆二十八年休寧王氏契約謄録簿』を閲覧した。閲覧にあたってご協力いただいた范金民氏と南京大学歴史系資料室の方々に、記して謝意を表したい。

(30)　富進＝付進が結んだ租佃関係の内容は前節の**表4**を参照。進徳は、二十七都一図の陳興戸が所有する二五九六号の田〇・五五二〇税畝を租佃していた。

(31)　前掲註（25）中島論文。

（32）**表6**によれば、五甲の呉仏保戸、六甲の汪添興戸、七甲の李社租戸といった絶戸（百歳や二百歳を越える異常に高齢な人口のみによって構成され、承継や所有事産の移動もまったく見られず実在戸とは考えられない人戸）も租佃関係を結んでいたことになる。欒成顕氏は前掲註（9）論文で佃僕は公籍には記載されなかったと指摘しているが、前掲註（13）拙稿で述べたように、絶戸は佃僕であり、没落して売身契約を結んだ人物が生存するものとして記されつづけた（実際には売身契約を結んだ人物の子孫が佃僕として服役している）可能性もあるのではないかと筆者は考えている。しかし、確証はないため、ここでは**表6**から窺える事実のみを指摘するにとどめる。

[附記] 本稿は、二〇一三～二〇一六年度科学研究費補助金基盤研究（C）「明末清初期、里甲制体制下の社会的流動性と階層構成の変動に関する研究」の成果の一部である。

明末広東における吏員の人事・考課制度
――顔俊彦『盟水斎存牘』を手がかりに――

宮崎聖明

はじめに

本論は、明末広東地方衙門における吏員（正規胥吏）の人事・考課制度およびその運用実態を明らかにするとともに、当該時代・地域における吏員の存在形態を考察することを目的とする。

前近代中国、特に宋代以降の行政において胥吏という存在が極めて重要であることは贅言を要しないであろう。胥吏とは、官庁における庶民出身の事務処理者を指し、行政文書・会計帳簿などの処理・管理業務に従事する者たちである。元来は徭役のひとつであったこれらの業務は、その専門性から唐宋時代を通じて徐々に専業化してゆき、胥吏身分が形成されたと言われる。「官」（官僚）が施策の方針を決定し、「吏」（胥吏）がそれを実行するにあたって必要な日常的末端業務を遂行するという関係性は、宋代以降の衙門運営の基本構造である。

この胥吏の性格についての共通理解としては、つぎの三点を挙げることができよう。第一に、彼等は各種行政手続きに伴い庶民から手数料を徴収しており、これが行き過ぎると「賄賂」として取り締まりの対象となる一方、胥吏が獲得した金銭の一部は上納金として官僚の懐に入るという癒着構造があったこと。第二に、地方衙門の胥吏は強い土着性を有しており、地方の事情を知悉しているとともに、しばしば地方社会に「跋扈」したり地方行政を「壟断」したりする存在と見なされていたこと。そして第三の点として、胥吏の地位は世襲・売買の対象となり、また胥吏相互に徒弟制度的関係が存在していたことが挙げられる(1)。吏員の人事制度を論じる本論にあってはこの第三の点が最も重要であるので、清代の胥吏を例とした宮崎市定氏による整理(2)を見るとともに、あわせて本論における用語の定義を行っておこう。

胥吏と総称される存在には、法制上の資格が認められている者と、その下につく無資格の者とがいた。宮崎市定氏はそれぞれ「胥吏頭」「見習い」と形容しているが、本論では前者を「吏員」、後者を「非正規胥吏」と称す。吏員は各衙門に定員が設けられた「缺《ポスト》」に就く。例えば府州県衙門には中央六部に倣って吏・戸・礼・兵・刑・工などの房科があったが、明代にはここには司吏一名・典吏二名の缺が置かれるのが基本であった。これらの缺およびその缺に就いている吏員を本論では「吏典」と称す。また、吏典は非正規胥吏を私的に雇い入れることがあった。非正規胥吏は吏典のもとで業務を補佐し、吏典が引退する際にはその地位を引き継ぐのであり、それは胥吏相互間での世襲や権利金の授受による譲渡の形を取ったという。かかる関係を宮崎市定氏は、徒弟たる非正規胥吏が親方たる吏員の地位を相続する、と形容している。

このような関係は当然明代にも存在していたの(3)であるが、かかる理解を認めた上でなお、吏員の人事・考課をめぐる問題には考察すべき点が残されていると思われる。上述の吏員—非正規胥吏の関係に対する理解は、官僚の上奏文や官箴書（地方官の心得書）を中心に形成されたものであるが、これらの史料には、弊害を強調しようとする傾向に加え、「士」（儒教的教養人）たる官僚の、「庶」たる胥吏に対する賤視というバイアスが存在する。すなわち、上述の関係は一定の真実性を含みつつも多分に「イメージ」が先行したものであると考えられるのである。実際には王朝側は吏員人事・考課について詳細な制度を設けており、繆全吉氏は明代の胥吏に関する包括的研究において、年齢制限・任期・等級・昇進条件など、吏員の人事制度には詳細な規定が設けられていたことを明らかにしている。(4) ただ、繆氏の研究では制度の概要・原則は解明されているものの、末端の地方衙門における施行細則・運用実態までは明らかとなっていない。吏員人事・考課制度が現場の地方衙門においてどのように運用されていたかを明らかにした上で、制度の枠組みの中でいかなる実態が見られたかを考察する必要があろう。

そこで本論では一つの事例研究として、明末崇禎元年（一六二八）から広州府の推官を務めた顔俊彦の『盟水斎存牘』(5) を用いて如上の問題について考えてみたい。『盟水斎存牘』所収の「讞略」（判決文）・「公移」（告示文）には、当該時期・地域における胥吏に関する事案が見える。これらは、吏員が行った人事上の不正行為、非正規胥吏の存在が引き起こす諸問題と官側の対応、吏員と非正規胥吏との関係性といった点について豊富な材料を含んでおり、明末広東における胥吏集団、すなわち吏員・非正規胥吏双方を含む集団の具体像を知る手がかりとなる史料である。『盟水斎存牘』を用いた、あるいは明代の胥吏を扱った専論は少ないが、その中にあって劉濤氏は、『盟水斎存牘』に依拠して「指参」（後述）を中心とした吏員の不正行為の諸形態を明らかにしている。(6) しかし氏の研究は個別の不正手段の紹介に止まっており、不正行為の背景にあった制度の運用実態、官側の対応といった点についてはなお考察の余地があると思われる。

そこで本論では、胥吏集団の構造を分析するための予備的作業として、吏員人事・考課制度に焦点を当てて、明末広東における運用実態を明らかにしたい。まず明代の吏員人事・考課制度について、先行研究の成果に加えて広東の地方志などを用いてその詳細を明らかにする。次に、明末崇禎初期の広東における吏員人事の施行細則の復元を試みる。そしてこれら人事・考課の問題を手がかりに、吏員の存在形態について考察することとしたい。

一　明代の吏員人事・考課制度の概要

本章では、明代における吏員の選抜・配属・考課・昇進制度を、先行研究に依拠しつつ整理する。前述のようにこれらの制度については繆全吉氏等の研究(7)があり、諸制度の概要は明らかとなっている。明代の地方吏員は官員同様、三年の任期を務め、そのつど考課を受けその結果に基づき再び就役するというサイクルを繰り返す。ひとつの任期（一考）は三年であり、これを地方で二回経たのち中央衙門で三期目を過ごす原則となっており（内外三考）、考課の成績が優秀であれば官位を獲得（出身）することが可能となっていた。ただし、膨大な数の地方衙門の吏員に比べて中央衙門の缺は少なく、大半の吏員は地方でキャリアを終えていたであろうし、ましてや出身にまで至る吏員が極めて限られていたことは言うまでもない。本章では、以上のような基本的理解に加えて、地方志などの記事を用いて広東地方衙門における吏員人事・考課の手続きを明らかにする。

（1）　候補者の選抜・配属

明朝の吏員候補者選抜には「僉充」「罰充」「求充」の三つの方法があった。明初以来、主な選抜手段として用いられたのは僉充で、官府が「農民」（郷民）のうち条件の揃った者の中から選抜する方法である(8)。罰充は、官員・進士・挙人・生員などを犯罪・試験落第などを理由に吏員とすることで、僉充の補助的手段として用いられた。これらに対し、求充とはすなわち捐納のことで、穀物・金銭を納付した者を吏員に充当するものである。明中期以降、僉充に代わって求充が吏員選抜の中心となってゆき、このことが吏員志願者の増加をもたらしたとされる(9)。

ただし、このような選抜方法が原則通りに運用されていたかというと頗る疑わしい。例えば元代には貼書と呼ばれる非正規胥吏から正規の缺を得る経路が、制度化されていたわけではないが存在していたことが指摘されている。(10) かかる経路は明代にも存在したであろう。また、僉充の条件に「衙門で文書作成業務に携わった経験のある者は除く」とあるのは、(11) そうした者が吏員に至るという実態が存在したことの裏返しであろう。また後述するように『盟水斎存牘』にも非正規胥吏や衙役などから吏員身分を不正に取得する者がいたことが見える。(12) すなわち、実際には非正規のルートから吏員を目指す者は広範に存在したと思われるのである。正規の選抜方法が求充中心に変化したことは、吏員志願者増加の要因の一つであれ全部ではない。

候補者を選抜すると、次に配属先を決定することになる。崇禎初めより時代は遡るが、戴璟 修・張岳 纂、明・嘉靖十四年（一五〇二）刊『広東通志初稿』巻一〇・公署〈吏員附〉「定陞降則例」によると、候補者は書写・律例の研修を経たのち、巡按御史衙門（察院）に送られ考選され、その成績に応じて配属衙門が決定される。この配属先決定手続きを「定撥」あるいは「考撥」と言う。そして定撥された吏員は配属先の衙門で「挨次収参」することとなる。(13)

挨次収参は「挨参」とも言い、定められた順序に従って吏典缺に「参充」することを指す。参充とは、選抜された候補者、あるいは後述のように任期終了後に考課を受け再度定撥された吏員を吏典缺に充てることを言う。(14) この参充手続きに関して、嘉靖『広東通志初稿』巻一〇・公署〈吏員附〉「定先後挨参」に見える規定によると、嘉靖年間、吏員にはさまざまな「行頭」があり、その順序に挨参することとなっていた。ここでの「行頭」とは吏員を属性ごとに分類したカテゴリー・身分を指す。定撥された吏員は配属先衙門に「投批」（巡按御史から受けた批文を提出すること）した日付を以て「卯簿」（点呼用名簿）に登録される。これとは別に「参吏簿」が作成され、吏員の名前とともに行頭が記載されていた。行頭には「転考」（第二考の者）「起復」（服喪期間が終了した者）「生員充吏」（生員で罰充された者）

「充吏承差」（吏員に充当された承差＝衙役）「納銀農民」「考選不納銀農民」（選抜・考課の際に納銀した者としなかった者）「截参」（処罰などにより任期が途中で打ち切りとなった者）などがあり、この順に従って参充するとされている。[15] 一方、『盟水斎存牘』では「行柱」という語が現れ、用例から察するに行頭と同義と思われる。例えば、「清遠県の戸房の缺は、順序から言えば超参行柱の者を充て、続いて納陞［行柱］、さらに農民［行柱］の者を充てる」[16]とか、「参規・行柱は明白なものであり、截参［行柱の者］が農民［行柱の者］を追い越して先に参充されることができないのは、今日に始まったことではない」[17]などとある。このように、嘉靖『広東通志初稿』に見える行頭の名称が『盟水斎存牘』では「〇〇行柱」という形で現れることから、行頭・行柱は同じものを指すと考えられ、加えて崇禎年間にも参充の順序決めに用いられていたということが分かる。また、のちに見るように同じ行柱に属する者は配属先衙門に出頭した日付が先の者から参充することとなっていた。すなわち、吏員は行柱の順序に従って、そして同じ行柱に属する者は配属の日付の順に従って参吏簿に並べられ、参充されていくということになる。

この行柱の順序や配属の前後にもとづく参充の詳細と、それらをめぐる不正の実態については次章で述べるとして、ここでは次の点を指摘しておこう。それは、行柱・配属の順序によって参充するという規定が存在するということは、配属先衙門に送られたのち房科の吏典缺に就くまでに待たされる場合があったということである。かかる状態およびかかる状態に置かれている吏員を「候缺」（候参）と称す。[18] この候缺吏員の存在も吏員の人事・考課制度や彼等の受けた処遇と関わってくるのであるが、これもひとまず措き、続いて任期終了後の考課手続きについて見ていこう。

（2）　考課手続き

前述のように、明代の吏員の任期は一考＝三年を一つの単位として、これを三回繰り返すというのが原則であった。

そして、一考終了後の考課および再度の定撥・参充は察院が行うこととなっていた。万暦二十二年（一五九四）、当時左都御史であった孫丕揚がまとめた巡按御史の職掌を記した『巡方総約』[19]の第四・部約類「吏属」によると、考撥（考課・定撥）は次のような手続きを経たという。まず、「役満」（「考満」とも。任期満了）の者があると、所属衙門が司道（都布按三司および布政司・按察司の分司）に上申し、司道のチェックを経たのちに察院に送られ考課を受ける。考課の結果は五等級に分割され、一等は陞参、二三等は挨参、四等は量責した上で准参、五等は発回（差し戻し）として次の考課の際に処理することとされた[20]。嘉靖『広東通志初稿』巻一〇・公署〈吏員附〉「稽吏弊」によると、察院は季月すなわち三・六・九・十二月に、一考・二考役満吏員の考撥を行っていた、とあるので[21]、考撥は三ヶ月ごとに行われ、五等発回の者は三ヶ月後に再度考課を受けるということであろう。一等の陞参、二三等の挨参は、嘉靖『広東通志初稿』巻一〇・公署〈吏員附〉「定陞降則例」の記述を参考にすると、それぞれ都布按三司の通吏・令史・書吏といった上級吏缺に昇格すること、もとの缺に挨次収参することを意味すると思われる[22]。量責准参も、譴責してもとの缺に収参したのであろう。

加えて注目すべきは、考撥の際に取られた次の特別措置である。すなわち、「援例加納」（捐納）あるいは「挨参不前」で、改撥して見缺（現在缺員であるポスト）に降参されることを願う者は所属衙門に申告し、例と合致すること、「規避」（就役を避けようとする行為）のためでないことを確認したのち巡按御史に報告書を転送する、とされていた[23]。挨参不前は参充の順番が回ってこないこと、すなわち候参を指す。長期にわたって参充を待っている者は降格参充を申請することができる、というこの措置は、彼等に対する救済としての意味合いを持つとともに、前述のように候缺を強いられる者が広範に存在したことの証左であると考えることができよう。

一考が終わったのちに再度定撥・参充することを「転参」と言う。また、二考が終わると再び巡按御史が考課を行い、そののち「給由」という手続きを経ることになる。給由は官僚にも行われた手続きで、吏員の在任期間中の勤務状況を記した由帖を上司が作成し、これを当該吏員に給付するとともに中央吏部へ送ることを言う。成績優秀であれば一考で給由を受けることもあったが、ともかくこの給由までが巡按御史の職掌であった。こののちは中央で官辦（中央衙門での辦事）・出身などの処遇が取られることになるが、本論は地方衙門の吏員を対象とするため、これらは捨象する。(24)

以上、明代における吏員人事・考課制度を整理するとともに広東地方衙門において取られた諸手続の詳細を見てきた。吏員は、選抜されたのち三年を一考として定撥・参充→役満・考課→再度の定撥・参充というサイクルを繰り返すこと、行柱の別や定撥・配属の前後により参充の順序が決められていたこと、そのため順序が後の吏員は定撥されてもすぐに参充されずに候缺状態に置かれたことを確認した。ではこのような制度のもと、現場の衙門では吏員人事をめぐってどのような手続きが取られていたのか、章を改めて見ていこう。

二　吏員人事の施行細則

すでに劉濤氏が指摘するように、『盟水斎存牘』には「指参」と総称される不正行為に関する判語・告示が多く見える。(25) 指参はおそらく「指缺参充」の略であり、正規の手続きを経ずに希望する吏典缺に就くことを言う。その主な手段には、「効労」「捏労」「移恩」があったという。効労は、自身に何らかの顕著な功績があったと称して指参すること、捏労は功績を捏造して指参すること、移恩は自己の功績による恩典を他人に移す、すなわち名義上の就役者とは別の人物が就役することを指す。移恩は、両院（総督・巡按御史衙門）の、それも書辦と呼ばれる非正規胥吏に破格の恩典を与えるという慣例があったのが悪用されたもので、衙役までもがかかる行為に手を染め、他人に吏典の役務を代辦させたり、他人から権利を買って頂参（頂替参充。缺を引き継ぐこと）したりしていたという(26)。

これらの手段を通じた指参は、第一章で見てきた正規の手続きを全く踏まない不正行為であるが、ほかにも制度を悪用する形で不正参充が行われていた。以下、そうした不正行為を裁いた判語を手がかりに、人事制度の施行細則、特に定撥後の手続きをさらに探っていこう。

第一章で述べたように、選抜・考課を受けた者は巡按御史により定撥され配属先に出頭するわけであるが、定撥から出頭に至る手続きはどのようになっていたのであろうか。以下に見るケース①は、定撥後に正規の手続きを経ずに参充されようと謀った吏員を裁いた判語である。

ケース①『盟水斎存牘』二刻・讞略巻三「争参吏丘承信等〈杖〉」

陽山県の典吏・鄧肇臨は、崇禎三年二月十四日に銀二十両を納め、察院が布政司に、「五月六日に二等第四名に考列した。陽山県の正缺に定撥する」との命令を下した。鄧は布政司から司箚の発給を受け、広州府を経由して陽山県に司箚が送られ、本人は九月二日に「投到供役」した。

一方、挨参の吏・丘承信は、同じく五月十四日に銀二十両を納めるとともに、別に餉銀五両を納付し、三等に考列され陽山県に定撥された。ところが丘は院批（察院の批文）を受けず、広州府に転送されることもなく、司箚の発給を求め、本人は六月一日に投到供役した。そののち、六月二十一日になってやっと察院から批文が発給された(27)。

この判語はさらに続き、鄧肇臨・丘承信に対して知県が賄賂を要求したこと(28)、鄧・丘両名がこれに応じ贈賄していたこと、しかも先に贈賄したのは鄧の方であったことなどが発覚し、両名はともに「圧参一輪」（後述）との処分を受けた。この判語からは定撥後に取られた手続きの詳細が見て取れる。鄧肇臨は、察院の定撥を受けたのちに、司箚が府を経由して配属先の県に送られ、本人が投到供役する、という手順を踏んでいる。「投到」は本人が配属先衙門に出頭することを指す。「供役」が含意するところについては次章で述べる。一方で丘承信は正規の手続きを取らず、察院の批文が出る前に先に司箚の発給を受け、さらにその司箚は県へ直接送られ[29]、本人が投到供役してから察院の批文が下されており、これを顔俊彦は鄧を出し抜いて参充されようと謀っての不正行為であると断じている。以上から、定撥ののちには、当該吏員の考課の結果と定撥先とを記した批文が察院から布政司に送られ、布政司で箚子が発給され、県に定撥する場合は府を経由して司箚が県に送られ、本人が県に出頭して供役が開始される、という手続きであったことが分かる。第一章で「投批」について触れたが、この司箚とともに院批も配属先に送られたのであろう。なお、『盟水斎存牘』には「吏箚」という語が頻出するが、これは司箚のことを指していると思われる。司箚（吏箚）は、のちに見るように革役（罷免）の際には毀抹されることから、吏員身分の証明書の如き機能を果たしていたと考えられる。

さて、本来の順番を覆して参充されようと謀るこのような行為を、ケース①の条文の標題にもあるように「争参[30]」と言う。引き続き争参事案を見ていこう。

ケース②『盟水斎存牘』一刻・讞略巻五「争参吏区日登等〈罰穀〉」

連州では、徐賢宰（農民行柱第二）・黄流清（同第二）・蕭惟泰（同第三）の三名が候缺していた。たまたま承発の吏典・区日登が効労指参を理由に截参され、後任には蕭惟泰が充てられた。連州吏房の吏典・羅万善の供述によると、徐・黄の二人が「点参」の際に姿を見せなかったので、知州が怒って、本来は順番が先であるはずの徐・黄二名を「圧」したという。顔俊彦は、承発の缺は行柱の順序通り徐賢宰、黄流清、蕭惟泰の順に参充すると決定する一方、区日登、および点参の際に出頭しなかった徐・黄は罰穀とした。蕭惟泰と羅万善の罪は不問に付された。[31]

「点参」は語義・文脈から考えて本人立ち会いの下で参充命令を言い渡すことであろう。このケースからは、参充の際には本人の出頭が必要とされていたことがうかがえる。これに姿を見せなかった二人を「圧」したとあるのは、ケース①にも見える「圧参一輪」、本来の順番を一度飛ばして参充することを指す。この圧参を劉濤氏は「すぐに接参（空位となった缺を受け継いで参充されること：引用者註）せずに故意に引きのばし、よりよい缺が空くのを待って参充を謀る行為」とし、[32]専ら人事上の不正行為を指すかの如き解釈を施している。しかし用例を見ると、むしろ判決の主文や上臺の批文の中に、不正を働いた吏員に対する処分として「圧参」するという表現が多数見出せる。例えば『盟水斎存牘』一刻・讞略巻五「争参李達仁等〈杖〉」には、「……二吏倶応圧一参、俟行柱参尽、周而復始、乃准輪参。……招詳。布政司批、区仕達等依擬圧参、贖杖還役」とあり、不正のあった区仕達等二人は「一参を圧」して行柱の者全員を参充し終わったのちに順番に従い参充すべし、との擬案に対し布政司が「擬案通り圧参せよ」との批文を下している。要するに、官側が参充の順番を飛ばすことが本来の圧参の語義で、吏員が自己の利益のために官側をその方向に誘導した場合には劉濤氏の定義するような不正行為という意味で解釈しうる、とするのが妥当であろう。

次にケース③を見てみよう。

ケース③『盟水斎存牘』一刻・讞略巻五「争参吏黄裳等〈杖革〉」

三水県の工房の典吏・陳家彦が截参された。本来は農民行柱第二名の黄裳が頂参すべきであったが、彼は間もなく役満となる戸房の典吏の缺を狙い、工房の缺を接参しなかった。やがて戸房の缺が空くと黄がその地位を得たため、戸房の缺に参充されるはずだった第三名の李秀梅が訴え出た。顔俊彦は、黄裳を杖刑・革役として、吏房の吏典・梁一敬を、手続きをごまかした罪で同じく杖刑とする判決を下した[33]。

このケースでは二つの缺が相次いで空いたことが問題を引き起こしている。本来は先に出缺（缺が空くこと）した工房缺には順位が上の黄裳が、後に出缺した戸房缺には順位が下の李秀梅が就くべきとされている。ということは、察院による定撥の際に決められるのは配属先衙門までで、誰をどの房科に参充するかは、配属先衙門で出缺するたびに参吏簿の順位によって決定していたということになる。かかる方法が黄裳のように「避冷就炎」（利権の少ないポストを避け利権の多いポストを求める）に趨る吏員の不正行為を助長したと言えよう。

次のケースも争参事案である。

ケース④『盟水斎存牘』二刻・讞略巻二「吏参梁瑞等〈杖〉」

塩課提挙司の吏員・労語珍が、自分が参充されるべき缺を梁瑞に奪われたと訴え出た。問題となったのは戸房収左と承発の二つの缺[34]で、本来は自分が承発に参充されるべきであったのを梁に奪われたというのが労の主張であった。調べによると、戸房収左の缺は前任者が截参されて空いたもので、四月十日に塩司が憲臺に文書を送り、十三日に截参決定命令を受けた。一方、承発の缺は前任者の丁憂によって空いたもので、その日付は四月十三日であった。すなわち同じ日に出缺しているのであるが、顔俊彦は三日前に文書を送っていることを理由に戸房収左を先、承発を後と見なすべきで、戸房収左を避けて承発に参充された梁に対して労が訴えたのは当然であると判断した。しかるに労語珍は訴状の中で、梁瑞が吏房の吏典に贈賄したと主張しているが、顔俊彦はこれは誣告であるとして却けた。最終的に、梁瑞は截参の上で圧参とされ、労語珍は争参したことを譴責され、両名ともに杖刑とされた[35]。

文書の処理上は同じ日付の出缺ではあるが実質的には先に空いていた缺に就きたがらない者同士の争いであり、ケース③と同様にあとから空いた缺に参充されようと謀った事例ということになる。これも、出缺があってから参充すべき者を決定していたことの証左となろう。

以上のケースから、察院による定撥後には次のような手続きが踏まれていたことが分かる。候補者の考選あるいは考満吏員の考課の結果と配属先衙門を記した院批が察院から発給され、これを受けた布政司は司箚を発行する。二つの文書は、吏員の配属先が県の場合は府を経由して当該県に送られ、本人が出頭して供役が開始される。配属先では、缺が空くたびに行柱や投到の月日の順序をもとに吏員を参吏簿から選び出し参充する。その際には本人の出頭が必要とされる。以上が定撥から参充に至る正規の手続きということになろう。

さて、参充にあたって本人の出頭が必要であったということは、換言すればすぐに衙門に出向くことができる状態にあることが候缺中の吏員には求められていたということになる。第一章でも見たように卯簿が作成されていたこともこのことを裏付けている。では、候缺中の吏員はいかなる処遇を受けていたのであろうか。この点について、引き続き『盟水斎存牘』所収の判語を中心に探っていこう。

三　候缺吏員の処遇

（1）「供役」の意味するもの

ケース①では、定撥された吏員が配属先衙門に出頭することを「投到」と言い、これと「供役」がセットになって用いられていた。供役は、字義通り取れば「役務に供すること」と解せよう。しかしこの「供役」という表現は、典吏の鄧肇臨だけでなく挨参吏の丘承信にも用いられていた。この「役」に供するとはどのような状態を指すのであろうか。

宮崎市定氏は、「各房に責任者があって、県の場合にはこれを典吏と称するのが正しいが、こういう胥吏頭は一般には経承と呼ばれている。……胥吏頭が上官から正式に承認されることを著役とか、参役とか、承充と呼」ぶと述べ、供役に類似するこの「著役」という語を、吏典缺に充当することと解しているようである。(36) しかし、ここまで見てきた明末広東においては、確かに空いている缺があればただちに参充されるのではあるが、多くは候缺期間を経て吏典缺に参充されるわけであるから、実態としては、「供役」とは吏典缺に就いて房科の業務を行っている状態のみならず、配属先衙門で候缺している状態をも含意していると考えねばならない。このことを、「役」という語の使用例から立証してみよう。

ケース⑤『盟水斎存牘』一刻・讞略巻五「違禁王翼等〈杖〉」

梁元吉・王翼の二名の吏員が参充をめぐって争いを起こした。梁元吉は自らを「東征行柱」に属する者と主張しているが、この行柱はすでに廃止されているものである。一方王翼は、捏労して超参されたのみならず、実際には吏籍に名前が載っているだけで自身は別道の書辦を務めている。両名ともに不法行為がある上に争参したことに対し顔俊彦は、王翼については「杖革、追劄塗附」、梁元吉は「列回農民行柱挨参」として「杖」とすべしと擬案した。これを受けて下された布政司の批文には、梁元吉は「贖杖還役、列回農民行柱」、王翼は「贖杖革役」とした上で吏劄は一件書類とともに布政司へ戻すように、とあった。(37)

王・梁がどの缺をめぐり、どのような手段で争参していたか、また「東征」なる行柱が何であるか(38)など不明な点は多いが、ここでは両名に下された処分に注目したい。顔俊彦の擬案、布政司の批文をまとめると、罪が重い王翼は杖刑（実際には贖刑）・革役・吏劄毀抹、罪が軽い梁元吉は杖刑（実際には贖刑）・還役・列回行柱挨参となる。罷免を指す革役に対し、還役は「行柱に戻して挨参する」という措置を伴っている。すなわち還役とは「吏員資格は剝奪せずに候缺状態に戻すこと」を指していると取らなければならない。

同様の用法はほかにも見える。例えば『盟水斎存牘』一刻・讞略巻五「争参陸祖栄〈杖〉」では、截参行柱で候缺中であった陸祖栄が農民行柱の者を差し置いて参充されようと謀り、担当の吏典に暴力を振るうという事件があったが、陸に杖刑を加え截参行柱に戻して挨参すべしという顔俊彦の擬案に布政司は、「本来は革役すべきであるが、ひとまず責三十板を加え、擬案通りとしたうえで贖刑させて落着とし、還役せよ」との批文を下している。(39)ここでも還役という語は行柱に戻すことの言い換えとして用いられている。ほかにも、先に見た同書一刻・讞略巻五「争参李達仁等〈杖〉」でも、圧参したのちに順番に従い参充すべしとの措置が批文では「還役」と言い換えられている。

加えて、前出「卯簿」に関する次の史料も挙げておこう。嘉靖『広東通志初稿』巻一〇・公署〈吏員附〉「定先後挨参」には、「院批・司箚を配属先衙門に提出して卯簿に登録されたものの家に帰って「曠役」し点呼に姿を見せない者がいる。彼等は参充の順番を後に回し、「復役」した吏農は圧参する」とある。(40)投批・投箚直後のことについて言っているのであるから、卯簿に登録される者とは、すぐに参充された者だけではなく候缺状態の吏員も含んでいると考えるのが自然である。ということはここでの曠役〈役をサボタージュする〉は房科の吏典缺における業務を行わないことだけではなく、衙門に出頭しないことをも指していることになる。また復役は『盟水斎存牘』における還役と同義であろう。以上から、事を明末広東に限れば、「供役」とは候缺状態をも含意する語であると考えられよう。

では、候缺中の吏員が「役」に供しているとはどういうことなのだろうか。もちろん、衙門に配属されていることを以て「役」と称しているととらえても大過無いのではあるが、候缺吏員は実際に役務を行っていたのである。候缺中の吏員が行う「役」の具体例を見ていこう。

（2） 候缺吏の役務

候缺中の吏員が何らかの役務を行っていたことをうかがわせる事例として、次の事案を見てみよう。

ケース⑥『盟水斎存牘』一刻・讞略巻五「争参陸応経左維翰〈繇詳〉」

陸応経・左維翰の二名は、広州府増城県の転考吏（第二考の吏員）で、陸が第三名、左が第四名であった。陸が出張していた時にたまたま戸司（戸房の司吏）の缺が空いた。陸が出張から戻っていなかったため、他の吏員は陸が規避していると主張し、県は左維翰に頂参させた。陸応経は、「命令を受けて出張しただけです」と供述した。これを受けて顔俊彦は規避の意図なしと認め、陸応経を戸司缺に参充し、左維翰は別の缺が空くのを待って参充する、と擬案した。布政司から、陸応経の参充を認めるとともに左維翰については別途逮捕して取り調べ報告せよ、との批文が下った。[41]

候缺中の吏員である左維翰が、同じ行柱で順位が上の陸応経を出し抜いて参充されようと謀った争参事案であるが、ここでは出し抜かれた陸が批（出張命令書）を受けて差遣（出張）させられていることに注目したい。衙門には、文書の送付、犯罪者の逮捕、官員への随行などさまざまな要件で人員を出張させる必要があったと思われ、このケースでは候缺吏がそれに充てられているのである。

ほかにも、第二章冒頭で挙げた「指参」によって不正に吏典缺を得た者を一括して処罰した事案において、長期出張に関連する語が見える。三つの擬案とそれぞれに対する批文からなり、また長文であるので、要点のみを挙げる。

ケース⑦『盟水斎存牘』一刻・讞略巻五「指参吏葉肇元等〈杖革〉」

指参によって吏典缺を得る者が多く、正規に参充される者を阻碍していたことが問題とされ、顔俊彦に調査命令が下った。顔俊彦は広州府および南海・番禺・新会県において訴追された吏員を取り調べ、効労の者は罰穀のうえ行柱に列回して挨参、捏労・移恩の者は杖刑のうえ革役と擬案し、巡按御史の裁可を受けた。ところが、捏労との判決を受けた三十六名が、「移恩と比べて罪の重さが異なるので、銀両を支払うから復役を認めて欲しい」と願い出てきた。そこで顔俊彦は軍餉十両を納めさせたうえで復役を認めてはいかがか、と擬案した。これに対して巡按御史は、三十六名は自分の功績を「随朝齎冊」と称しているが、いつの「随朝」「齎冊」か悉皆調査せよ、との命令を下した。

これを受けて顔俊彦が再調査したところ、二割の者は「随朝齎冊」、八割は「遠差効労」であると供述した。しかし顔俊彦は最終的に三十六名全てを捏労であると断定し、門子身分の者には復役を認めないが、その他の者には納銀させて行柱に列回して候参させ、納めさせた銀両は先頃亡くなった右布政使の葬送費用に充てると擬案し、巡按御史はこれを裁可した。(42)

判決の主眼は、同じ指参であっても捏労の者の処罰を移恩に比して軽減し復役を認めてやることにあるが、捏労の者たちは「随朝齎冊」「遠差」による功績を主張した、とある。「遠差」は字義から遠隔地への出張と思われるが、(43)「随朝齎冊」とはなんであろうか。

明代には、在外衙門の正官は三年ごとに京師に赴き朝覲することとされており、基本的には首領官と吏員を一名ずつ連れて京師に赴く。目的は地方官の考察を行うことにあり、朝覲する官僚は「事蹟文簿」などと称される文冊を持参し、これに基づき所属官僚の考察が行われた。(44)「随朝」とはこの朝覲に随行することを指し、「齎冊」とはこの文冊を持参することを指すのであろう。(45)これに関して『盟水斎存牘』二刻・讞略巻二「詳羅国珍頂辦〈謡詳〉」では、「随府入観」すなわち知府の朝観に随行した吏員に恩典を認めるべきか否かが問題となっている。そこでは、顔俊彦は

「随府入覲したことは別の［仕事による］労苦とは同じではないことを考慮して、破格に恩典を認めてやるべきである。淮揚江浙に出張したことについては論じる必要はない」[46]と述べ、他省へ赴く出張と随府入覲とは一線を画すものとしている。ケース⑦において随朝か一般的な遠差かが調査されているのは、随朝が特殊な役務と見なされていたからにほかならない。

このように、候缺中の吏員は、衙門の公務に伴う出張のために使役されていたこと、その出張先には遠隔の他省や京師などもあったことを確認した。衙門の側から見れば房科における日常業務に拘束されず、必要に応じて使役できる者を抱えておくことは便宜であっただろう。一方で吏員にとってこうした出張は、衙門の房科において執務し庶民相手に手数料を取り立て収入を得られる吏典缺の業務と比べて利権に乏しいものであったことは想像に難くない。さすれば前述のように候缺を強いられた者が不正に吏典缺を求めたことも頷けるし、曠役の背景として、缺を獲得できない者の多くが逃亡を選択したという状況があったと考えることができよう。

（3）候缺吏と納銀

最後に、候缺吏を抱えておくことの意義について、官側の収入の面から触れておこう。第二章で見たケース①の冒頭[47]を見ると、陽山県の正缺に定撥された鄧肇臨・丘承信の二人は、定撥の際にそれぞれ銀二十両を納入していた。丘承信は別に餉銀五両を納めているという違いはあるが、考選され県に定撥されるにあたって二十両の銀を納めているという点においては両者は等しい。この二十両はいかなる名目で徴収されているのであろうか。この点に関連して、『盟水斎存牘』二刻・公移「吏農改撥辯復詳」には、通常の定撥とは異なる「納陞」という手続きについて次のような記事がある。

納陞の件については、すでに定撥されて衙門に出頭して供役を開始したのちに、人が多くて缺が少なく、挨参して進まない場合に、納陞して別衙門に改撥されて早く参充されようと図るのである。原納の行頭は半分に換算する。例えば、県正は二十両なので、府正に納陞する際には原例十両に換算し、三十両を追加で納め、あわせて四十両の行頭を満たす。さらに別に五両の餉銀を納め、その改納を認める。これは「昇格を伴わない」改撥と大同小異である。いま、憲臺のご命令を読むと、「五両の他にさらに追加せよ」とのことだが、この項についてはすでに原納の行頭を半分に換算しているのだから、さらに追加するとなれば、「納陞する吏員には」堪え難い負担となるだろう。(48)

納陞とは、第一章で述べた「挨参不前」の者が、長期の候缺を避けるために納銀して上級衙門に改撥される特別措置を指す。引用部分は、その際に納めるべき金額をめぐる顔俊彦の意見である。従来、いったん県に定撥された吏員が上級の府に納陞改撥されるためには、最初に定撥された際に支払った県正の行頭二十両を半分の十両に換算し、これに三十両を加えて府正の行頭四十両に充て、別に餉銀五両を納めることとなっていたが、憲臺が餉銀を増額せよと命じたのに対し、すでに最初の行頭を半分に換算しているのであるからこれ以上の増額は納陞を求める吏員に多大な負担を強いることになる、というのが彼の意見である。ここに見える「行頭」は文脈から、第一章で説明した吏員のカテゴリー・身分ではなく、定撥される際に支払う金銭を指すと解釈するほかない。行頭（行柱）を獲得するための権利金のような性格を帯びたものと考えられよう。また、「県正」はケース①に見える「県の正缺」の略であろう。二十両という額面が一致していることからも、ケース①で鄧肇臨・丘承信の二人が納付した金銭はこの行頭銀を指すに違いない。

以上から、定撥され衙門所属吏員の地位を得た者からは行頭銀を徴収しており、その金額は県は二十両、府は四十両と定められていた、ということがわかる。そして、定撥段階で納付すべきこの行頭銀は、未参充の候缺吏からもひとしなみに徴収されたはずである。つまり、吏員を定撥することで官側は行頭銀による収入を獲得できるしくみになっていた。このことは、衙門における労働力の需要如何にかかわらず、吏員を増員することは官側にとって財政上のメリットがあったことを意味する。候缺吏の増加という問題の背景には、こうした収入を確保したいという官側の意図があったと考えられるのである。

おわりに

本論では、『盟水斎存牘』を手がかりに、明末広東における吏員人事・考課制度の運用実態と、人事・考課の対象となった吏員の存在形態について考察した。明代においては、正規胥吏である吏員は、僉充あるいは求充という方法で選抜され、察院による定撥を経て各衙門に配属され、三年の任期を経たのち再び考課・定撥を受けるというサイクルを繰り返すこととなっていた。定撥された吏員は卯簿に登録されるが、配属先衙門の吏典缺には必ずしも空きがあるとは限らない。そこで彼らは、それぞれの属性ごとに行柱に分類されて参吏簿に名を連ね、吏典缺への参充を待つこととなる。すなわち、正規胥吏である吏員には、缺に就いている「吏典」と、衙門に配属されているものの未参充である「候缺」の二種類の待遇の者がいるということになる。そして、吏典缺が空くと、参充に際しての優先順位が上位の行柱の者から順に参充された。また同一行柱の者については先に定撥され配属先衙門へ出頭した者から順番に参充することとなっていた。

明末の広東においては、誰をどの缺に参充するかまでは定撥の際には決められておらず、配属先の衙門で出缺があると、その都度決められていた。前任の吏典が必ずしも任期を全うするとは限らず、丁憂や截参などにより突然吏典缺が空位となることがあり得るので、そうした事態に臨機応変に対応するためであろう。しかしこの制度は、早期の参充を謀ったり利権の大きい缺が空くまで参充を規避したりするといった争参行為を助長した。劉濤氏は、候缺吏員の増加が争参をはじめとした指参行為を助長したと指摘するとともに、候缺問題顕在化の要因を僉充から求充という選抜方法の変化に求めているが、これに加えて、闕員が生じてから人員を補充するのではなく、あらかじめ一定数の人員をプールしておいて必要に応じて缺に充てるという吏員人事制度そのものが候缺吏員の存在を前提として設計されていたことを見逃してはならない。

さらに看過してはならないのは、候缺吏員の存在は官側にとって不正の助長という負の要素のみをもたらしたわけではないという点である。卯簿に登録されているにもかかわらず平常の点呼に応じない候缺吏員が処分の対象となっていたということは、出缺の際に後任に充てるべき吏員を確保しておくことのほかに、衙門において何らかの臨時的業務が生じた場合に彼ら候缺吏員を使役することを目的としていたと思われる。その業務の一つとして、『盟水斎存牘』には公差に赴く候缺吏員の存在が確認できた。争参事案には、候缺吏員が出張で不在であることを利用して缺をかすめ取ろうとしたという事例があり、また効労・捏労により指参を謀る者たちの中には、官員の朝覲に随行して京師に出張したことを口実とする者があった。その他の役務について、候缺吏員が行っていると確定できる具体例は見出せなかったものの、房科における文書処理・帳簿管理以外の役務に供することが候缺吏員には求められていたので(49)ある。加えて、吏員は定撥された段階で行頭銀という一定の金銭を官に納めることとなっていた。こうした事情から、指参による弊害が深刻化しながらも候缺問題には抜本的改革が施されなかったと考えられよう。

さて、吏員と称される正規胥吏には、缺に就いている吏典と缺を待っている候缺とがあり、いずれも衙門において供役していることが確認できた。しかし、胥吏と総称される存在には、彼らに加えて非正規胥吏も含まれる。明末広東地方衙門における非正規胥吏の実態や、吏員と非正規胥吏との関係、官側の非正規胥吏への対応などについて、『盟水斎存牘』はさまざまな具体的情報を提供してくれるのであるが、これらの点については別稿で論じることとしたい。

註

（1）以上の理解は、佐藤次高責任編集『歴史学事典 第八巻 人と仕事』（弘文堂、二〇〇一）の「胥吏」（黨武彦執筆。三五〇〜三五一頁）に基づく。なお、本論では「胥吏」は専ら知的労働に従事する者を指し、倉庫番や獄吏などといった、単純労働に従事し宋元代に「公人」などと称された存在は考察の対象としない。

（2）宮崎市定「清代の胥吏と幕友——特に雍正朝を中心として——」（原載一九五八、同『宮崎市定全集』一四、岩波書店、一九九一、一七三〜二〇五頁）。

（3）例えば吏員の缺の継承に際して「頂首銀」（権利金）がやりとりされていたことについては、繆全吉『明代胥吏』（嘉新水泥公司文化基金会、一九六九）「第五章 胥吏窃権之情勢——客観上原因」、および劉濤「明代吏員的参充及指参——以《盟水斎存牘》為考察中心」（『西南大学学報』（社会科学版）三八—三、二〇一二、一三七〜一四四頁）参照。

（4）註（3）前掲繆全吉著書「第三章 胥吏之人事」。

（5）顔俊彦と『盟水斎存牘』については、濱島敦俊「明代の判牘」（滋賀秀三編『中国法制史——基本資料の研究』東京大学出版会、一九九三）の五二八〜五三一頁、三木聰・山本英史・高橋芳郎編『伝統中国判牘資料目録』（汲古書院、二〇一〇）の四九〜五二頁、および『盟水斎存牘』標点本（中国政法大学出版社、二〇〇二）の「整理標点説明」参照。

（6）劉濤「明代吏員的候参与指参」（『史学月刊』二〇一二—一、二〇一二、一二九〜一三三頁）、および註（3）前掲劉濤論文。

（7）註（3）前掲繆全吉著書、および和洪勇「明代吏員的選抜」（『雲南社会科学』二〇〇一—五、二〇〇一）。

（8）万暦『大明会典』巻八・吏部七「吏役参撥」「凡僉充吏役、例於農民身家無過年三十以下能書者選用。但曾経各衙門主写文案、攢造文冊、及充隷兵与市民、並不許濫充」。

（9）註（3）前掲繆全吉著書九五～九八頁、および註（7）前掲和洪勇論文七二～七七頁）。

（10）牧野修二『元代勾当官の体系的研究』（大明堂、一九七九）三三～四二頁。

（11）註（8）前掲史料。

（12）一例を挙げると、『盟水斎存牘』一刻・讞略巻五「指参阮兆蓮等〈杖革〉」には、糧儲道の門子であった者が書辦（非正規胥吏）として功績を挙げたと偽って吏典缺を得たのを不正行為と断じて革役した、とある。

（13）「査得、嘉靖七年吏部勘合、凡農民選取良家子弟、取具保結、教令習学書写、講読律例等書、転送巡按衙門、定立等第、従公考選。写字端楷、文移頗通者、列為第一等、定撥都布按三司并各府事繁科分吏典。写字頗可、文移粗知、列為二等、定撥司府首領并衛所州県倉庫駅逓等衙門吏典、各令挨次収参。年力衰弱、写字粗拙者、発回為民。……」

（14）この参充の語義について、劉濤氏が「一般的には吏員を選抜して吏役に充てることを言う」としているのは厳密さに欠ける。『盟水斎存牘』の用例から、また後述のように缺への充当は巡按ではなく配属先衙門において行われていることから考えると、精確には「選抜・定撥を経た吏員を吏典缺に充てること」に限定して解釈すべきである。

（15）「査得、布政司与都按二司参吏旧規、転考・農民・起復・截参・陞参・承差幷生員充吏、各行頭挨次収参。行之既久。事体允便。将原撥定一応未参吏農、尽数査出、不論原撥定房眼、止係分別各行。倶以投批日期為始、開写卯簿。仍置立参吏簿一扇、備開参吏行頭。先参転考二名、次起復一名、次生員充吏一名、次充吏承差一名、次納銀農民二名、考選不納銀農民一名、次截参一名。……巡按御史戴璟批、農民准投批先後挨参。転考吏照例先儘。丁憂起復亦以投批次序挨参。……」

（16）『盟水斎存牘』一刻・讞略巻五「争参梁祚隆〈杖〉」「審得、清遠戸缺、序該超参行柱頂補、次該陞納《納陞》、再次及農民。……挨該下手納陞行柱、則梁賛為正格矣。……」

（17）『盟水斎存牘』一刻・讞略巻五「争参陸祖栄〈杖〉」「……其如参規・行柱、皎若日星。截参之不能凌農民而前也、非自今日始也。……」

(18) 行柱ならびに候缺（候参）については、註（6）前掲劉濤論文一二九～一三〇頁。

(19) 本書は、国立公文書館蔵、彭応弼編『鼎鐫大明律例法司増補刑書拠会』（明刊。全十二巻）に附されている。本論では同館デジタルアーカイブスで公開されている画像データを用いた。

(20) 「一、考撥吏農、巡按職掌。倶照各処見行規格遵守、以考案為序、挨缺註参、類詳定奪。中有攙越作弊、或未奉批允、輒先収参者、究革。其一両考役満者、預申該司道、厳査承行勘合・詞詳。完過八分以上、無他違碍者、転呈類考。管庫吏農、更須厳覈、経手銭糧明白、取具掌印官結状、方准起送。考過一等陞参、二三等挨参、四等量責准参、五等発回、候下考定奪。但緣事・患病半年以上者、作缺曠役、及違限三年以上者革役。……」

(21) 「御史戴璟条約。一曰定参充。……其聴缺農民若経前巡按考定該参者、径自参補、具申照験。其餘給由吏典幷各府州県起送農民、倶季月考撥。……」

(22) 「……其吏典一考・両考役満、無有過失、起送司府、類送巡按衙門考試招議。仮如照前定立等第、如果律例精熟、文移通暁、陞参通吏・令史・書吏。其餘照旧転参原役、不許一概逓陞。……」

(23) 『巡方総約』第四・部約類「吏属」「……其援例加納、或挨参不前、情願改撥降参見缺者、許具告該衙門、査与例合、別無規避、方与転詳。……」

(24) これらについては註（3）前掲繆全吉著書「第三章　胥吏之人事」参照。

(25) 註（3）・（6）前掲劉濤論文。

(26) 『盟水斎存牘』一刻・讞略巻五「指参吏高遇明等〈杖革〉」「……而指参之中、有効労、有捏労、有移恩。効労者、実有其労而指参之。情罪猶軽。捏労者、未嘗有労而托之于労。情罪更重。至于移恩、則掛名吏籍、幷非其人、甚至為書為門、一身而充幾役、不可方物。……」、同書一刻・讞略巻五「指参吏葉肇元等〈杖革〉」「……而指参之中、又最可恨者、為移恩一項。移恩之説、起于両院、効労破格優賞。然亦以書辦効労而賞之吏已耳。不謂其移之他人也。移之他人、大非法矣。……夫本身効労、乞恩本身、猶其法非、其人是也。而移之子姪、移之親戚、甚則移之不可知之人。復有門役混捏名色、無労称労、倩人代辦、買人頂参。……」

(27)「……今典吏鄧肇臨遵奉事例、於崇禎三年二月十四日納銀二十両、奉院行司、於本年五月初六日考列二等第四名、定撥陽山県正缺。吏奉司劄、発本府転発本県、於本年九月初二日投到供役。挨参丘承信亦遵奉事例、於崇禎三年五月十四日納銀二十両、另加餉銀五両貯庫、考列三等、撥陽山県正缺。吏乃不奉院批、不転発府、竟乞司劄、於六月初一日投到供役、投到後、至六月二十一日始奉院批允。其捷足径行、原預為今日争参張本。不思承信納銀在肇臨後、考案在肇臨後。僅以五両之餉、欲挙総約而弁髦之。目不知有三尺矣。且納餉無免考之文。憲批炳若、難為此吏置半喙。而鑽営攙越、大紊参規。如丘承信一吏、所当褫革重懲以徇諸吏者也。……」

(28) 当該条文には「硃墨八十両」などの文言が見え、参充命令書に知県が朱筆を入れる際に要求した賄賂を指すと思われる。

(29) 註(27)前掲引用部分では「吏乃不奉院批、不転発府、竟乞司劄」(丘承信はなんと察院の批文もいただかず、府に転送されることもなく、司劄の支給を求めた)とのみあるが、あとに続く巡按御史の批文に「不知前該司何以于肇臨則劄給考後、于承信則劄給考先、於肇臨則劄転行府、於承信則劄径発県、以致到県有先後」とあることから、布政司が陽山県に司劄を直接送付したことが分かる。

(30) 註(6)前掲劉濤論文一二九～一三〇頁。

(31)「審得、連州吏一案、査照参規、徐賢宰係農民行柱第一、黄流清第二、蕭惟泰第三。区日登則以効労指参該州承発者也。参規初正、吏弊一清。日登列回行柱、截出另参、毋容再議。蕭惟泰以第三名越次而参、亦応駁正。但拠吏房吏羅万善称、当日点参、徐賢宰・黄流清不到、州官怒而圧之。果爾、二吏之不得参、其自取也。于惟泰何尤焉。今将日登所出缺、准賢宰頂参、流清頂参賢宰、而惟泰之参如故、参規井井無絲毫之紊乱也。区日登法応重擬、但念在碑榜未立之先、姑罰穀五石、以示薄懲。賢宰・流清幷罰如数、以儆吏之偸安玩法者。惟泰・万善免擬。繇詳。使司批、徐賢宰等如詳頂参。区日登姑従寛、一体罰穀。庫収繳」。

(32) 註(3)前掲劉濤論文一三〇頁。

(33)「審得、吏農指参、憲禁凛如。乃避冷就炎、巧為揀択。此尤与於指参之甚者也。三水県工典吏陳家彦、以縁事截参。応農民第二名黄裳頂参。而裳延捱狡避、不即接参。蓋正朶頤戸典陸啓象将満之缺也。殆戸典缺一出、即捷足得之。倘先是循序而参工典、則此缺応属之農民第三名李秀梅矣。何怪秀梅之上呈乎。今査、陳家彦縁事截参、及工典出缺、戸典出缺、前後月日、皎然難欺。黄裳恃官寵而乱参規、杖革追劄無辞。吏房梁一敬、朦朧混申、幷杖。該缺聴県査照参規、另申頂接。招詳。察院批、吏農自有参規。其倚官寵而弁髦憲紀者、罪吏加等。黄裳革役、与梁一敬並杖允宜。依擬贖発。庫収繳」。

(34)「収左」は未詳。広東塩課提挙司に六房が置かれていたことは嘉靖『広東通志初稿』巻一〇・公署〈吏員附〉「原吏員額数」に「広東海北二塩課提挙司。〈吏戸礼兵刑工房幷所属場務、司吏八名、典吏五十三名〉」とあることから明らかである。収左は戸房を左右二つに分けた一方を指すか。また、ここには承発の名は見えないが、文書の受領・発送を行う承発吏典が置かれていても何ら不自然ではない。

(35)「審得、塩司吏労語珍奪参之控、査案、戸房収左吏廖昌之截参出缺、該司出文在四月初十日、奉憲詳允在四月十三日。承発吏黎献寧之丁憂出缺在四月十三日。若以截参出缺奉詳允之日為始、則与丁憂出缺同日、初無先後。而有截参之出文在先、則於同日之内定其先後、不得不謂截参之缺在先、丁憂之缺在後也。梁瑞捷足争先、舎収左而参承発。語珍於是不能嘿嘿矣。且語珍呈内有賄属吏房之語。而吏房張廷策称、此文稿竟出自署印官衙中。梁瑞豈無説而能暗暗関会至此也。梁瑞応截出圧参、以懲営鑽。缺聴另詳。労語珍既経収参、亦不許起避冷就炎之想、以開凌競。至謝栄者、原係移恩指参、奉査褫革、何得朦朧列参。此壊法之首也。追劄塗抹、杖懲。梁瑞・労語珍幷杖。招詳。布政司転詳。察院梁批、梁瑞等既経覆審明悉。依擬各杖贖発落。庫収繳」。なお、擬案中に出てくる「謝栄」なる人物が本件にどう関与していたかは未詳。

(36)註(2)前掲宮崎市定論文一七四〜一七五頁。

(37)「審得、粤東吏役、乞私沢而蔑参規、真可痛恨。職奉憲釐剔、自両院以及本司、前此有絲毫仮借者、靡不同敗葉之掃。而乃有敢于仮借名色、別径営参、如梁元吉・王翼其人者。元吉以東征行柱為言、業已奉文停止。然猶有行柱可言也。翼則以捏労遁之超参。身現充別道書辦、而掛虚名于吏籍、起而与元吉為蛮触之争、何為乎。扞禁触網、莫此為甚。倘及于寛政、何以謝従前褫革諸吏乎。王翼杖革、追劄塗附。元吉列回農民行柱挨参。而幷杖其営競、法之平也。現缺聴另詳補。招詳。布政司批、依擬梁元吉贖杖還役、列回農民行柱挨参。王翼贖杖革役。庫収・吏劄繳」。

(38)東征行柱は『盟水斎存牘』中にしばしば出てくるが、具体的にいかなる行柱であるかは不明。ただ、本来は存在すべきでない行柱であったようで、東征行柱の者は農民行柱に組み入れるとの命令が下されている。『盟水斎存牘』一刻・讞略巻五「東征吏徐煜〈擬列農柱挨参〉」参照。

(39)「審得、陸祖栄因事截参、後復呈指原缺、以院駁乃止。随呈本司乞箚、遇缺収参。蓋准其収参云爾。考之参規、祖栄在截参行柱、不可移也。今拠新安東司吏劉廷錫役満名缺、該県詳農民陳鏜頂参。於前後・参規絲毫不紊。而祖栄復朦朧控憲批県収参。……卑職奉批査報、亦止拠参規、為之剖決。……乃次日早、新安令携一人以来、頭面皆裂、衣服皆血。而令吃吃不能措一語。詢之則該承吏陶一魁、為祖栄殴撃幾死。……陳鏜応照参規頂参、陸祖栄依截参行柱挨序収参、并杖之、以儆吏之横而不法者。招詳。布政司批、陸祖栄逞凶蔑法。本応革役、姑加責三十板、依擬贖発還役。名缺照行柱挨参。庫収繳」。

(40)「……其有奸猾以投批箚、虚名在官、回家曠役、不行常川卯酉者。還将後進、復役吏農圧参。……」

(41)「審得、陸応経・左維翰皆増城県転考吏也。経序第三、翰附第四、参応経先、無疑也。因経先奉批差、適有戸司缺出、経尚未回、衆吏以経規避管庫為辞、致抜下手維翰頂参。此一時之事、而于参規則未協也。今拠応経称、奉公差遣。並無規避之情。仍合照序、聴経正参。維翰遇缺另補。繇詳。布政司批、陸応経既係正参、准改正行。左維翰提究招報」。

(42)「審看得、吏役参規、列有行柱。此祖宗二百年以来之功令也。即有大力、其誰敢干之。乃壊法乱紀者、蔑視王章、巧開捷径、突出効労指参。一塗於各行柱下、指圧攙入、遇一缺出、如投骨臥狗、群起而争。循次者皓首抱積薪之嗟、鶩捷者昏夜有挈舟之幸。況其鑽営之費、又須取償于所参之缺。作奸犯科、皆所不顧、濁乱衙門、莫此為甚。……卑職奉憲査覈、謹将府庁及南・番・新会被呈諸吏逐一研審、除各正参行柱照旧外、其係親身効労指参、経院詳允者、姑准罰穀十石、列回農民行柱、照例挨参、其捏労指参与移恩代辦及非奉院詳、朦朧圧参者、並引不応為而為之律、褫革擬杖、分別在案。職自謂、一洗宿垢、差快人意。……察院呉批、閲所臚列、粤中吏胥一途、幾成黒漆世界。第衙門之吏、皆衙門之官有以仮之。各衙門之吏得以媒官、皆本院職掌之衙門有以開之。今無論大小衙門、応列回者列回、応褫革者褫革、兜底清査、尽数釐正、一掃従前之攙越、而乃可永絶後来之覬覦。此亦火坑中清冷一剤也。……覆看得、……唯是捏労諸吏称、与移恩微有分別。拠吏黎廷恩・呂応麟・梁超・梁上選・黎佐・魏国望・麦兆龍・黄経・楊其成・関世昌・潘起龍・徐光宗・陶中興・陳宋・梁縉・黄廷臣・黎丁麟・劉論・馮仕俊・黎鳴陽・張元順・徐国璉・劉昌・黄国相・陳壮猷・胡上柱・霍卓藩・黎琦・黄鳳・李明・陳絡・許嗣昌・陶勲・陳台・欧陽紹奇・廖大為、各具詞哀訴、欲援例納復。……査部例一款、「凡経革吏役、審無贓証者、納銀十両充作遼餉、准与辦復」。除移恩永錮不准納復外、倘蒙憲恩開其一線令自新有路、則霜清露潤、四時之気、皆倶備于憲臺一挙筆之下矣。恩出上裁、非下所敢擅請。具詳。察院呉批、抛呈、随朝齎冊以効労詳参、似与指参移恩不同。第詳列者三十六人、何同時随朝之多人乎。恐其中以移恩託之効労者不無也。着各吏自開某年随朝・某年齎冊、以憑査実酌復。看得、……卑職復集諸吏于庭、与原呈諸吏公同。開報如左。其称随朝齎冊者什之二、称遠差効労者什之八。然総之効労前招已另列一款、今所乞恩者、皆捏労也。特与移恩有間焉耳。内除梁超・麦兆龍・梁縉・劉昌・張元順・徐国璉・黄鳳、倶係各衙門門子、不准辯復。其餘倶援例准列行柱候参。目下使司右堂溘焉長逝。浙粤相距半万餘里、孤稺煢煢、行路心惻、倘邀憲恩、僉諸吏之請、而以各十金之納為麦舟之助、此無損于参規、深有裨于死者、諒憲臺所必許可、而非卑職所敢請也。……巡按御史呉批、既捏労乞恩、自不応辯復。姑以各役上納之金可為幼稺扶櫬之資。姑准列回行柱候参。繳」。「使司右堂」（右布政使）は、顔俊彦の着任が崇禎元年であるので、浙江烏程の人・王道元と思われる。康熙『広東通志』巻二三「職官上」参照。

(43)『盟水斎存牘』二刻・讞略巻二「訐告陳鳳翔章上進」には、湖広巡撫の命令による「遠差」で広東にやって来た吏員が広東の吏員の居処に身を寄せていたところ、金銭トラブルがもとで互いに訴え合った、という事案が見える。遠差には省外への出張も含まれていたであろう。

(44) 万暦『大明会典』巻一三・吏部一二「朝覲考察」「洪武初、外官毎年一朝。二十九年、始定以辰・戌・丑・未年為朝覲之期。朝畢、吏部会同都察院考察、奏請定奪。……凡外官三年朝覲。……〔洪武〕二十六年定、各布政司・按察司・塩運司・府州県及土官衙門・流官等衙門官一員、帯首領官吏各一員名、理問所官一員、照依到任須知、依式対款、攅造文冊、及将原領勅諭・諸司職掌内事蹟文簿、具本親齎奏繳、以憑考覈。各衙門先儘正官。正官到任日浅、佐貳官到任日久、必先佐貳官来。……」。明代の朝覲考察制度については、和田正広「朝覲考察制度の創設」（原載一九八二、同『明代官僚制の研究』汲古書院、二〇〇二、三六三～四〇五頁）、車恵媛「明代における考課政策の変化――考満と考察の関係を中心に――」（『東洋史研究』五五―四、一九九七、一～四〇頁）などを参照。

(45) 万暦『大明会典』巻一三・吏部一二「朝覲考察」にも、「凡辺遠及有事地方免朝覲。……弘治十六年奏准、陝西洮河・西寧

茶馬司大使等官倶免。止令該吏齎冊応朝」とあり、茶場司大使の朝観考察を免除する代わりに当該官庁の吏員に「齎冊」させる、とある。

(46)「……今拠羅国珍所乞、念其随府入観、与別労不同、応破格准従。至于淮揚江浙之差、又何問焉。……」

(47)『盟水斎存牘』二刻・讞略巻三「争参吏丘承信等〈杖〉」「……今典吏鄧肇臨遵奉事例、於崇禎三年二月十四日納銀二十両、奉院行司、於本年五月初六日考列二等第四名、定撥陽山県正缺。吏奉司劄、発本府転発本県、於本年九月初二日投到供役。挨参丘承信亦遵奉事例、於崇禎三年五月十四日納銀二十両、另加餉銀五両貯庫、考列三等、撥陽山県正缺。……」

(48)「看得、……其納陞一款、因已定撥到衙門供役之後、人多缺少、挨参不前、欲求納陞改撥別衙門以図近参。原納行頭只算一半。如県正二十両、納陞府正、止算原例十両、加納三十両、共足四十両行頭。又另納餉五両、准其改納。此与改撥大同小異。今読憲行、于五両之外量加、但此項既原納行頭止算一半、即欲議加、亦不堪太重。……」

(49)『盟水斎存牘』には、科挙試験場の管理業務をめぐって不正行為を働いた吏員の存在が見出せるが、これが吏典なのか候缺吏員なのか、条文の内容からはにわかには判断しがたい。『盟水斎存牘』一刻・讞略巻二「場吏劉策等〈一徒二杖〉」参照。

［**附記**］　本論は日本学術振興会科学研究費補助金（課題番号16K03068）による研究成果の一部である。

明末の弓術書『武経射学正宗』とその周辺

城地　孝

はじめに

表題にいう『武経射学正宗』とは江戸時代に中国から輸入された弓術書である。荻生徂徠の名を冠した訓点本が寛政元年（一七八九）に刊行されて以来、江戸から大正時代頃まで日本の弓術に深い影響を与えたとされ、今世紀に入っても訳注がなされるなど、現代でも弓道に親しむ者にはよく知られた書物である。撰者は高穎（字、叔英）なる人物で崇禎十年（一六三七）の自序を附す。一般に『武経射学正宗』と総称されることが多いが、正確には『武経射学正宗』三巻と『武経射学正宗指迷集』五巻とから成り、前者では高穎が提唱する射法理論や修練のあり方、弓具の選定法などが説かれ、後者では射法の遺訓や先人の射法に対する批判・検討がなされる。

荻生徂徠の作とされる『射書類聚国字解』は冒頭、中国における「射法ヲ載タル諸書」を比較し「畢竟諸書多シトイヘドモ、戚南塘（継光）ガ紀効新書、高叔英ガ射学正宗ナラデハ慥《タシカ》ナル説ハ見ヘズ」とまで述べている。このように本書が高く評価され、長く読み継がれてきた理由の一つは、高穎自身が射法に迷った苦しみと、それを克服すべく老齢に至るまで倦むことなく続けられた修練の過程、その末にようやく悟り得た弓射の根本要点を克明に記す、実体験に裏打ちされた具体的な叙述にある。(1) 実際その説くところは、高穎と時と場を異にして弓に取り組む筆者にも首肯できるところ少なくない。

弓術書である以上、本書がまず弓射、特にその技術面への関心から論じられてきたのは当然のことではある。ただ後述するように、高穎は武挙人であり、その点で本書はひとまず武人と見なし得る人物の著作であること、しかもそこに書物として刊行するに値する価値が認められたということから言えば、武術はもちろん、より広く軍事の理論や技術も含めた「武」なるものが明末社会に占めていた位置を考えようとする際にも、本書からは何がしかの新たな切り口が得られそうである。自序が書かれた崇禎十年（一六三七）と言えば、内には李自成らの反乱勢力、外には清というように明は腹背に敵を抱えて滅亡に瀕していた。いわゆる北虜南倭が激しさを増す十六世紀以降、軍事・国防問題は明にとって喫緊の課題であったし、そうした状況の中で文人士大夫が「武」への関心を高めていたこと、すでに数多の論者が指摘している。(2) そこに武人の視点から検討する視座を示すという点でも、本書を取り上げることに一定の意義を主張できる。

前近代中国において、弓射が一般に考えられる意味での武術の語で一括しきれない諸側面を有したことも既知のことに属する。もちろん弓射も武術の一つである以上、当然ながら戦闘の射＝武射というのが基本的な側面としてあるが、同時に弓射を人格修養の営為の一つと捉える考え方も古くから存在した。射が六芸の一つとされ、礼の一環として射礼が整備されたし、(3) 明代に至っても学校に射圃が設けられたのはこうした側面に由来する。さらに娯楽としての側面も見落とせない。高麗で編纂された中国語会話読本『老乞大』には、元の大都城内における弓の試合や弓具購入の話が見えるが、(4) 外国人が学ぶ会話の例文に弓射が登場することは、それが少なくとも大都の都市生活におけるごく普通の娯楽として浸透していたことの証左となる。そしてそうした状況がその後も続いたであろうこと、これも明末の南京を描いたとされる『南都繁会図』に弓矢を扱う店が描かれていることからうかがえる。こうした様々な側面を

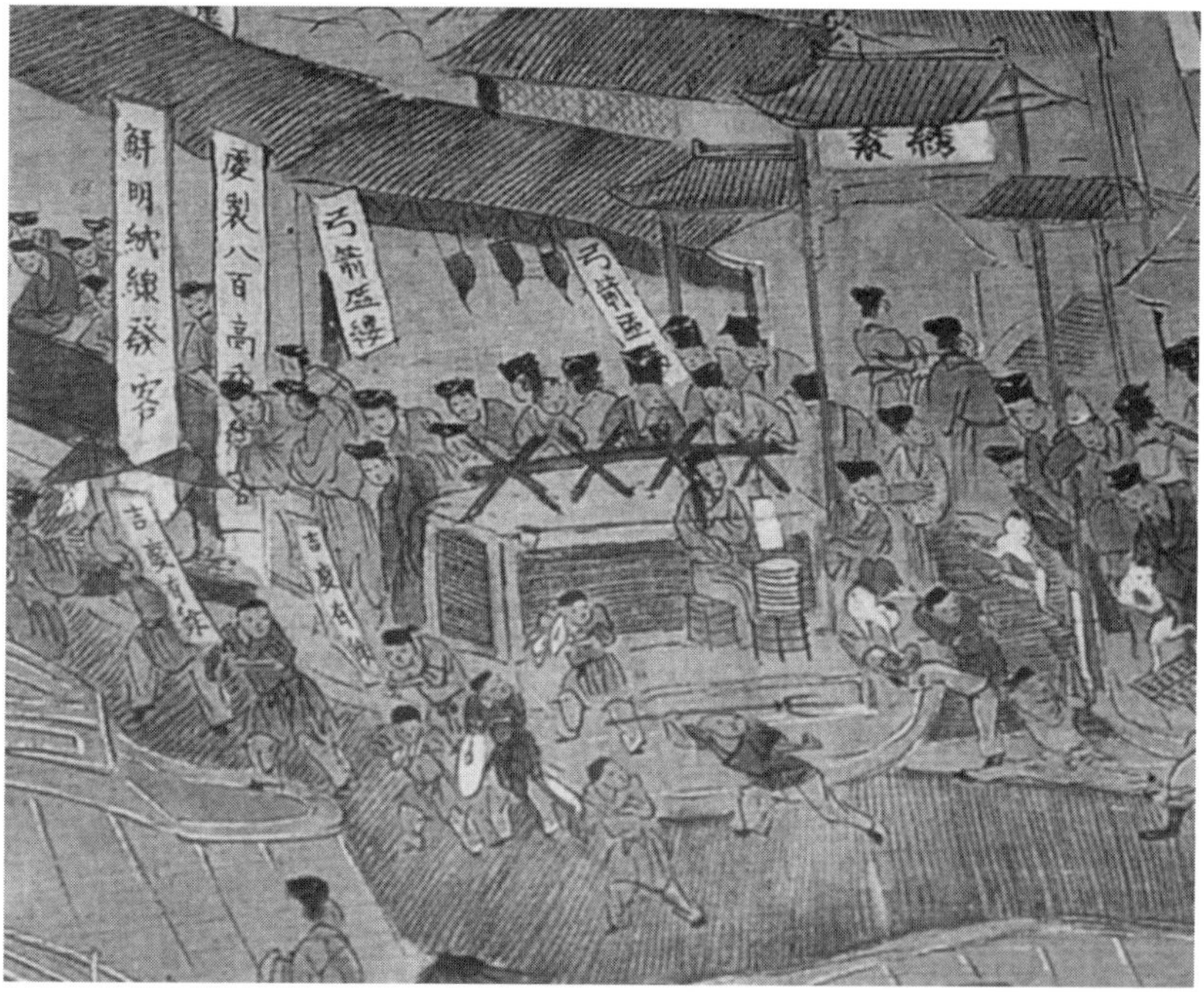

『南都繁会図』より（部分）中国国家博物館蔵

持つ弓術を対象とすることにより、狭義の武術史・軍事史の枠を越えたレヴェルで「武」のありようを検討するアプローチが得られることも期待できよう。

以上、本稿は『武経射学正宗』を題材とし、弓射の理論・技術面もさることながら、むしろその修練のありようや撰者を取り巻く人脈あるいは出版の背景ないし社会的要請というように、弓術書たる本書の周辺とも言うべき部分に敢えて注目することで、明末期の「武」をめぐる一側面を描こうとするものである。

管見の限り、本書の中国刊本は、わが国の国立公文書館と尊経閣文庫がそれぞれ所蔵する崇禎十年（一六三七）序刊本が残るのみであり、[5]本稿では前者を用いる。扉に「大司馬楊修齢定」と大書され、各巻の冒頭には「楊修齢先生較定武経射学正宗」および「膠城高穎叔英父著／茂苑江起龍靖侯点次」と記されている。楊鶴

（修齢は字）は湖広武陵（現、湖南省常徳市）の人、万暦三十二年（一六〇四）の進士。明末の流賊鎮圧にあたったことで知られる楊嗣昌はその子である。楊鶴もまた流賊平定のため崇禎二年（一六二九）に陝西三辺総督に起用されるも、弾劾を受けて崇禎四年（一六三一）に下獄、翌年袁州（現、江西省宜春市）に謫戍となった。『明史』によれば、彼は清廉な人物だとの声望はあったものの「兵を知らず」、総督を拝するに際して帝に方略を問われても「清廉で慎み深く身を持し、将士を慈しむのみです」と答えるのみであったと伝わる。(6) 楊鶴あるいは点次を施したという江起龍との間にどのような関係があったのかを高穎みずからの言葉で述べた記事は、少なくとも『武経射学正宗』中には見られない。

本稿では以下『武経射学正宗』を『正宗』、『武経射学指迷集』を『指迷集』とそれぞれ略称し、双方をまとめて呼ぶときに『射学正宗』と称する。

一　撰者高穎と彼の修業歴

『射学正宗』を史料として検討しようとする際、まず撰者高穎がどのような人物であったかを把握せねばならない。既述のとおり、各巻の冒頭に「疁城高穎叔英父著」とあることから、彼が疁すなわち嘉定県（現、上海市の属）の人であったことが知られる。『嘉定県志』にも万暦四十年（壬子・一六一二）科の武挙人で県城内に住んでいたとの記載があるほか、『正宗』後叙で言及される長子高武孟の名も天啓元年（辛酉・一六二一）の武郷試及第者の項に記されている。(7) 県志にはまた彼ら父子以外にも明末に及第した高姓の武挙人が列挙されており、あるいは高穎の一族は「武」の方面で有名な家であったのかもしれない。

高穎の事績をもっともよく伝えるのは、彼がみずからの修業歴を記した『正宗』巻中「辨惑序」である。「辨惑」の名が示すように、弓射を習う者が陥りやすい病癖について解説する当該巻の冒頭、高穎は一度陥った病癖を克服することが如何に苦しいか、それゆえに正しい修練を積むことがどれほど大切であるかを自身の経験に即して懇々と説いている。その叙述はおそらく読者にもっとも深い印象を残す部分と言えようが、同時に彼の事績をたどる有力な手がかりにもなる。

「辨惑序」によれば、高穎は幼少時から射を好み、章句を習えば万里の異域で功を立てようと志し、人とつきあえばすぐに心を開いて打ち解ける性格で、司馬相如や信陵君の風を慕い、その伝記を読んでは喜んでいた。二十歳の時、県内の射を善くする者たちと交友するようになったが、中でも抜きん出ていたのが孫履正・孫履和・李茂修であった。ともに道を講じ修練に励んで射技も日々進歩したが、特に大きな影響を受けたのは孫履和であった。豪快でやさしく大きな志を持ち、質朴ながら文章を善くし、思いやり深いけれども断ずべき時には断じたという彼に高穎は深く師事していたが、敢えて友人として交際したという。嘉定にはまた豊臣秀吉の朝鮮出兵時に明からの援軍として派遣された銭三持もおり、万暦二十九年（辛丑・一六〇一）に高穎は彼を訪ねて教を請うとともに、その著『射評』を読む機会を得た。射技は日々進歩したが、それでもなお満足することなく、沿海防備軍の兵士や近隣の江南地域の射の名手に対しても、少しでも長じたところがあれば虚心に教を請うた。寒暑をものともせず修練を積むこと数年、広く教を求めて試行錯誤を続けて十年になるころ、ようやく自身の射法が形を成してきたという。万暦三十一年（癸卯・一六〇三）に高穎は武郷試に参加、ほとんど外れ矢がなかったというその腕前は江南の射手の間で評判となり、彼自身もおおいに会得するところがあった。

このころ高穎は江北のある名手に出会う。弓を引き込むとすぐに発し、弦音とともに的中するその射を見た彼は喜んでこれを習ったが、同時にその病弊も習得することになってしまった。当初はその良し悪しを判断できなかったが、三年も修練を続けた頃には悪癖がすっかりしみついてしまい、「不満」——弓を引き絞って狙いを定めた状態で十分に伸合うことができずに離してしまう、いわゆる「早気《はやけ》」——が日ましにひどくなって的中も減じた。ここに至って高穎もその非を悟ったが、もはやすぐには矯正できない状態に陥っていた。

郷試に合格した高穎は万暦四十一年（癸丑・一六一三）に北京へ上り、武会試に挑む。時に四十三歳であった彼は、長城ラインを守る辺境防衛軍の兵士をはじめ射に長けた者が中国全土から集まって来ているのを目の当たりにし、これぞと思う名手が目に留まれば射の得失を議論した。射を行う上で何が良くて何が悪いかはみなわかっているけれども、良いことの内にも問題となること、逆に良くないとされることの中にも美点となるようなことがあり、それが相互に関連しあって病癖となっていることについても考えを深めたという。これにおおいに悟るところのあった高穎は、病癖を克服すべく寝食を忘れて日夜倦むことなく修練を続けたが、加齢による筋力の低下もあって「不満」の病がひどくなるほか、様々な病癖が百出し、胸中で射法を理解していても両腕が思うように動かないという状況であった。四十五歳の時、彼はまっさらの状態のところに一から正しい射法を身につけようと、普通とは逆に右手に弓を持ち左手で引く左射を試し、五年ほどの修練の末にほぼ意の如く的中できるまでになった。万暦四十四年（丙辰・一六一六）に再び京師に上った際には、高穎の評判も知れ渡っており、北方の射手たちが群がって彼の演武を見に来るほどで、中には子弟を連れてやって来て彼の周りを離れようとしない者すらいたという。皆がほめそやすその射もしかし、高穎は心中その非をわかっており、結局は以前の右射に戻した。弱弓・細弦に変えて修練すること五年、何とか法にかなった射が引けるようになり、遠くから小さい的を射ても多少は思うとおりに的中できるようにはなった。とはいえ病癖を完全に消し去ることはできず、依然「不満」の悪癖が出ることもあり、的中も癸卯年に武郷試を受けた頃のようではなく、筋力の衰えも蔽い難かった。

射を習うこと四十余年、齢六十六の高穎は、江北の人の誤った射法を習ったために生涯「不満」の病に苦しむことになった自身の経験から、一度身についた病癖を除くのは困難であり、最初の段階で射法の成否を弁別することがいかに大切であるかを強調して、これ以降の叙述を進めていくのである。(8)

以上が「辨惑序」で語られる高穎の修業歴であるが、本稿の関心に即していくつかの点を指摘しておきたい。まず注目したいのは、弓術という武術修練の過程を語っていながら「文」の要素がそここに認められることである。高穎自身も章句を習い、司馬相如・信陵君の伝記を愛読したというように、幼少時から「文」の素養を身につけていた。そもそも『射学正宗』という著作をまとめられるということ自体、それ相応の素養を有したことの証左となるが、そうした文武両道の士としての一面は『正宗』後叙の中で読書を好まない次子修孟・幼子声孟を「不学無術の人」や「焉《これ》を農とするに若かざるのみ」と評し、みずからが四十数年かけて追究してきた弓術を伝えるに値しないとまで述べているところからもうかがえる。(9)また高穎が交友・師事した人々も相応程度の文才の持ち主であった。彼が大きな影響を受けた孫履和は「朴にして文を能くする」と評され、朝鮮に出征して嘉定に帰郷していた銭三持にも『射評』なる著作があった。

いまひとつ注目したいのは、弓射を通じた人的交流の広がりである。高穎が「海上諸営の士」や「三呉の射学する者」にも教を請うたという点、あるいは武郷試における彼の射技に対して「三呉の志を同じくする者、相推《あい》許し」たという点からは、嘉定県ひいては江南地方において弓術が身近なものとして存在し、それを媒介とした士人間の交流があったことがうかがえる。さらに高穎が終生悩まされた「不満」の病癖を得たのは「江上人」の射法を学んだからであったし、武会試のため北京に上った際には「九州及び九辺列鎮の諸材士」の射技を目にし、名手と見た射手とは

「失得を講究」していた。その三年後に上京した際には、一般に南方に比して武勇に優れるとされる北方の「燕・趙・斉・秦の士」が彼の射を見に「雲集」するというほどの注目を集めたのである。『正宗』巻下は択物門と名づけられ、弓具の選定・使用法を解説するものだが、ここでもたとえば矢の材料となる竹の産地による良し悪しや、木箭と竹箭のどちらが好まれるかといった点での地域差に関する記述が見える。(10) こうした点からも、弓術およびそれを通じた人的交流が全国規模の広がりをもっていたことが知られる。

以上、本章では高穎自身の弓術修練のあゆみを見てきたが、ここで示した諸点のうち、次章では高穎の周辺に存在した人脈について少しく掘り下げて検討することで、当時の社会における『射学正宗』という書物ひいては弓術そのものの位置を明らかにするための糸口を探ってみたい。

二　高穎を取り巻く人脈

まず彼が修練を始めた頃に交友を結んだとされる孫履正・孫履和・李茂修から見よう。嘉定の人で『明史』文苑伝に立伝される婁堅の文集『呉歈小草』巻一に「李茂修・孫履和の北上を送り兼ねて叔達・向伯・無隅の三君子に寄す」という詩が収められている。これについては、徽州休寧籍ながら嘉定に居住し、婁堅・唐時升・李流芳とともに『嘉定四先生集』にその詩が収められる程嘉燧の絵画作品を論じた張義勇氏が取り上げている。張氏によれば、孫履和というのは孫种なる人物で、字が履和、同じく徽州歙県籍で嘉定に住んだという。(11) 孫种の名は康熙『嘉定県志』巻十一にも見え、万暦二十五年（丁酉・一五九七）ならびに同二十八年（庚子・一六〇〇）の武郷試に及第している。

いま一人の李茂修はおそらく李自芳なる人物である。嘉定県でも特にさかえた鎮の一つである南翔鎮の鎮志には、李氏が代々科挙及第者を出し、その文才・声望は世に高く聞こえ、子弟もみな異才あふれる人物であったとされる一方、悪事をひどく憎んだために、明滅亡時に李氏に恨みを抱く「群小」の殺害・略奪を被ることになったほか、勢力を笠に着て人々を虐げ、官府にも圧力をかける様は土豪・地棍のようであったという「郷里伝聞」が記されている。[12] この一族から出た文人として嘉慶『南翔鎮志』には李先芳（字、茂実。万暦十七年進士）・李名芳（字、茂才。万暦二十年進士）・李流芳（字、茂宰・長蘅。万暦三十四年挙人）・李元芳（字、茂初。嘉定県生員）の名が見える。いずれも諱に「芳」、字に「茂」がつくが、同書巻五、選挙、武挙には万暦二十八年（庚子・一六〇〇）科の武挙人として李自芳なる人物が記されている。諱・字の文字から言って、婁堅の詩に登場し、かつ高穎がともに修練に励んだという李茂修は、この李自芳と見てよかろう。

さて婁堅の詩には次のように言う。孫种・李自芳は平生より辞賦を好んだが、みずから壮夫ならざるを恥じ、「跅弛」すなわち放蕩・無頼の者と交友すること多く、儒を学ぼうとはしなかった。しかし武勇を奮うべき時には国のために奔走し、公卿たちの間に屹立して気を吐いていた。徽州からやって来た二人は、農民・漁民にまじって暮らしながらも悠々として会得するところあり、書を読んでは司馬穰苴の兵法に思いをめぐらせていた。[13]

ここに描かれた孫种・李自芳の姿は、文才のない無教養な武人のそれでは決してなく、辞賦を好み兵書を愛読する文武両道に秀でた士のイメージである。彼らが放蕩者・無頼者と交友していたという点についても、ここではむしろ型通りのあり方から敢えて離れたところで世のため人のために活動するという積極的なニュアンスがこめられたものと見るべきである。いずれも武挙人であった孫・李について、優れた文才を有しながらも、儒学を修めて科挙を受験し文官となるコースとは異なる道を敢えて選んだという書き方がなされている点に注意しておきたい。

文武両道の士であったことが強調されるのは、同じく高穎の弓術修練に影響を与えたとされる銭三持すなわち銭世楨（三持は号）も同様である。康熙『嘉定県志』所収の伝記によれば、銭世楨は若い頃から気概にあふれ、筆をとれば立ちどころに文章ができあがるというほどの才を有しながらも、弓馬の方をより好んだがゆえに武挙に参加し、万暦十七年（己丑・一五八九）に武進士に及第したという。(14) 同県志にはまた『征東紀略』・『射評』という彼の著作が伝えられており、(15) 後者は高穎も読んだと言われていたが、その著作が県志に記録されているということも、文武両道に長じ、特に弓射を善くしたという評価が、高穎個人にとどまらず、一県の範囲で共有されていたことを物語る。

県志所収の伝記によれば、銭世楨が朝鮮に派遣されていた際、平壌攻略にあたって都督李如松は諸将に「先に城に登った者には万金を賞し、世襲の指揮を与える」と約束した。先鋒を任された銭が奪還に成功したにもかかわらず、李が約束した賞賜・昇任を奏請しなかったため、翌年になってようやく浙江遊撃を授けられた。このとき銭は餉司と衝突して辞任し、その後も金山・天津の参将に起用されたが、その一本気な性格が官僚勤めに合わず、任官と辞職を繰り返した末に帰郷して余生を過ごしたと伝わる。(16) こうしたところは彼の父親の銭春沂も同様であったようで、やはり県志に残る伝記には、嘉靖四十三年（甲子・一五六四）に挙人となった彼が徳化県（江西九江府の附郭）の知県在任時に、櫃吏が届けてきた羨余を「百姓の膏血なり」と言って受け取らなかったこと、それからほどなく上官の慰留を振り切って辞職・帰郷し、以後二十年の間、詩酒に明け暮れる悠々自適の生活を送ったことが伝えられている。(17)

こう見てくると、銭春沂・銭世楨父子は文科挙及第・文官任官の道に縁がないわけではなかったものの、それを相対化することのできる視座・立場を有していたように見える。銭世楨および孫枘・李自芳もそうだが、彼らに対する「文才はあったが、弓馬の才能・興味を生かすべく敢えて武挙を受験して武官となった」という書き方も、あるいは武挙を経て武官になるという道が、士人たちにとって挙業の選択肢——しかも少なからぬ可能性あるもの——として受け止められていたことを示すものと解釈できるのではないか。

高穎自身も含め「辨惑序」に登場する人物が、いずれも武挙人・武進士の身分を持つ武人でありながら、優れた文才の持ち主であったと特筆されていることは、彼らを取り巻く人脈の内に少なからぬ文士も含まれていたことを推測させる。高穎は直接言及していないけれども、史料上で交友が確認できる者に嘉定出身の黄淳耀がいる。彼は崇禎十六年（一六四三）に進士となったが、天下の乱れたのを見て仕進を思いとどまり帰郷、清軍が嘉定に迫る中、順治二年（一六四五）閏六月に避難先から戻って嘉定城防衛戦に参加するも、七月の県城陥落時に自殺した(18)。嘉定攻防戦の顚末を記す朱子素『嘉定屠城紀略』には黄淳耀の動向も記されているが、その為人を伝えるものとして、彼の同年挙人として登場する葛麟のエピソードを見てみたい。事態が急を告げる中、およそ文人らしからぬ勇猛な風貌の葛麟は二人の力士とともに黄淳耀の家を訪ねた。応対した淳耀の父家柱からすでに出かけてしまったと聞いた葛は眉をひそめて「それは大変心配なこと。年翁（同年の黄淳耀）は「純儒」であり世故に通じておられぬ。万一のことがあってはと心配で何とか一目会いたいと回り道をして来たが、遅かったか」と嘆じたという(19)。「純儒にして未だ世故を諳んぜず」という葛麟の言は、進士に及第しながら出仕せず、また儒学で説かれる士大夫の当為のあり方を字義どおりに実践すべく、文弱の身も顧みずに防衛戦に加わった黄淳耀の為人を端的に伝えている。

右の言はまた黄淳耀が高穎に対して如何なる眼差しを向けていたのかを知る助けにもなる。黄の文集『陶菴全集』巻七に収められる像賛では、高穎が軍略に精通していることとともに、弓射を善くすることにも言及されているほか(20)、巻二所収「陸翼王思誠録序」には、崇禎十五年（壬午・一六四二）春に黄淳耀が同志十余人と組織した直言社の活動に高穎も加わっていたことが記されている。その活動内容は、社友が平生考えたことを日々書きとめ、定期的に開かれたであろう会合の場でそれを示し、外面の威儀や内面の心術、君父の倫理や日常の礼節について、皆の意見がまとまるまで議論するというものだったようだが、注目すべきは、そうした会にあって黄淳耀が自分の友人や門生とは異なり、特に高穎を「前輩」と敬称していることである。[21]

このほか『正宗』後叙で高穎が「予が友」と称し、覚えの悪い弟子へのメモとしてまとめた『射略』に意見を述べた――それに沿って手を入れて『射学正宗』は成ったという――厳衍（字、永思）についても、[22]光緒『嘉定県志』巻十九に残る伝記には「日記を作り、昼の為す所は、夜必ず之を書く」と見える。この点、自身の行動を反省する材料とするために日記を書くという直言社の活動と相通ずるものを見てよかろう。

黄淳耀が弓射に長けた高穎を「前輩」と敬称し、厳衍も高穎が書いた弓術書の原稿に関心を寄せたということは、彼らが弓術に長けているという点を尊敬に値するものと見なしていたことを物語る。冒頭に述べたように、古代以来、弓射は人格修養の営為として位置づけられ、高穎もまた同様の立場に立っていたことは『射学正宗』の随所に見て取れる。同年挙人から「純儒」と評された黄淳耀および彼と志を同じくするような生真面目な文人ならばなおのこと、そうした徳性の持ち主としての高穎に対する尊敬もより強いものであったと思われる。

三　弓術書の出版と武挙

前章での検討から、武人であった高穎の周辺に存在した「文」の要素ひいては文武間の密接な交流の様子が見えてきた。武人について文武双方に秀でていたことが強調されると同時に、文人たちも人格修養の道の一つである弓射に長じた者として高穎に尊敬の眼差しを向けていた。そうした状況は『射学正宗』が書物として出版されたこととおそらく不可分であったはずである。

明代後期以降、軍事的緊張の高まりに伴って、武術・軍事に関する著作が急増するようになるのは周知のことである。唐順之『武編』や戚継光『紀効新書』、程子頤『武備要略』のように武術・軍事知識を総合的に記した書物においても、弓射について言及するところは少なくない。右三書に対しては『指迷集』で逐条的に論評・批判が加えられており(23)、高穎にあっても相応のウェイトを置くべき著作と位置づけられていたようである。

一方で特に崇禎年間（一六二八〜四四）に入ると『射学正宗』も含めてもっぱら弓術を取り上げた書物が目にとまるようになる。もっともこれも印象の域を出ず、目下そうした傾向を実証的・統計的に裏づける術は持たないが、ひとまず手近で見られる書目や先行研究によって知り得た限りでは、以下のようなものが挙げられる(24)。

程宗猷『射史』八巻　崇禎二年（一六二九）自序(25)
程道生『射義新書』二巻　崇禎八年（一六三五）序
顧煜『射書』四巻　崇禎十年（一六三七）自序
楊惟明輯『射学指南』不分巻　崇禎十年（一六三七）刻本(26)
李呈芬『射経』（『続説郛』弓三十六、所収(27)）

書物の存在とともに問題なのはその内容だが、冒頭に引いた荻生徂徠の評言にも言われていたように、総じて見るべきものはほとんどないようである。『四庫全書』編纂時にこれらを披閲した四庫館の館員も口を極めて酷評しており、たとえば程道生『射義新書』について、上巻は『礼記』・『周礼』をはじめとする諸書から射に関する故事を抄録しただけで、新たな知見が示されているわけでもなく、弓射の秘訣を述べるという下巻も『武編』・『紀効新書』・『武経節要』・『射家心法』の四種の書物から引用するだけであり、みな紙上の空談で実際の役には立たない、と手厳しい(28)。胡煜『射書』に対しても、諸書から射について論じた記事を抜き出して一書にまとめたものだが、射法・射式を論じた部分に引く書物には多く「秘授」の二字が注記してあり、どこから引用してきたのか詳らかでなく、体例もはなはだ蕪雑だと述べている。[29]

なるほどこれらの弓術書は古典・他書からの引用ばかりで、内容の詳細さ・新しさ・実用性の点で見るべきものはないのかもしれない。しかしそうであるならば我々はこう問うことが許されよう。そうした「紙上の空談」でしかない弓射の故事・知識を集めただけの書物が刊行され、それが四庫館員や徂徠の目にとまるまでに流布したのはなぜなのか、その必要性はどこにあったのか、と。

筆者の見立ては、武挙の受験参考書としてこれらの書物は編まれたのではないか、というものである。明の武挙制度の概要を示す際、先行研究が主に依拠する正徳三年（一五〇八）所定の「武挙条格」によれば、[30]武挙郷試・会試とも文科挙と同じ年に実施され、軍籍に限らず一般民人も応募資格を有した。外省での武郷試は巡撫・巡按御史が三司とともに選抜にあたり、両京および三司のいないところでは巡按御史が考試を行ったというから、南直隷では応天・蘇松・淮揚の三所で武郷試が行われたことになる。試験科目は郷試・会試とも基本的に弓馬と策論のみであり、具体的な軍事問題について問う策問二道と兵法や史実を論ずる作論一道に加え、騎射・歩射の成績で合否もしくは順位がつけられた。後述するように、武殿試は崇禎四年（一六三一）に一度挙行されたのみで制度として定着を見ることはなく、武会試の合格者が武進士となった。会試受験者には官あるいは軍民といった身分・戸籍の別や試験の成績に応じて授職されるほか、制定の時期・経緯は不詳ながら、武郷試に三度合格した者にも授職するとの規定もあったらしい。[31]

このほかに嘉靖二十三年（一五四四）頃までは武挙への異論や中断があり、合格者数も少なく一定しなかったが、同二十六年（一五四七）以降は合格者数も増加に転じ、万暦年間（一五七三〜一六二〇）までに百名前後に一定したこと、[32]また特に万暦年間以降、より多くの武挙合格者から鎮戍武官を任用するために関連諸規定が整備されていったことが指摘されている。(33) 世襲武官から武挙合格者へと任用対象者をシフトしようとする政府側の意図あるいは趨勢があったとの指摘は注目に値するが、先行研究ではいわば試験を課す側の立場のみから見るがゆえに、結局のところ武挙本来の目的である優秀な武官の任用に効果を挙げることはなかったという議論に止まってしまっているように見える。ここでは受験者側の思惑や行動と関連づけた形で若干の考察を試みたい。

梅鼎祚『鹿裘石室集』巻五には五件の「応天武挙郷試録序」を収める。梅鼎祚は宣城（現、安徽省宣城市）の人。官途につかず在野で読書三昧の生涯を送ったが、海内でその名を知らぬ者なしというほどの声望で、彼に会えたことを「俗ならざるに庶幾《ちか》し」と喜んだり賓礼をとったりする官僚がいたという。(34) ここで取り上げるのは、①万暦十年（壬午・一五八二）と②万暦三十七年（己酉・一六〇九）のものであるが、書かれた時期・場所から言って、これらの史料を用いて嘉定県籍の高穎が受験したであろう蘇松武挙郷試の状況をうかがっても、そう的外れなことにはならないだろう。

①で注目したいのは、その競争率である。「将《まさ》に千有奇にならんとす」という応試者に対して、合格者は「凡そ四十有五人」であったという。この数字をどう評価するかについては、同じく①中、北虜南倭の外圧により軍事的緊張が高まったにもかかわらず、武挙が中止もしくは時折形式的に行われるに過ぎなかった「先代」に比して、「属者」つまり現状では武挙が文科挙と同様に行われ、及第者には順次、所定の月米が支給され、京師に送られて命が下るのを待っている、(35) と比較的に述べられているのに注目したい。序文という性格上、現状をより良く描こうとする意図が働いているのは否めないが、先述の武挙ならびに武官任官に関わる制度整備の動きも考えれば、少なくとも受験者数は嘉靖年間（一五二二～六六）に比して増加しており、その分だけ競争率も高くなったとの認識を示すものと解釈して大過あるまい。(36)

②では万暦三十七年と「往歳丙午」すなわち万暦三十四年（一六〇六）の二度の武郷試の間で、受験者の側にある変化が生じたとの認識が示されている。前回三十四年の武郷試に際して司校の任をおびた「不佞某」は、旧都でもある南京だけに確かに文才豊かな士人は多いが、ともすれば実のない華美に奔って武事がおろそかになってしまうのではないかと懸念し、「文」に傾注しているエネルギーを少し削って「武」の不足を補うことを願った。すると諸士は諾々と弓馬に励み、三十七年冬、今度は試験官として武郷試に臨んでみると、その上達ぶりは相当のものであった。その点で三年前の懸念も「過計」つまり余計な心配で済んだわけだが、今度は逆に彼らが「武を用いるに狃《なず》む」すなわち単なる武術修練に堕してしまっているのではないかと心配になってきた。折しもヌルハチの脅威が高まっている現状にあって求められるのは、あくまで国防を担うに足るだけの度量・見識を備えた人材になることだ、と訓戒めいたことを記している(37)。

郷試録の序文という形式化された文章、しかも在野の梅鼎祚の手になるという点から言えば代作の可能性も排除しきれないとなればなおのこと、右の叙述がどこまで実情を反映しているかという疑問もあろう。しかしここではむしろそうした形式的で代作すら可能な文章だからこそ、そこに一定の一般性を認めることができると考えたい。国防を担い得る度量・見識の有無を見るという武挙本来の目的が忘れ去られているのではないかとの懸念すら生ぜしめるほどに諸士が弓馬に励んでいるという②の記事は、①や先行研究で示される武挙受験者数の増加と競争率の上昇が、弓射すらも受験科目化されていくような状況をもたらすほどであったことを物語っており、武挙であっても及第に向けて注がれるエネルギーの大きさを強く印象づける。

武挙にテコ入れする国家とそれに殺到する士人というこうした構図は、明代で唯一の実施となった崇禎四年（一六三一）のいわゆる武殿試をめぐる動きにも見ることができる。この武殿試の直接の経緯は、同年の武会試における不正疑惑という突発的な事件にあり(38)、むしろその直前まで武挙人に対して皇帝が試験を行う廷試の建議は退けられていた。崇禎三年（一六三〇）七月、河南参政潘曽紘が、文科挙では皇帝による試験を経て進士となるが、武挙にはその機会がないと述べ、武挙でも成績優秀者数人を皇帝が引見して順位をつけるよう建議した(39)。兵部尚書梁廷棟は同年八月、祖制にない廷試を行う必要はなく、武会試の上位三名を引見して賞賜を与えるのみでよいと覆奏したが、帝は上位二十名を引見した上でみずから順位をつけるとの上諭を下している(40)。ここでは確かに廷試は不要とされているが、一方で皇帝が直接関与することで権威を高め、人心を鼓舞しようとの姿勢が示されている点に注意しておきたい。

このとき梁廷棟が持ち出した理由は祖制であったが、これに先立つ天啓五年（一六二五）九月に御史石三畏が上した建議に対しては、祖制とともに実情を反映したより具体的な理由が示されている。石三畏は武挙に関する四事として、替え玉の取り締まり・射技審査の厳格化・策題の出題とならんで廷試創設を求めたのだが、兵部は廷試の実施が武官任用を目指す者を鼓舞することになるのは認めながらも、策論のための勉強しかせず、弓馬の能のない者が殺到することへの懸念を表明しているのである(41)。

以上、武挙に関する史料をいくつか見てきたが、ここから我々は次のような状況を想定することができよう。すなわち文科挙及第を目指しながら日の目を見られない大量の士人が存在し、一方で軍事的危機に対処すべく政府が採り得た数少ない方策の一つとして武挙という門戸がそこに開かれることで、何とか官途につこうと受験者が殺到する。それまで文科挙に向けて勉強してきた彼らにとって策論の方はお手のもの、あとは弓射をクリアすべく受験勉強としてその修練に精を出す、ということが広がっていたのではあるまいか(42)。

こう考えてくると、崇禎年間に急増するかに見える弓術書の位置や目的についても見えてくるところがある。たとえば先に挙げた程宗猷『射史』の凡例のうち、弓射の実技を解説する巻八に対応するものとして、

一、武場に士を選ぶは、惟だ的に中るを取るのみ。然れども士の中るや法有り、其の法を得ざる者は、未だ其の能く中るを見ざるなり。

とあり、少なくともここで想定されている読者層にとって、弓射の実技と言えばまず「武場選士」すなわち武挙における弓射審査が念頭に浮かんだことを端的に示している。また程道生『射義新書』に収める葛定遠の序には「文武之を半ばにす」る「社中諸子」と弓を稽古したと記され[43]、顧煜『射書』自序にも「社中諸君子」と弓射を習い、彼らの勧めにより本書をまとめて出版するに至ったと見える[44]。明末の結社の活動は多岐にわたるが、その一つとして科挙のための勉強があったことを想起すれば、弓術修練の場として社が登場することも、あるいは人格修養という理念だけでは捉えきれない、すぐれて現実的な面を示唆するように思われる。

そして高穎もまた黄淳耀が主宰する直言社の一員であった。『指迷集』後序には、文辞を飾り立てるばかりで肝心な点はさっぱり要領を得ない「世儒の纂輯」への批判が記されてはいるものの[45]、同書の序では、皇帝が地方に武学を設置して武芸に秀でた人材を集め、特に騎射・軍略に優れた者を選抜すること、すべて儒生と同様にする——有体に言えば武挙を整備する——よう命じたのは「天下と相更始せんと欲す」るものだと述べ[46]、そこに弓射修練の必要性・正当性を主張するかのような書き方がなされている。確かに『射学正宗』が説く弓射の理論・技術とその裏づけとなる実体験の記録は独自の価値を持つ一方で、その目的として意識されていたのが結局は武挙であったところに、他書との共時性を見出すことができる。冒頭で述べたように、総督・兵部尚書にまで昇りながら軍事に秀でていたようにも、また高穎とさほど深い接点があったようにも思われない楊鶴の名を冠して本書が刊行されていることも、その一つのあらわれと言ってよいのかもしれない[47]。

むすびにかえて

『射学正宗』を題材として進めてきた本稿の検討を通じて印象づけられたのは、高穎の弓術修練の過程にせよ弓射を媒介とした人間関係にせよ、そこにむしろ「文」の要素が色濃く認められたことである。高穎およびその周辺の武人たちはいずれも相当程度の「文」の素養を有し、文人とも密接な交流があった。また本書をはじめ明末における弓術書の刊行も武挙という国家の施策を多分に意識したものであり、おそらくは文士たちが武挙に殺到するという状況がその背景にはあった。こうした国家の影響については、武術であると同時に人格修養の営為ないし礼の一環として位置づけられてもいた弓術なるがゆえに、他の武術に比してより鮮明に浮かび上がってきた面があろう。

一方で『射学正宗』という書物の性格が、そこから得られる理解を限定的なものにしている面も指摘しておかねばなるまい。高穎がいわば経済・文化の最先端地域にあった嘉定県城に住んでいたことは、本書から見えてくる弓術のありように反映される都市あるいは「文」の要素をより濃いものにしよう。また書物にまとめられたものを通じて武術のありようを検討するという視角それ自体も、武術そのものというより書物に対する需要という点に引きずられた像を結んでしまう可能性をはらむ。弓術書出版の背景として武挙という点にたどり着いたのも、あるいはそうした要因によるところなしとはしない。

本稿では高穎が武挙及第者であることから、ひとまず彼を武人と見なして議論を進めてきた。しかし文士が武挙に殺到するようになるという本稿での指摘が当を得ているのだとすれば、右のような前提にも再検討が求められよう。そうした状況を突き詰めていけば、もはや文武の垣根すらも消え去ってしまうような状況すら生じてくることになる。

目下、十分な議論を示すだけの材料は持たないが、様々な面で流動化の度が著しい明末期において、少なくとも「武」の担い手としての士人について考えようとする場合、もはや文武の別それ自体がすでに検討すべき問題たり得るのかもしれない。

本稿では『射学正宗』の「周辺」に注目するのみで、その「中心」となる弓射の理論・技術の具体像およびそれを歴史的にどのように位置づけるかという点についてはまったく論及できなかった。また単なる武術としての弓術にとどまらないとの意図から「武」というように対象範囲をやや広げて設定したが、そうなると先行研究でも論じられている軍事・武術に関する知識・技術の蓄積や社会風潮としての尚武の気風といった問題に限らず、武挙や武官の任用、武官位が持つ意味など国家の制度に関わる側面、ひいては社会と国家の両層における「武」が如何なる関係にあったかといった問題も対象に含まれてくることになる。これら十分に検討できなかった諸点を指摘して、本稿のむすびにかえることとする。

註

(1) 以上に述べた本書の概要は、濱口富士雄『射経』(明徳出版社、一九七九年)三一〜三二頁、小山高茂「日本弓道概論」(『現代弓道講座』第一巻所収、雄山閣、一九七〇年)四九〜五〇頁の記述によった。

(2) 関連する研究は文字通り枚挙に暇ないが、ひとまずここでは趙園「談兵」(『明清之際士大夫研究——士風与士論——』北京師範大学出版社、二〇一四年、所収)および王鴻泰「武功・武学・武芸・武俠——明代士人的習武風尚与異類交游——」(『中央研究院歴史語言研究所集刊』第八五本第二分、二〇一四年)を現時点での到達点として挙げておく。王氏の論考では特に都市文化の一つとしての「武」の流行現象について、正徳以降の軍事的緊張に伴う「武功」意識の高まり、実学志向とも相俟っての「武学」の盛行、科挙の受験勉強から精神を解放する娯楽としての「武芸」、異類の士との交遊を通じた「武侠」文化の発展、という四つの側面から論じている。

（3）小南一郎「射の儀礼化をめぐって――その二つの段階――」（同氏編『中国古代礼制研究』京都大学人文科学研究所、一九九五年、所収）、丸橋充拓「中国射礼の形成過程――『儀礼』郷射・大射と『大唐開元礼』のあいだ――」（『社会文化論集』第一〇号、二〇一四年）などを参照。

（4）金文京・玄幸子・佐藤晴彦訳注、鄭光解説『老乞大――朝鮮中世の中国語会話読本――』（平凡社、二〇〇二年）二五〇～二五九頁、二六八～二七二頁。本書に弓に関する話があることは金文京先生の御教示により知った。

（5）本書の書誌学的な検討は別稿にゆずる。

（6）『明史』巻二百六十、楊鶴伝

帝召見鶴、問方略。対曰、清慎自持、撫恤将卒而已。遂拝鶴兵部右侍郎、代〔武〕之望総督陝西三辺軍務。……鶴素有清望、然不知兵。

（7）康熙『嘉定県志』巻十一、選挙、武科、明および光緒『嘉定県志』巻十五、武科、武挙、参照。

（8）『正宗』辨惑序

穎少好射、習章句時、便有立功万里之志、与人交、便有披肝裂胆之懐。竊慕相如・信陵之風、嘗読其伝而悦之。（以下皆述己平生犯病之由、改病之艱、幷求法之労与守法之篤。）弱冠時輒与邑中善射者遊、而孫履正・孫履和・李茂修其選也。時与之講道肆業、而射日益進、然履和之力居多焉。其人豪爽慈恵多大節、朴而能文、仁而能断。穎深師之、敢云友也。又有銭三持者、邑中先達賢豪也、征東大捷帰。辛丑年間、時謁其門而問業焉、得其射評而読之、而射日益進、猶不敢自足也、更与海上諸営士及三呉射学者遊、有片長一善、必虚心訪問焉。数年間不避寒暑、広稽博採、歴試屢更、比十年而射法成。癸卯年応試郷挙、開弓破的、幾無虚矢。一時三呉同志者、相推許焉、頗自謂有得。偶遇一名射、江上人也。形貌偉俊、開弓迅発、応弦而中、輒喜而学之。執知其法固可嘉、其病不能無也。（肩聳而骨節不直、一病也。犯此病者、引弓必漸不満。引弓一抽即彀、一彀即脱。発矢順利而銜勒不清、二病也。犯此病者、雖満而難斉。舎矢甚易而神不注、三病也。犯此者、矢大小不準。）当時胸中真贋未明、学其法幷学其病。比三年而病入骨、引弓日漸不満、中的亦稍減。心知其非、未能遽改也。又三年癸丑応試京師。時穎年已四十三矣。縦観九州及九辺列鎮諸材士、挟弓馳射者蝟集、乃遍簡其尤者、与之講究失得。無論射中之善与射中之弊、無不畢知、幷善中之弊与不善中之美、転展相因、根連蔓引之病、無不考竟、乃恍然大悟、欲一改旧習、忘寝食者五年、而病不能恃、乃益奮其力于弓矢、多方改図、日夕不倦。又三年而筋力労疲、病所云不満之毛病根益深、引弓益不能彀、変怪百出。胸中射法了然、奈両臂之不為我用也。時年已四十五矣、知病終不能去、又不忍棄置。於是更為左射、以精験之法、訓新習之手、病未生而法備具。比五年而機熟、応弦命中、亦幾如意。丙辰年又遊京師、為時論所推、燕・趙・斉・秦之士、雲集而観。其尤知味者、率其子弟、相従不舎也。然旁観者雖曰善、予心知其非至也。何也。左射者後手弱、不能敵前手之強。強弱不調、発矢終乖。猶作楽者、琴瑟不調、雖強鼓而成音、不知楽者、妄称其善、終不能入鐘子期之聴。乃又更為右射。蓋喜右手久不習射、病根消而易改、且不忍右手二十余年之功、一旦棄擲耳。乃遂大加更改、以弱弓微弦、滌去旧病者五年、射始合法、中微及遠、稍亦如意。然病根之入骨者、猶存十之一二。不満之毛病時或間発其端、中数亦不能如癸卯年之多、而筋骸已漸憊。嗟嗟、穎今年已六十有六、習射四十余年、始知受病之根、而悔已無及。使早能辨射法之真贋、不為江上人所惑、亦奚知流毒至此。予身受其惑之害、且又知去害之苦。雖用苦功以去病、而病根転深、皆従初之不辨失也。今天下好射者比比、誠不忍其忽于惑而不知辨也、辨而不及改也。故作辨惑篇以覚之、略挙其惑之大者十余条、詳示其由。其余俟明者類推焉。

(9) 『正宗』武経射学入門正宗後叙

予講求四十余年、而始得其略。……欲授之次子修孟・幼子声孟、又不喜読書、則不学無術之人。授之技而不善用、不若農焉而已、又不忍此術之無伝也。

(10) 『正宗』択物門、箭竹老嫩宜択第九

箭竹惟出広中者最佳、江西次之。然広竹不可多得、即江西竹中亦有可用、在人知所択耳。

同、竹木箭宜択第十二

北人多用木箭、南人多用竹箭、非北人好木而南人好竹也。木産於北辺、竹産於江南、各因其土之所産而用之耳。

(11) 張義勇「程嘉燧絵画作品的現実功能」(『中国書画』二〇一三年第一期)六五頁。

(12) 嘉慶『南翔鎮志』巻十二、雑誌、軼事

里中李氏、累世貴盛、文章誉望高天下。其子弟皆抱異才、傲睨一世。又疾悪如讎、群小側目久矣。遭国変、遂乗機殺掠、幾赤其族。殆未知持盈保泰之道歟。而郷里伝聞謂、其以勢凌人、牽制官長、比諸土豪・地棍。此耳食之談也。

(13) 婁堅『呉歈小草』巻一、送李茂修孫履和北上兼寄叔達向伯無隅三君子
平生好辞賦、自慙非壮夫、所交多跅弛、不肯学為儒。要当奮拳勇、為国効馳駆、倔強公卿間、尽吐胆気麤。二子来新安、混跡於耕漁、嘯傲若有得、読書窺穰苴。

(14) 穰苴とは春秋斉の将軍で本姓は田、大司馬となったので司馬穰苴という。斉の威王が大夫に古の司馬の兵法を追論させた時、穰苴をその中に附して司馬穰苴兵法といった。『史記』巻六十四に立伝。

(14) 康熙『嘉定県志』巻十六、人物二、銭世楨
少負奇気、為文章操筆立就、尤好盤馬善射、遂応武闈、中万暦己丑進士。

(15) 康熙『嘉定県志』巻二十四、書目。

(16) 康熙『嘉定県志』巻十六、人物二、銭世楨
会朝鮮被倭、天子大発兵東征、経略宋応昌即疏加世楨遊撃将軍、隷為前鋒。世楨率軽騎、倍道疾馳、度鴨緑、抵粛寧、近平壌。都督李如松与諸将約、先登者賞万金、爵世襲指揮。世楨以七百騎過箕子墓、……即率所部、大呼薄城、与家丁数人、躍而登陴、遂克平壌。既而如松没其功、所下賞格不以奏、踰年始授浙江遊撃。会与餉司有隙、世楨廷折之、遂棄官帰。自後金山・天津両以参将起用、然尚気径直、不合于時、旋起旋躓、卒老于家。

(17) 康熙『嘉定県志』巻十五、人物一、銭春沂
挙嘉靖甲子郷試、任徳化令。櫃吏以羨余進、春沂艴然曰、此百姓膏血也、却不受。久之苦折腰詣上官求帰、上官愛重之弗許、遂書林下清風四字、置諸馬首而去。帰郷優游詩酒者二十年。嘗与友人殷都放飲高歌、連日夕弗酔。

(18) 羨余とは本来は余剰の意だが、事実上の付加税として徴収され、州県で必要分を差し引いた後、残りは上級へ送られた。

(18) 松枝茂夫訳『蜀碧・嘉定屠城紀略・揚州十日記』（平凡社、一九六五年）一四九～一五〇頁・一六八～一六九頁・二一八頁。

(19) 朱子素『嘉定屠城紀略』

初淳耀避兵石岡、有同科孝廉丹陽葛麟、与二力士至瞰。貌甚雄武、絶不類文人。叩淳耀門、大声問曰、年翁在否。淳耀父家柱出迎、答以在郷隣。攢眉良久曰、我憂之甚。年翁純儒、未諳世故。恐不免、思一相見、故迂道、今不及矣。

(20) 黄淳耀『陶菴全集』巻七、雑著、高叔英先生像賛

崒然而見者、高子之骨適蒼、穆然而蔵者、高子之神清泚。前観百世者、高子之洞暁壬奇、捷中秋毫者、高子之精能弓矢。若此者、挙非高子也。必也、風光本地、描之不成、面目本来、画之不似、夫然後謂之高子。

(21) 黄淳耀『陶菴全集』巻二、陸翼王思誠録序

壬午春、有同志斯道者十余人為直言社。前輩則有高叔英、友人則唐聖挙・陳義扶・蘇眉声・夏啓霖、門生則陸翼王・張徳符・高徳邁、侯記原・幾道・研徳・雲俱・智含兄弟、曁吾弟偉恭也。平居自考、咸有日記、赴会之日、各出所記相質、顕而威儀之際、微而心術之間、大而君父之倫、小而日用之節、講論切偲、必求至当之帰而後已。

なお、黄淳耀のほか侯玄汸（字、彦直・記原）・侯玄泓（字、研徳）・夏雲蛟（字、啓霖）の名は井上進「復社姓氏校録附復社紀略」（『東方学報』六五、一九九三年）五五一頁にも見えている。あるいは直言社の活動に復社の影響が及んでいた面もあったのかもしれない。

(22) 『正宗』武経射学入門正宗後叙

甲子春、有毛連生名広者、婁陰人也、好学楽善、予愛而授之、幾尽其法、而又性懶、恐其不能記臆也、因作射略以遺之。予友厳永思名衍者、楽道不仕、博洽君子也。聞射略成、索而観之、嫌其略而不詳、雑出而無序也。丁卯春、遂作射法三十余条、分之為三門、……総名之為射学入門。

(23) 『指迷集』巻二は「録紀効」、巻三は「録武備要略射法」としてそれぞれ『紀効新書』・『武備要略』所載の射法に対して論評を加える。同書巻四「雑録射法遺言」は『武編』所見の射法について論じた一条を収める。

(24) 復旦大学図書館古籍部編『四庫系列叢書目録・索引』（上海古籍出版社、二〇〇七年）、濱口富士雄註（1）前掲書、二六～三四頁、Stephen Selby, *Chinese Archery*, Hong Kong University Press, 2000, p. 276 を参照。

(25) 程宗猷については松田隆智『図説中国武術史』（新人物往来社、一九七六年）三四～三五頁を参照。

(26) 刻刊年は本書を収める『続修四庫全書』子部、第一一〇六冊の記載による。筆者が見る限り、序・跋など本書中に刻刊年を明記する記載は見当たらなかった。

(27) 李呈芬および『射経』については濱口富士雄註（1）前掲書、七〜一六頁に詳しい。本書の成立年代は不詳だが、彼が編纂した『皇明経世全書』は万暦二十七年（一五九九）付自序を附すほか『明熹宗実録』巻十六、天啓元年十一月甲寅（十七日）条では南京兵部主事何棟如が淮安中軍遊撃の李呈芬に副総兵を加えるよう上請している。

(28) 『四庫全書総目提要』巻一百十四、子部二十四、芸術類存目、射義新書
是編上巻雑引礼記・周礼及各子史中言射之事、抄撮故実、無所発明。下巻則専言射訣、而所引祇武編・紀効新書・武経節要・射家心法四種、亦皆紙上空談、無済於用。

(29) 『四庫全書総目提要』巻一百十四、子部二十四、芸術類存目、射書
是編掇拾群書論射之言、彙為一書。……其射法・射式中所引之書、多註秘授二字、而不詳所従来。……体例頗為蕪雑。

(30) 「武挙条格」に記される武挙の概要についての以下の叙述は松本隆晴『明代北辺防衛体制の研究』（汲古書院、二〇〇一年）一〇〇〜一〇二頁によった。

(31) 張祥明「明代武挙新論」（『斉魯学刊』二〇一一年第三期）四九頁、註①。また光緒『嘉定県志』巻十五、選挙、武科、明も当該規定を載せる。

(32) 松本隆晴註（30）前掲書、一〇七頁。

(33) 張祥明註（31）前掲論文、五〇〜五一頁。

(34) 過庭訓『本朝分省人物考』巻三十八、南直隷寧国府、梅鼎祚、参照。

(35) 梅鼎祚『鹿裘石室集』文集巻五、応天武挙郷試録序
先代南紆倭北困虜、頗多兵興、然于武科或中罷、間挙之具文爾。属者著為令、大校如文挙士、其挙者獲以次続食、待詔輦下。

(36) 李建軍「明代武挙制度述略」（『南開学報』一九九七年第三期）五八頁でも、広東の事例によって受験者数増加の傾向を指

摘している。

(37) 梅鼎祚『鹿裘石室集』文集巻五、応天武挙郷試録序
往歳丙午応天武挙士、不佞某忝司校、観諸士所陳説、蔚焉著甚、迺仰嘆国家作育人材之盛。豊鎬旧京、即兎罝而豹炳如此、已憬然過計謂、江以南文太盛、所乏非文、鶩虚華或隳軍実也。窃欲諸士損文之有余、補武之不足。諸士唯唯、越三年為己酉冬、応天復当武挙士。不佞某奉檄御史台校士之役、使庚濫竽焉。既蒞事、猶持夙意覈多士、則其馳驟若滅、周還若環、擅轡筴之制、而恣欲於馬、援弓繁繳、支左屈右、三起三疊、曲彈其技、顓精厲気、猋決電掣、直上而無前、較昔不抑亦武勝哉。某所過計、爽然自失矣、然更有質于多士、則又益虞多士之狃于用武也。……彼奴勢漸以張其志不小也、若寧堇堇以一騎相馳逐、一矢相加遺、可制一旦之命乎。……不佞某承式憲典代、宣言于多士、要惟沈幾、惟繕力、惟恢度、惟譲名。沈幾則先見事端、繕力則末有余勁、度恢則衆心予附、名譲則物議鮮譁、始而受脤登壇、智勇迭運、俾国重有制之師。

(38) 許友根『武挙制度史略』(蘇州大学出版社、一九九七年)五七頁、王凱旋「明代武挙考論」(『社会科学戦線』二〇〇八年第十一期)二四九頁。

(39)『崇禎長編』巻三十六、三年庚午七月壬辰(十五日)条
河南参政潘曽紘疏奏、……然文士之售於南宮者、天子臨軒策之、伝臚釈褐、名為進士。武士即得冠、其儕偶未嘗得一望見清光。臣以為武科前列数人、陛下不妨引見差次之、以生其始進之色。

(40)『崇禎長編』巻四十、三年庚午十一月己卯(四日)条
兵部尚書梁廷棟等覆奏、祖制武科無廷試之典。遍稽往事、亦惟宋崇寧中一挙行、而未載其法。今当於会試時、照旧法厳取而甲乙之、伝臚之日、取前三名引見賞賜、略如文士、則不必廷試、而右武作人之意見矣。帝従之、仍命将試巻前二十名、注明才勇・技芸進呈、引見候親定伝臚。

(41)『明熹宗実録』巻六十三、天啓五年九月丁未(二日)条
御史石三畏亦条列四款曰、査代替、厳監射、擬試題、刱廷試。兵部具覆言、……惟是刱挙廷試、比擬文科一節、亦是鼓

舞将材之意。但武科重在弓馬、而兼取其策論、原与文科不同。若比例廷試、則習記問而疎弓馬者、得以争先、似于設武科選将材之真意未協。況祖制武科不廷試、応遵往例為便。上是之。

（42）張祥明氏も武挙応試者の素質が低かったことの要因として同様の状況を指摘している。張祥明註（31）前掲論文、五二頁、参照。

（43）葛定遠「序」（程道生『射義新書』所収）

社中諸子、文武半之、中具将相之姿謀於射、則従同維、余亦勉強伐鼓従事。

（44）顧煜『射書』自序

会子丑間、吾錫城戒備。社中諸君子奮袂習射、敢曰包身之防、亦云王事之禦。余間従筆墨暇、勉執弭従事。……諸君子曰、石公秘笈、尚落人世。謀集射書、爰付梓氏、以率天下先。余曰可、遂成之。

（45）『指迷集』武経射学正宗指迷集後序

故是書也、……曽不効世儒之纂輯、文非不古、意非不幻、而皆粉飾於虚張容貌之粗、而於志正体直之由、中微及遠之根竅、杳無所得。

（46）『指迷集』武経射学正宗指迷集序

今皇上赫然振励、悼文詞日益浮、武備日益弛、勅天下文学士誦韜鈐習騎射、使有文事者尽有武備、而又郡県設為武学、羅天下奇才剣戟之士、工騎射而精武略者、進之泮宮、咸与儒生等。是慨然欲与天下相更始也。故一時章縫之彦、跗注之儔、非不奮焉戎務、以射為馳神。

泮宮は周代の諸侯の国学。ここで饗射を習わせた。

（47）大澤顯浩・陳正宏共編『学習院大学所蔵明刊本図録』（学習院大学、二〇一五年）には『新刊精選詳註歴科武科郷会程墨策学虎帳先声』二巻ならびに『新刊精選評注武科策論元老壮猷』四巻という武挙の模範解答集が収録されている。両書とも載せるのは策論の答案だが、こうした書物の刊行も、いわゆる受験競争化の風潮が武挙にも及んでいたことの証左となる。両書および当図録の存在は大澤顯浩先生の御教示によって知った。

【附記】　本稿は京都大学人文科学研究所「東アジア近世の地域をつなぐ関係と媒介者」共同研究班（二〇一五年二月開催）および明清史夏合宿二〇一五（二〇一五年八月開催）における口頭報告の一部をもとにしたものである。文中に御名前を記した金・大澤両先生や後者の会で貴重なコメントを頂戴した田口宏二朗先生をはじめ、双方の会とも諸先生から多くの御教示を賜った。深甚の謝意を申し上げる。

雍正五年「抗租禁止条例」再考

三木　聰

はじめに

明末以降の華中南農村社会において、佃戸の地主に対する抗租（佃租納入拒否）の一般化・風潮化が見られたことは周知の事柄である。そうした状況のもとで、雍正五年（一七二七）に「抗租禁止条例」が制定された。私は一九八八年の論考（以下「前稿」と称する）で、当該条例の制定過程・条文内容の分析をはじめ、当該条例制定以前における抗租の取締り、さらには制定以後の当該条例の運用と抗租禁圧の実態とについて若干の考察を行った。(1) 本稿は、その後、新たに得ることのできた知見を加味して、特に「抗租禁止条例」の制定問題について再度分析を加えようとするものである。

まず、ここに改めて、雍正『大清律集解附例』巻二〇、刑律、闘殴、「威力制縛人」所収の「欽定例」に見える当該条例を提示することにしたい。

一、凡不法紳衿、私置板棍、擅責佃戸者、郷紳照違制律議処。衿監・吏員、革去衣頂・職銜、杖八十。地方官失察、交部議処。如将佃戸婦女、占為婢妾者、絞・監候。地方官失察徇縦、及該管上司、不行掲参者、倶交部分別議処。至有姦頑佃戸、拖欠租課、欺慢田主者、杖八十。所欠之租、照数追給田主。

一、およそ不法な紳衿で、私かに板棍を用意して、ほしいままに佃戸を責めた者は、郷紳は「違制律」に照らして処分する。衿監・吏員は、衣頂・職銜を剝奪し、杖八十とする。地方官の取調べが行き届かなければ、［吏］部に送って処分する。もし佃戸の婦女を、勝手に婢や妾にした者は、絞・監候とする。地方官の取調べが行き届かず、［情実に］とらわれて見逃した者、および当該の上司で、弾劾を行わなかった者は、共に［吏］部に送ってそれぞれ処分する。悪賢い佃戸で、租課を滞納し、田主を欺瞞・軽侮する者がいた場合は、杖八十とする。滞納した租は、数のとおりに追徴して田主に支給する。

本条例は「失察」「徇縦」等の地方官に対する処分を除いて、(A)紳衿の佃戸に対する私刑の禁止と(B)佃戸の地主に対する抗租の禁止とを主要な内容とするものであった。周知のように、当該条例には、河南総督田文鏡による(A)に関連した上奏を前提としながらも、雍正帝の上諭によって法としてのバランスが重視され、(B)の内容が附け加えられるというように、些か特殊な制定過程が存在していたのである。

以下、本稿では、まず「前稿」発表以後の研究史を振り返り、その後で抗租禁止条例の(A)の条項をめぐって、条例制定の背景に迫ることにしたい。

一　その後の研究史

「前稿」において私が提示した論点は、およそ次のようなものであった。第一に、「抗租禁止条例」の(A)条項が田文鏡の上奏から一貫して立法の必要性が主張されていたのに対して、(B)条項は制定過程そのもののなかから現出してきた、きわめて技術的色彩の強いものであったこと。第二に、「抗租禁止条例」の(A)条項は、条文どおりに紳衿地主という特定の地主に対して適用されるべきものであり、庶民地主をも含めた地主全般に対する規制を意図したものではなかったこと。第三に、明末以降、抗租の案件については〈戸婚・田土の案〉として州県等の地方官が情理に基づき、自らの裁量によって笞・杖・枷号という懲戒的な処罰を行っており、現実的には(B)条項のように抗租を取締る目的で条例制定の必要性は存在しなかったこと。第四に、「抗租禁止条例」が成立した後、一般的には制定以前と同様に、州県段階における抗租の問題は〈戸婚・田土の案〉として取り扱われたのであり、それゆえに州県官の裁量による刑罰（笞・杖・枷号）の範囲内で(B)の規定を超える禁令（処罰規定）さえ出現させていたこと。そして第五に、当該条例の(B)条項が現実の必要性に基づいて制定されたものではなかったこと、および抗租禁圧の面でほとんど実質性を持ち得なかったことを考慮するならば、条例が制定された雍正五年（一七二七）或いは雍正年間を画期として、清朝国家が地主権力化したと看做すことはできないこと、以上である。[2]

すでに一九八一年の段階において清代の社会的身分・等級制度との関連で「抗租禁止条例」（「佃戸条例」）に論及していた経君健氏[3]は、一九九〇年に当該条例そのものを主題とする論文を発表された。[4]実質的には私の「前稿」以前に書かれていたと思われる当該論文[5]は、未公刊の檔案を含めて豊富な史料と緻密な分析とを通じて、第一に「雍正五年条例」の「欠租を処罰する条項」の成立が「ある種の偶然性を帯びて」成立したこと、第二に「明代以来、清代前期に至るまで、府州県衙門は確かに地主が告訴した佃戸の欠租案件を受理してきた」こと、そして第三に、当該条例が佃戸の「欠租」に対して杖八十と規定しているにも拘わらず、清末にかけて「実際の状況はこれとは遙かに異なって」杖八十を超える処罰が行われていたことを指摘している。[6]これらの論点は「前稿」の内容と共通するものであり、きわめて妥当なものと看做すことができる。だが、その一方で、経氏は当該条例の成立を前提として「主佃関係における経済外的強制は国家の関与という形式を通じて実現していた」と述べ、さらには「法律という角度から言えば」当該条例は「わが国封建主義時代の中央集権制における地主経済制度が、その完成・成熟した形態にまで発展したことを示している」という見解をも表明している。[7] これは、かつて「前稿」で批判の対象とした重田徳氏の議論――「抗租禁止条例」と清朝国家の「地主的権力」化との関連を主張――にきわめて近いものであり、私にとって受容できるものではない。[8] しかしながら、経氏の論文は、次章以下で取り扱う田文鏡の上奏とそれに関連する問題についてはきわめて実証的な議論を展開しており、私自身も学ぶところがきわめて大きかったことを附言しておきたい。

その後、注目すべき関連論文として二〇〇〇年には王高凌氏の、そして二〇〇一年には卜永堅氏の研究が発表されている。[9] ともに「抗租禁止条例」と法制度との関連に重点を置いたものであるが、前者ではその画期性に触れて当該条例が「全面的に政府権力が強化されたことの一表現」であると指摘されており、[10] また、後者では乾隆『刑科題本』を主たる材料として当該条例と不応為律との関連を扱い、「奸頑佃戸」に対しては当該条例の適用がきわめて少なく、多くの事案で不応為律が援用されていたという実態が提示されている。[11]

他方、わが国では二〇〇二年に公刊された岸本美緒氏の研究が注目される。[12] 岸本氏は「身分制に関わる上諭や法令が集中的に出された」雍正五年（一七二七）という年代に着目するとともに、当該期の身分政策、すなわち身分秩序形成の一環として「抗租禁止条例」（「佃戸条例」）を取りあげている。特に注目すべき点は、明末以降の社会状況――岸本氏の所謂「流動化の趨勢」――のなかで、当該条例を雍正帝の統治理念に即して解釈し直していることである。岸本氏によれば、条例の(A)(B)の両条項から「優越者の恣意的支配と従属者の恣意的反抗との双方を」抑制することで「「公正」な対処を追求」し、「究極の最適点（「中」）を求めようとする雍正帝の態度」を読み取ることができるという。[13] これまでの当該条例の制定過程をめぐる議論からしても、岸本氏の見解は十分に首肯できるものだといえよう。

ここまで「前稿」発表以後の「抗租禁止条例」に関する研究史を振り返ってきたが、清朝の法システム、或いは雍正帝の統治理念との関連という新たな視角による研究が見られる一方で、条例の制定それ自体をめぐっては残された課題が依然として存在しているのであり、それについては次章以下で検討を加えることにしたい。

二　田文鏡の上奏と新史料

はじめに、「抗租禁止条例」の制定過程について、雍正五年（一七二七）の七月から十二月までの日付と関連する事項とを「前稿」に拠って、改めて簡潔にまとめて提示しておきたい。[14]

七月二十九日　田文鏡の上奏。挙人王式渙の不法行為を摘発・弾劾。
八月十八日　雍正帝の上諭。王式渙の身分剝奪と吏部・刑部への通知。
九月十九日　吏部・刑部による覆議。後の条例に見える(A)の内容を提議。
九月二十二日　雍正帝の上諭。吏部・刑部の提議を不裁可。立法の「平」を強調し、(B)の追加を示唆。
十一月二十七日　吏部・刑部の再覆議。(A)(B)を主な内容とする条例の制定を提議。
十二月　五　日　雍正帝の上諭。吏部・刑部の再覆議を裁可。

私は「前稿」において、雍正元年（一七二三）から同七年（一七二九）まで両広総督・広東総督等として在任した孔毓珣によって刊行された『雍正上諭』の雍正六年（一七二八）の項に収録された「一件、特参私刑索詐、縦僕阻耕之挙人、以粛功令事」の記載を中心として「抗租禁止条例」の制定までの過程を跡づけた際に、当該史料によって「挙人王式渙等による不法行為という特定の事件の存在を知ることができた」と記述したのであった。[15]ここに改めて『雍正上諭』の七月二十九日および八月十八日に関わる箇所を挙げることにしたい。

河南総督田文鏡、於雍正五年七月二十九日、題前事。八月十八日、奉旨、這所参王式渙、着革去挙人。其倚勢虐民等情、及本内有名人犯、該督一併厳審、究擬具奏。餘着議奏。該部知道。

河南総督田文鏡は、雍正五年七月二十九日において、前事を題奏した。八月十八日、上諭を奉じたところ、ここで弾劾している王式渙は、挙人［の身分］を剝奪させる。その勢力に依拠して民を虐待した等の事情、および題本内に名前の見える犯人については、当該総督が併せて厳しく審問を行い、究明・擬罪して上奏せよ。その他についても議奏するように命ずる。当該の部は承知しておくように、と。

八月十八日に出された雍正帝の最初の上諭を見る限り、「抗租禁止条例」の出発点ともいうべき河南総督田文鏡の上奏において、王式渙の挙人身分を剝奪するに至る要因が「倚勢虐民」にあったことは明示されていたものの、「前稿」では当該事件の内容を不詳のままに留保せざるを得ず、王式渙の問題は私にとって今日まで懸案の課題として残されてきたのである。[16]

ところで、七月二十九日に題奏されたという田文鏡の上奏文については、現時点においてもその全貌は未だ明らかになっていない。田文鏡は雍正二年（一七二四）十二月に河南巡撫に就任した後、同五年（一七二七）七月一日の雍正帝の「特旨」によって河南総督に陞進したが、引き続いて巡撫職をも兼任した。[17] 田文鏡の著作『撫豫宣化録』（全四巻）は総督陞任以前の河南巡撫時代における奏議・公移類を収めたものであり、同じく『総督両河宣化録』（全三巻）は河南総督就任以後、雍正六年（一七二八）六月までの同様のものを収録しているが、[18] 後者の巻一、奏疏、および巻二、条奏に、同五年（一七二七）七月二十九日の当該の上奏を見出すことはできない。

これまでも経君健氏によって『吏垣史書』の「雍正五年九月十九日署吏部左侍郎査郎阿題本」から田文鏡の当該上奏の一部が紹介され、田文鏡が「該省における佃戸虐待の慣習を糾弾した」ことが指摘されていたが、[19] その後、二〇〇二年に至って雍正『吏科史書』の影印版が中国から刊行され、私たちは如上の査郎阿の題本――九月十九日の吏部・刑部の覆議に相当する――に接することが可能となったのである。[20] 以下、雍正『吏科史書』所収の「署吏部左侍郎査郎阿、題議地方紳衿私刑索詐佃農、応厳加治罪本」（以下「査郎阿題本」と略称）の全文を、段落を区切って提示することにしたい。

(a)吏部等部、都察院左都御史・署理吏部左侍郎事・加一級臣査郎阿等謹題、為特参私刑索詐、縦僕阻耕之挙人、以粛功令事。該臣等会議得、

吏部等部は、都察院左都御史・署理吏部左侍郎事・加一級の臣査郎阿等が謹んで題奏する。特に私刑を用いて搾取・詐騙を行い、奴僕を使って耕作を阻害した挙人を弾劾し、法令を厳正にする件について。該臣等は会同して［次のように］提議する。

(b)河南総督田文鏡疏称、豫省紳衿、置有地畝、即招募貧民耕種、一為伊等佃戸、本係平民、視同奴隷。不但諸凡供其役使、稍有払意、並不呈稟地方官究治、私治板棍、撲責自由。甚至淫其婦女、覇為婢妾。佃民勢不与敵、飲恨吞声、不敢告究。地方官不能査察、徇縦肆虐者、亦干厳譴、経臣屢行飭禁。無如習俗相沿、恒難改易。伏乞勅部、厳加定例、行臣通飭暁諭、永遠禁革。庶勢悪土豪、知有国法、而貧民窮佃、亦得共遊於熙皥之天、等因前来。

河南総督田文鏡は［次のように］上奏している。河南省の紳衿は、地畝を所有すると、貧民を招募して耕種させ、一概に彼らの佃戸としているが、もとより平民であるのに、奴隷と同一視している。ただすべての面でその使役に供するのみならず、少しでも逆らう気持ちが有ると、決して地方官に訴えて処罰してもらおうとはせず、私かに板棍を用意して、思うがままに打擲を加える。甚だしい場合にはその婦女を姦淫し、無理やり婢・妾とする。佃民は勢いとして反抗もせず、恨みを飲んで沈黙し、敢えて告発もしない。地方官で査察することができず、虐待を見逃してきた者も、また譴責に関わることになり、臣はしばしば禁止命令を出してきた。ところが習俗は踏襲され、常に改めることは難しい。伏して願わくば、厳しく定例を加え、臣下に命じて遍く説諭を行わせ、永遠に禁止するようにして頂きたい。［そうすれば］勢悪・土豪は、国法の存在を知り、［他方で］

貧民・窮佃も、また共に太平の世を享受するであろう、と。

(c)査、招募佃戸、本係貧民、賃地耕種、原非奴隷。縦拖欠租課、亦宜呈稟地方官究追。何得倚恃紳衿、私置板棍、任意撲責。至於淫佔婦女、覇為婢妾、使佃戸飲恨呑声、不敢告究。此等倚勢肆悪、目無法紀。若不厳加定例、令地方官不時厳査、詳請参究、郷農受其荼毒、為害匪小。応如該督所請、通飭厳行禁止。嗣後有不法紳衿、仍前私置板棍、擅責佃戸、経地方官詳報題参、郷紳照違制例議処。衿監・吏員、革去衣頂・職銜、照威力制縛人、及於私家拷打者、不問有傷・無傷、並杖八十律治罪。地方官失於覚察、経上司訪出題参、照徇庇例議処。如将佃戸婦女、淫佔為婢妾者、倶革去職銜・衣頂、照豪勢之人、強奪良家妻女、佔為妻妾者、絞・監候律治罪。地方官不能査察、徇縦肆虐者、照溺職例革職。該管上司、不行掲参、照不掲劣員例議処。如此、則地方官既有処分、不敢徇情庇護、而紳衿畏懼国法、改易積習。庶郷愚佃戸、出入作息、咸沐浩蕩之仁矣。恭候命下臣部等部、遵奉施行。謹題請旨。雍正五年九月十九日題。

調べたところ、招募した佃戸は、もとより貧民で、土地を借りて耕種しており、もともと奴隷ではない。たとい租課を滞納したとしても、また宜しく地方官に訴えて究明・追徴してもらうべきである。どうして紳衿であることに恃んで、私かに板棍を用意し、任意に打擲してよいであろうか。婦女を姦淫・占有し、無理やり婢・妾とすることに至っては、佃戸に恨みを飲んで沈黙し、敢えて告発しないようにさせている。これら［の者たち］は勢力に恃んでほしいままに悪事を行い、目には法規さえ映っていない。もし厳しく定例を加え、地方官に随時、厳しく査察を行い、詳文で弾劾・究明を上請するようにさせなければ、郷農はその害毒を受け、［社会の］弊害となることは小さくないであろう。まさに当該の［総］督が上請するように、遍く厳重に禁止させるようにすべきである。今後、不法な紳衿で、従来どおり私かに板棍を用意し、ほしいままに佃戸を責めることが有ったならば、地方官の詳文による報告と題本による弾劾を経て、郷紳は違制例に照らして処分する。衿監・吏員は、衣頂・職銜を剝奪し、「威力で人を縛り上げ、および私家で拷問を行った者は、有傷・無傷を問わず、すべて杖八十とする」という律に照らして処罰する。地方官が察知できなければ、上司の捜査・弾劾を経て、「徇庇例」に照らして処分する。もし佃戸の婦女を、姦淫・占有して婢・妾とした者は、ともに職銜・衣頂を剝奪し、「豪勢の人で、良家の妻女を強奪し、占有して妻妾とした者は、絞・監候とする」という律に照らして処罰する。地方官で査察することができず、虐待を見逃した者は、「溺職例」に照らして免職とする。当該の上司で、弾劾を行わなければ、「劣員を弾劾しない」という例に照らして処分する。このようにすれば、則ち地方官には既に処分［の規定］が有り、敢えて情実にとらわれて庇護することはせず、紳衿も国法を畏れて、積習を改めるであろう。［そうすれば］郷愚・佃戸は、日常の生活で、皆が広く大きな仁を受けるであろう。恭しく臣部等の部に命が下るのを俟って、遵奉・施行する。謹んで題本によって聖旨を請う。雍正五年九月十九日に題す。

(d)本月二十五日、奉旨、這本内、但議田主苛虐佃戸之罪。倘有奸頑佃戸、拖欠租課、欺慢田主事、亦当議及、則立法方得其平。著再議具奏。

本月二十五日、聖旨を奉じたところ、この［題］本では、ただ田主が佃戸を虐待したときの罪を提議しているだけである。もし悪賢い佃戸で、租課を滞納し、田主を欺瞞・軽侮することが有るのであれば、またまさに論及すべきである。［そうすれば］すなわち立法ははじめてその公平を得るであろう。再度議論して上奏することを命ずる、とあった。

(a)に見える「吏部等部」は吏部と刑部とを指していると思われる。ここで特に注目すべき点は、(b)において節略とはいえ田文鏡の上奏が引用されていることである。「豫省の紳衿」が佃戸を「奴隷」のように扱い、「板棍」によって私刑を加え、さらには佃戸の「婦女」を強制して婢女や妾にしている実態が報告され、そうした行為の禁止を条例として制定するように、田文鏡は提起しているのである。[21]まさしく、(b)の内容は抗租禁止条例の(A)条項に直結するものであった。これをうけて行われた吏部等の覆議の内容が(c)であり、紳衿による佃戸虐待の禁止という新たな法制化にむけて条文の整理が行われ、郷紳の場合は「違制律」を、衿監・吏員の場合は「威力制縛人律」を適用する等の具体的な処罰内容が議論されている。[22]しかしながら、(d)の上諭において雍正帝は当該の覆議の内容を裁可しなかったのである。

「查郎阿題本」の(b)では、紳衿による佃戸虐待が河南において「習俗」と化していたことに言及されているが、この時期、田文鏡が科挙出身者と対立しながらも、雍正帝の信任のもとに悪辣・不当な官僚・紳衿を果敢に告発・弾劾したことは、これまでも縷々指摘されている。(23)また、従来は設置されていなかった河南総督への陞進という破格の措置自体も、雍正帝の田文鏡に対する全幅の信頼の表れであった。(24)田文鏡は総督陞進以前にも、河南巡撫としての告示のなかで「不肖の紳衿」について次のように述べている。彼らは「唆訟・抗糧」や「窩娼・窩賭」を行い、「官長を鈐制」して「郷曲に武断」し、また「銭糧を包攬」して不正を働き、「游手好間の輩」を集めて地域を擾乱している。さらには「私塩」に手を出し、「違例の放銭」によって蓄財を図っており、その悪行は枚挙に暇がない、と。(25)

「前稿」において私は、経君健氏によって部分的に引用された「查郎阿題本」の(c)に見える「縦い租課を拖欠するも、また宜しく地方官に呈稟して究追せしむべし」という記事を再度引用して、中央官僚においても「頑佃の抗租」については改めて立法化するまでもなく、各地方官が地主の告訴をうけて処罰すべきものであるという認識」が存在していたことを指摘するだけであった。(26)しかしながら、「查郎阿題本」の全文を閲読するに及んで、改めてここで確認しておきたい点は、(b)の田文鏡の上奏（節略）のなかに「挙人王式渙」が全く登場しないことであり、それにも拘わらず、「查郎阿題本」の内容の摘要ともいうべき「為……事」(a)のなかに――『雍正上諭』の記事と同様に――「私刑もて索詐し、縦僕して阻耕するの挙人」と書かれていることである。節略以前の上奏文の原本には確実に、自らの佃戸に対して虐待をはたらき、その妻女を無理やり婢女や妾にしていた「豫省の紳衿」として王式渙の名前が明記されていたに違いない。では、私たちが「挙人王式渙」の存在自体に、或いは彼の不法行為の具体像にアプローチすることは可能なのであろうか。これについては、次章で検討することにしたい。

なお、本章の最後に、もう一つの新史料に触れておくことにしよう。それは一九九三年に刊行された雍正『起居注』の記事であり、その存在自体もすでに経君健氏によって指摘されていた[27]。雍正『起居注』の雍正五年（一七二七）九月二十二日の項に、前掲の「査郎阿題本」に見える(d)雍正帝の上諭について、次のように記述されている[28]。

二十二日乙亥卯時、上御勤政殿聴政。部院各衙門官員、面奏畢。大学士馬斉・張廷玉・孫柱、学士授為一品鄧徳、礼部侍郎在学士裏行三泰、工部侍郎在学士裏行呉士玉、理藩院侍郎在学士裏行衆仏保、学士顧魯・呉襄、以折本請旨。覆請、吏部議、河南総督田文鏡奏請、厳禁紳衿苛虐佃戸、請定例治罪一疏。上曰、這本内、但議田主苛虐佃戸之罪。倘有奸頑佃戸、拖欠租課、欺慢田主者、亦当議及。則立法方得其平。着再議具奏。

二十二日乙亥の卯時（朝六時頃）、上は勤政殿に出御して聴政を行った。部院各衙門の官員は、対面して奏上を行い、終了した。大学士の馬斉・張廷玉・孫柱、学士で一品を授けられた鄧徳、礼部侍郎で学士裏行の三泰、工部侍郎で学士裏行の呉士玉、理藩院侍郎で学士裏行の衆仏保、学士の顧魯・呉襄は、［題奏の］折本によって聖旨を上請した。覆請したものは、吏部が提議した河南総督田文鏡の「紳衿が佃戸を虐待することを厳禁し、条例を定めて処罰して頂きたい」という上奏であった。上は［次のように］述べた。「この［題］本では、ただ田主が佃戸を虐待したときの罪を提議しているだけである。もし悪賢い佃戸で、租課を滞納し、田主を欺瞞・軽侮する者がいるのであれば、またまさに論及すべきである。［そうすれば］すなわち立法はじめてその公平を得るであろう。再度議論して上奏することを命ずる」と。

雍正『吏科史書』の記事が雍正帝の上諭を「本月二十五日」すなわち九月二十五日としているのは、当該の起居注による限り、またこれまでの理解のように九月二十二日の誤りである。ここに見える上諭自体は『雍正上諭』のものとほぼ同文であり、取り立てて目新しさは見られず、吏科史書の「欺慢田主事」がここでは「欺慢田主者」とされているというように僅かな違いが存在するだけである。ただ、当該史料の興味深いところは、政策の決定に至る政治の現場の臨場感を窺うことができる点である。紫禁城に隣接する西苑（現在の中南海）内の勤政殿において、早朝の六時頃に内閣大学士の馬斉・張廷玉・孫柱など九名の高官が臨席するなかで、雍正帝の〈抗租の罪〉を加えるようにという上諭は下されたのであった。

三　田文鏡と王式渙

すでに述べたように、雍正五年（一七二七）七月二十九日の河南総督田文鏡による上奏文のなかで「挙人王式渙」の「倚勢虐民」という具体的な事件を前提として紳衿の佃戸虐待という実態が告発され、それが最終的には同年十二月五日の雍正帝による裁可を経て「抗租禁止条例」として結実したのであった。では、当該条例の発端となった王式渙とはどのような人物だったのであろうか。

河南の最東端の帰徳府に所属する睢州の地方志として清末の光緒十八年（一八九二）に刊行された光緒『続修睢州志』巻五、選挙志、挙人、皇朝、康熙、「甲午科」すなわち康熙五十三年（一七一四）の項に、

王式渙〈組之子、式淳弟〉。

王式渙〈組の子、式淳の弟〉。

という記載を見出すことができる。康熙三十二年（一六九三）に刊行された康熙『睢州志』以降、光緒『続修睢州志』までの間に、睢州の地方志の現存は確認されていない。(29) 従って「挙人王式渙」の存在を睢州の地方志で検索する場合、光緒『続修睢州志』（以下、光緒志と略称）が最も依拠すべきものとなる。

但し、関係する地方志としては、ほかに乾隆十九年（一七五四）刊の乾隆『帰徳府志』が存在するが、その巻七、選挙表中、郷挙科、国朝に「王式渙」の名を見出すことはできない。その一方で、田文鏡自身が「総裁」として関与

した雍正十三年（一七三五）刊の雍正『河南通志』巻四六、選挙三、挙人、皇清、康熙、「甲午科〈七十八人〉」には「王式渙〈睢州人〉」と書かれているのである。すでに述べたように、雍正五年（一七二七）八月十八日における雍正帝の上諭によって王式渙の挙人身分の剝奪という処分が決定しており、それは挙人合格から十三年後のことであった。この挙人の剝奪自体が、乾隆『帰徳府志』の記事――「郷挙」の合格者名簿に名前が存在しないこと――に影響したのかも知れないが、現時点でそれを確認する術はない。

さて、光緒志によれば、王式渙の父は王組で、兄は王式淳であるという。王組について、光緒志、巻五、選挙志、例貢、皇朝には、

王組〈震生子、紳之弟。見人物〉。

王組〈震生の子、紳の弟。人物［志］を見よ〉。

と書かれている。「人物」の記事については後に触れることとし、ここでも王組の血縁として父の王震生および兄の王紳の名が挙げられていることに注目しておきたい。

実は、光緒志、巻五、選挙志を繙くならば、王式渙と血縁関係にあると思われる数多くの人物を見出すことができるのである。当該の選挙志の記載順によって、(Ⅰ)「挙人」、(Ⅱ)「進士」、(Ⅲ)「貢士」、(Ⅳ)「薦挙」、(Ⅴ)「封贈」、(Ⅵ)「例貢」、(Ⅶ)「監生」に見える、王式渙の一族と思われる人物の記載を、以下に提示することにしたい。(30)

(Ⅰ)［順治］丙戌科　王震生。／戊子科　王嘉生〈正魁〉。

［康熙］丁巳科　王紳。／辛酉科　王式穀。／丙子科　王式潞〈嘉生孫〉／壬午科　王澄慧。／乙酉科　王式淳〈見人物〉。／辛卯科　王槫〈紳之孫、式穀之子〉。……王澄思〈繻之子。見人物〉。／癸巳科　王式灝。／甲午科

王式渙〈組之子、式淳弟〉。／丁酉科　王繻。

〔乾隆〕甲子科　王楞〈紳之孫。光州学正〉。／庚辰科　王桴。／乙酉科　王殿光〈楙之子。大興県知県〉。王廷憲。

嘉慶戊午科　王其観〈其勷弟。衛輝府教授〉。

〔順治〕丙戌（三年）科　王震生。／戊子（五年）科　王嘉生〈解元〉。

〔康熙〕丁巳（十六年）科　王紳。／辛酉（二十年）科　王式穀。／丙子（三十五年）科　王式潞〈嘉生の孫〉／壬午（四十一年）科　王澄慧。／乙酉（四十四年）科　王式淳〈人物〔志〕を見よ〉。／辛卯（五十年）科　王樗〈紳の孫、式穀の子〉。

……王澄思〈繻の子。人物〔志〕を見よ〉。／癸巳（五十二年）科　王式灝。／甲午（五十三年）科　王式渙〈組の子、式淳の弟〉。／丁酉（五十六年）科　王繻。

〔乾隆〕甲子（九年）科　王楞〈紳の孫。光州学正〉。／庚辰（二十五年）科　王桴。／乙酉（三十年）科　王殿光〈楙の子。大興県知県〉。王廷憲。

嘉慶戊午（三年）科　王其観〈其勷の弟。衛輝府教授〉。

(Ⅱ)〔順治〕己丑科　王嘉生〈震生弟。字美発。礼記。見兄伝〉。／壬辰科　王震生〈書経。見人物〉。

〔康熙〕壬戌科　王紳〈震生子。字公垂。見人物〉。／戊辰科　王式穀〈震生孫、紳之子。字誨存。書経。正魁。中書舎人〉。／癸未科　王澄慧〈繻之子、澄思弟。江南蘇松兵備道・按察司副使〉。

〔乾隆〕丙戌科　王廷憲〈澄慧孫。湖北京山県知県〉。

〔順治〕己丑（六年）科　王嘉生〈震生の弟。字は美発。礼記。兄の伝を見よ〉。／壬辰（九年）科　王震生〈書経。人物〔志〕を見よ〉。

〔康熙〕壬戌（二十一年）科　王紳〈震生の子。字は公垂。人物〔志〕を見よ〉。／戊辰（二十七年）科　王式穀〈震生の孫、紳の子。字は誨存。書経。解元。中書舎人〉。／癸未（四十二年）科　王澄慧〈繻の子、澄思の弟。江南蘇松兵備道・按察司副使〉。

［乾隆］丙戌（三十一年）科　王廷憲〈澄慧の孫。湖北京山県知県〉。

(Ⅲ)［雍正］王式珪〈紳之子、式穀弟〉。王沛聞〈繻之子。副貢。広西桂林府知府。見人物〉。［乾隆］王廷勲〈澄思孫。抜貢。浙江杭州府海防同知〉。……王観光〈楞之子。副貢。浙江江山県知県〉。……王式純。王式泌〈式灝弟〉。王式湛〈鄢陵県訓導〉。王廷恒〈澄慧孫、梅之子。南陽府教授〉。……王其勷〈欀之孫〉。王祖恢〈式璧孫〉。王梅〈繻之孫、澄慧子。湖北黄梅県知県〉。王検〈式潞子。禹州訓導〉。

［雍正］王式珪〈紳の子、式穀の弟〉。王沛聞〈繻の子。副貢生。広西桂林府知府。人物［志］を見よ〉。［乾隆］王廷勲〈澄思の孫。抜貢生。浙江杭州府海防同知〉。……王観光〈楞の子。副貢生。浙江江山県知県〉。……王式純。王式泌〈式灝の弟〉。王式湛〈鄢陵県訓導〉。王廷恒〈澄慧の孫、梅の子。南陽府教授〉。……王其勷〈欀の孫〉。王祖恢〈式璧の孫〉。王梅〈繻の孫、澄慧の子。湖北黄梅県知県〉。王検〈式潞の子。禹州訓導〉。

(Ⅳ)［以人材］王繻〈震生子、紳之弟。見名臣。順治朝。以上旧志〉。

［人材によって］王繻〈震生の子、紳の弟。名臣を見よ。順治朝。以上、旧志〉。

(Ⅴ)王烜〈字鹿槐。増広生員。先以子嘉生、封文林郎。江西建昌府推官。後以長子震生、贈朝議大夫。刑部江西司郎中・加一級。又以孫紳、贈光禄大夫。戸部左侍郎〉。／王承泰〈以曾孫紳、贈光禄大夫。戸部左侍郎〉。／王震生〈以子紳、贈光禄大夫。戸部左侍郎〉。／王式似〈以子楙、贈奉直大夫。北城兵馬司正指揮〉。／王欀〈以子照、贈徴仕郎。行人司司副〉。／王組〈字公冕、宝慶府知府。以子式淳、贈中憲大夫。湖広漢陽府同知〉。／王禾〈以子廷勲、贈奉政大夫。浙江杭州府西海防同知〉。

王烜〈字は鹿槐。増広生員。先に子の嘉生によって、文林郎に封ぜられた。［嘉生は］江西建昌府推官。後に長子の震生によって、朝議大夫を追贈された。［震生は］刑部江西司郎中・加一級。また孫の紳によって、光禄大夫を追贈された。［紳は］戸部左侍郎〉。／王承泰〈曾孫の紳によって、光禄大夫を追贈された。［紳は］戸部左侍郎〉。／王震生〈子の紳によって、光禄大夫を追贈された。［紳は］戸部左侍郎〉。／王式似〈子の楙によって、奉直大夫を追贈された。［楙は］北城兵馬司正指揮〉。／王愕〈子の照によって、徴仕郎を追贈された。［照は］行人司司副〉。／王組〈字は公冕。宝慶府知府。子の式淳によって、中憲大夫を追贈された。［式淳は］湖広漢陽府同知〉。／王禾〈子の廷勲によって、奉政大夫を追贈された。［廷勲は］浙江杭州府西海防同知〉。

(VI)王組〈震生子、紳之弟。見人物〉。……王沛聞。……王全縉〈嘉生子〉。……王式璧〈紳之子。直隷新城県知県〉。

王式似〈紳之子、式穀弟〉。王楙〈楞之弟。湖北帰州知州〉。王欐〈式淳子。福建福寧府通判〉。王廷熙〈福建同安県県丞〉。王廷慶〈南陽府教授〉。王其勷〈愕之孫〉。

王組〈震生の子、紳の弟。人物［志］を見よ〉。……王沛聞。……王全縉〈嘉生の子〉。……王式璧〈紳の子。直隷新城県知県〉。

王式似〈紳の子、式穀の弟〉。王楙〈楞の弟。湖北帰州知州〉。王欐〈式淳の子。福建福寧府通判〉。王廷熙〈福建同安県県丞〉。

王廷慶〈南陽府教授〉。王其勷〈愕の孫〉。

(VII)王紳〈震生子、由増広生准貢、順天郷試中式〉。……王銓縉〈嘉生子、由増広生〉。……王組。

王紳〈震生の子、増広生から貢生となり、順天府の郷試に合格〉。……王銓縉〈嘉生の子。増広生による〉。……王組。

史料の(I)から(VII)まで、複数の項目に登場する人名は見られるものの、王氏の一族に連なると思われる人物は割註に見える者も含めて総数で四十一名にのぼる。各々の人名に附された割註の記載によってその血縁を辿っていくと、四十一名のうちで最初の世代に当たる人物は王承泰ということになる。(V)の「封贈」によれば、王承泰は後に詳しく触れる王紳の曾祖父であり、同様に王烜は王紳の祖父に当たる。王烜は増広生（増生）であったが、王承泰は明代天啓年間の貢生であった。[31] 従って、王承泰を第一世、王烜を第二世として数えるならば、ここには第八世の王其観・其勷までを見出すことができる。また、清代に入ってから科挙（進士・挙人）に合格した年代を確かめるならば、順治三年（一六四六）における第三世王震生の挙人及第が最初であり、嘉慶三年（一七九八）の第七世王其観の同じく挙人及第が最後になる。概して、進士・挙人の及第者は康熙年間に多く、貢生は乾隆年間に多いという傾向が見られる。これら四十一名の血縁関係を表示したものが**［睢州王氏世系図］**である。この世系図によれば、一つの世輩すべてに共通するものばかりではないが、宗族の輩行字に相当するものをいくつかの世輩に見出すことができる。第三世の「生」字、第四世の「糸」扁の漢字、第五世の「式」字、第六世の「木」扁の漢字がそれに相当するであろう(32)。

なお、光緒志、巻六、人物志、名臣、皇朝には、当該の世系図に見える七名、すなわち第三世の王震生に始まり、第四世の紳・繻・組、第五世の式穀・式淳・沛聞が立伝されており、そのほかに王嘉生が震生の伝に附載されている。また、乾隆『帰徳府志』巻二五、人物略四、郷賢、国朝には王震生とともに第五世の王澄慧が立伝されているが、まさにこれら九名は郷里の地方志において「名臣」として顕彰されているのである。この九名について、最終官歴とその就任時期とを列挙するならば、次のとおりになる(33)。

①王嘉生　江西建昌府知府・順治十年（一六五三）前後在任。
②王震生　江西提学道・康熙九年（一六七〇）就任。
③王　繻　江蘇按察使・康熙四十年（一七〇一）就任。
④王　紳　戸部左侍郎・康熙四十一年（一七〇二）就任。
⑤王　組　湖南宝慶府知府・康熙四十四年（一七〇五）就任。
⑥王式穀　福建分巡延建邵道・康熙四十四年（一七〇五）就任。
⑦王沛聞　広西桂林府知府・雍正三年（一七二五）就任。

⑧王澄慧　江南分巡蘇松兵備道・雍正七年（一七二九）就任。
⑨王式淳　湖北漢陽府同知・乾隆三年（一七三八）就任。

王式渙の祖父震生・父組・兄式淳は、ともに地方官として治績を挙げており、また震生・組は任地でも「名宦」として顕彰されているのである。[34]だが、このなかで官僚として最も高名であったのは、王式渙の伯父に当たる王紳だといえよう。王紳は中央の高官を務め、康熙三十七年（一六九八）から同四十一年（一七〇二）にかけて都察院左僉都御史・大理寺卿・都察院左副都御史・戸部右侍郎および同左侍郎を歴任したのであった。[35]

雍正五年（一七二七）に田文鏡によって告発の対象とされた王式渙が生まれた河南彰徳府睢州の王氏は、当該時期には大きな宗族として存在していたといえよう。しかも、康熙年間の後半から雍正年間にかけて――おそらくは世系図の第四世から第五世にかけて――、すなわち王式渙が生きた時代には進士四名、挙人四名、貢生五名、等を輩出し、さらには中央の戸部左侍郎にまで陞った王紳をはじめ、多くの「名臣」を次々と世に送り出していたのである。光緒志、巻七、人物志、隠逸、皇朝には、生涯にわたって出仕しなかった王式似の伝が収録されている。

王式似、字教存、侍郎紳之次子也。性沈静、弱冠補博士弟子員。時家門鼎盛、益折節励、志向学、於宅後建数楹、延田簣山、為之課読。簣山亟称之、淡於進取。但以教習期満、考授知県、仍不赴選。家居廿年。

王式似、字は教存、侍郎紳の次子である。性格は沈着冷静で、弱冠で生員となった。時に家門は隆盛であったが、益々抑制して学問に励み、自宅の後ろ側に数間［の私塾］を建て、田簣山を招請して、読書を修めさせた。簣山はすぐに称して、進取［の気］が薄いと言った。但し教習が満期となり、試験によって知県［の資格］を授けられたが、やはり選考に赴くことはなかった。家居することは二十年に及んだ。

王式似は王紳の次子で、王式渙とは堂兄弟の間柄であった（「睢州王氏世系図」）。ここでは式似が生員となった頃に、

〔睢州王氏世系図〕

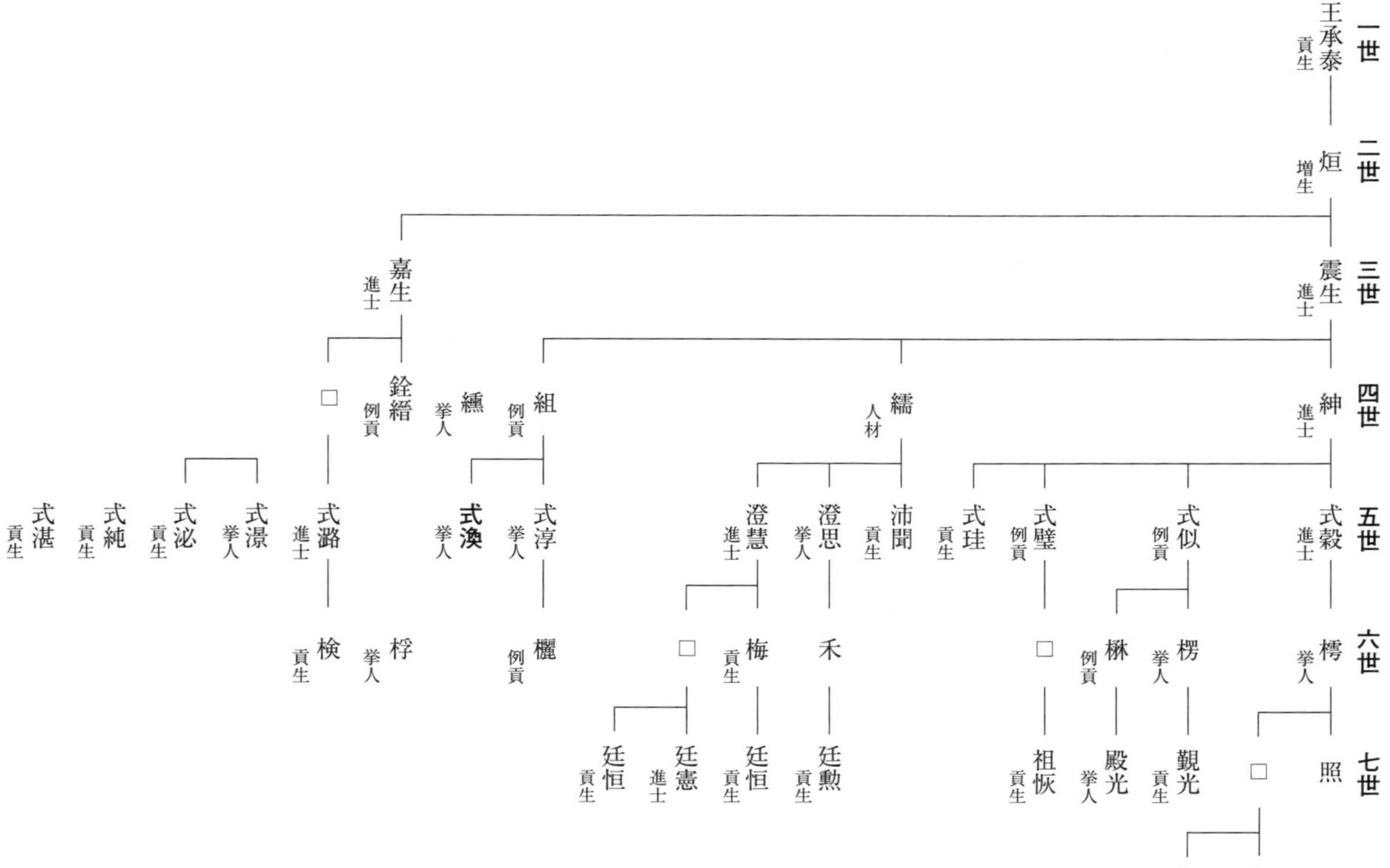

註①光緒志、巻5、選挙志による。なお系図の兄弟については必ずしも長幼の順にはなっていない。
②ここには明らかに族人だと思われるが、血縁が明示されていない4名（纁・式純・式湛・桴）も挙げてある。

王氏は「家門鼎盛」と書かれているのである。まさにこの時期、王氏は睢州の名族、郷紳の一族として、当該の地域社会では厳然たる一大勢力を形成していたといえるであろう。(36)

河南総督田文鏡は、こうした王氏一族の一人で挙人身分を獲得していた王式渙を、佃戸虐待という罪状で告発・弾劾したのであった。雍正五年（一七二七）七月二十九日の上奏へと至る過程で、おそらくは田文鏡と睢州王氏との間に大きな軋轢が生じていたと推測することは、さほど難しいことではないであろう。しかしながら、雍正帝の全幅の信頼を背景に田文鏡は敢然と上奏に踏み切ったのであり、結果として、王式渙は挙人の剝奪という処分を受けたのであった。だが、当該の上奏文は『総督両河宣化録』には収められておらず、また「雍正五年七月　日」という日付の「奏疏」「告示」まで収録されている『撫豫宣化録』にも関連する史料を見出すことはできないのである。

ところで、田文鏡の『撫豫宣化録』には、特定の郷紳を名指しで弾劾する上奏が存在する。それは『撫豫宣化録』巻一、奏疏、「特参豪紳等事〈題進士王轍、倚勢不法〉」雍正四年（一七二六）十一月である。ここで当該史料に見える、王轍の「倚勢不法」に関する箇所を提示することにしたい。(37)

> 乃不謂、猶有冥頑梗化、如癸卯科文進士王轍者。臣先前訪査、王轍為諸生時、品行不端、郷党不歯、及中進士、愈肆猖狂。然猶望其畏法斂跡、飭令地方官、委曲勧勉。詎王轍怙終不悛。今臣訪得、王轍於雍正四年二月内、監生胡虞義、与監生胡大林、叔姪争産、互控陳州、批項城県査審。轍令伊族武生王旬極、包攬其詞、説明胡大林謝銀一百両、先交二十両、後因親友処息、大林不肯給銀。轍因生員王弘霈、在大林家教書、於本年九月十九日、假写弘霈之字、誆大林至霈家。轍領家人李三・胡経、将大林騾子奪去、口説作銀三十両、還要找足。又侵佔隣人徐応運熟地一段、応運親領佃戸犁回、至今応運不敢安寝。又令伊伯武生王允彝、侵佔王天寿地畝、又武生王允彝、仗伊姪王轍進士之勢、騙佔生員于嗣哲地畝、訐訟数年、至今不結。此臣所訪査確実者。其餘劣蹟、似此類者、不

勝枚挙。

ところが思いもしなかった、なお頑冥・固陋なこと、癸卯科の文進士である王轍の如き者がいようとは。臣が先頃、調査したところ、王轍が諸生であった時、品行が良くなく、郷党を歯牙にもかけなかったが、進士に及第するに及んで、いよいよほしいままに狂暴になった。然れどもなお法を畏れて行動を慎むことを望んで、地方官に命じ、委曲を尽くして［善行を］奨励させた。ところが、王轍は［悪行に］恃んで改悛することはなかった。今、臣が調べたところ、王轍は雍正四年二月において、監生の胡虞義と監生の胡大林とが、叔・姪で田産を争い、互いに陳州に訴え、［陳州が］項城県に指示して調査・審問させると、轍は彼の一族の武生王甸極に命じて、その訴訟を請け負い、胡大林の謝銀百両のうち、先に二十両を渡したが、後に親友が調停するに及んで、大林は銀を払わなかったと説明した。［王］轍は生員の王弘霈が、［胡］大林の家で［家庭］教師をしていたことで、本年九月十九日に、弘霈の字を偽装して書き、大林が［弘］霈の家に行ったと欺いた。轍は家人の李三・胡経を率いて、大林の騾を奪い取り、口で銀三十両分だと言い、さらに割り増しを要求した。また隣人徐応運の肥沃な土地を不法に占拠したとき、応運は自ら佃戸を率いて取り戻したが、今に到るまで応運は安眠することもできない。また彼の伯父である武生の王允彝に命じて、王天寿の地畝を不法に占拠させた。また武生の王允彝は、彼の姪である王轍の進士の威勢によって、生員の于嗣哲を騙してその地畝を占拠し、訴訟沙汰になること数年、今に至っても結審していない。これらは臣が調査して確かなものである。その他の不行跡で、これに類するものは、枚挙に暇がない。

王轍は河南の開封府陳州項城県の人で、雍正元年（一七二三）の進士であった。(38) ここではその悪行として、他人の訴訟に介入して欺瞞をはたらき、また一族郎党を率いて他人の土地を不法に占拠する、等の事柄が描かれている。(39) 結局のところ、王轍自身は進士身分を剝奪されたが、一族の武生王允彝等も身分を剝奪されて審問にかけられたのであった。(40)

挙人王式渙と進士王轍と、二人の不法行為はともに「倚勢」とあるように自らの背後に存在する勢力に依拠して行われたものであり、ともに田文鏡の上奏によって身分剝奪という処分を受けたのであった。しかしながら、田文鏡による王轍弾劾の上奏や王轍の事案を前提として「豪紳劣衿」や「勢豪土棍」に「改過自新」を求めた通達文書は『撫豫宣化録』のなかに収録されているにも拘わらず、(41) 王式渙に関連するものは『総督両河宣化録』或いは『撫豫宣化録』に全く存在しないのである。項城県の王轍の場合に較べて、王式渙の睢州王氏は官僚・郷紳の一族として圧倒的に強大であったのではなかろうか。すなわち、いくら田文鏡とはいえ、たとい王式渙の佃戸虐待を告発・弾劾できたとしても、睢州王氏の名声によって、当該の事案に関連する文書を自らの著作に収録して後世に残すことは憚られたのではなかろうか。「抗租禁止条例」の制定過程、或いはその背景を探るという作業の難しさは、こうした点にも存在していたと思われる。

おわりに

以上、本稿は、雍正五年(一七二七)の「抗租禁止条例」をめぐって、特に制定過程に存在した「前稿」以来の懸案の課題、すなわち河南巡撫田文鏡の上奏文に佃戸虐待の行為が明記されていたと思われる「挙人王式渙」の問題に対して考察を試みたものである。「抗租禁止条例」制定の発端に位置する田文鏡の上奏は、現時点においてもその全貌は明らかになっていないが、私が「前稿」で紹介した『雍正上諭』の記事、および近年、中国で公刊された雍正『吏科史書』に見える署吏部侍郎査郎阿の題本に引かれた田文鏡の上奏(節略)を見る限り、その内容は「挙人王式渙」による佃戸虐待を告発し、関係条例の制定を提起するものであった。しかしながら、当該の上奏文は田文鏡の『総督両河宣化録』に収録されておらず、また関連する史料も『総督両河宣化録』或いは『撫豫宣化録』に見出すことはできないのである。

王式渙は河南の睢州王氏の出で、康熙五十三年（一七一四）に挙人に合格しているが、彼の高祖王承泰に連なる王氏の血族は、康熙の後半から雍正年間にかけて多数の科挙合格者を送り出し、また多くの「名臣」を輩出していたのであった。すなわち、睢州王氏は官僚・郷紳の宗族として、地域社会では圧倒的な威勢を保持し、また官界においても大きな影響力を有していたといえよう。河南総督田文鏡がその不法行為によって王式渙を告発・弾劾し、その結果として「抗租禁止条例」が制定されたとしても、王式渙関係の文書を自らの著作に収録して後世に伝えることはやはり憚られたのではなかろうか。

以上が、私にとって懸案であった王式渙問題に対する一つの解答である。だが、「抗租禁止条例」に繋がる王式渙の佃戸虐待については、依然としてその詳細を明らかにすることはできなかった。さらに、王式渙のみならず、『撫豫宣化録』に収録された奏議や公移によって弾劾された王轍についても、その「倚勢虐民」或いは「倚勢不法」を田文鏡の言説のままに理解してよいのか、という疑問も浮かんでくる。特に田文鏡の科挙出身者への刻薄なまでの対応は有名であるが、その一方で王轍は、出身地の地方志では「晩年、家は更に窘なるも、多く諸を詠歌に託す。貧にして楽と謂う可し」と書かれており、不法な郷紳のイメージとは些か掛け離れているのである。[42]また王式渙に関連するものでは、彼の伯父王繻の墓誌銘を書いたのが田文鏡と決定的に対立して失脚した李紱であることも、そこには何らかの政治的な思惑が存在していたのではないか、という疑いを抱かせるものだといえよう。[43]但し、これらの点は容易に答えを導き出せるものではなく、更なる史料の捜集と緻密な考察とが必要とされる今後の課題である。

註

（1）三木聰「抗租と法・裁判——雍正五年の〈抗租禁止条例〉をめぐって——」（一九八八年）同『明清福建農村社会の研究』

北海道大学図書刊行会、二〇〇二年、所収。後述するように、経君健氏および岸本美緒氏は当該条例を「佃戸条例」と称しており、「抗租禁止条例」という呼称が条文内容からみて妥当であるか否かは疑問なしとしないが、本稿では「前稿」との整合性を重視して「抗租禁止条例」を用いることにしたい。なお、註に提示する論文が再録されている場合は、煩雑を避けるために発表年のみを括弧書きで表示し、原載雑誌名・巻数等は省略した。

（2）「前稿」二六〇～二六三頁、参照。

（3）経君健「清代的等級結構――代緒論――」（一九八一年）同『清代社会的賤民等級』浙江人民出版社（杭州）、一九九三年、所収。当該書は、二〇〇九年に中国人民大学出版社（北京）から「当代中国人文体系」の一書として再版されている。なお、本稿において当該書を引用する場合、頁数は前者によって表示した。

（4）経君健「試論雍正五年佃戸条例――清代民田主佃関係政策的探討之一――」『平準学刊――中国社会経済史研究論集――』第二輯、中国商業出版社（北京）、一九九〇年、所収。

（5）当該論文の末尾には、おそらくは脱稿、或いは入稿の時期を表示したと思われる「一九八二年三月」という年月が明記されている。「前稿」の段階で当該論文が「『平准』二期に掲載されている」という情報を入手していたものの（「前稿」二六三頁、註（3）、参照）、『平準学刊』第二輯はわが国には将来されず、私が実際に当該論文に接することができたのは二〇〇〇年代の後半になってからである。これについては当時、北京に滞在されていた城地孝氏（現同志社大学）の援助を受けた。ここに記して感謝の意を表する次第である。

（6）これらの論点については、それぞれ、経君健、前掲「試論雍正五年佃戸条例」一六五頁、一五七頁、および一六〇頁を参照。

（7）経君健、前掲「試論雍正五年佃戸条例」一六六～一六七頁。なお、経氏の見解は「法制は階級闘争の道具であり、特定の歴史的条件における産物で、それは統治階級の意思を反映している」という史的唯物論の原理に即したものであった（一六七頁）。

（8）重田徳「清朝農民支配の歴史的特質――地丁銀成立のいみするもの――」（一九六七年）同『清代社会経済史研究』岩波書

店、一九七五年、所収、および「前稿」二〇〇頁、および二六二～二六三頁、参照。

(9) 王高凌「清代有関農民抗租的法律和政府政令」『清史研究』二〇〇〇年四期、および卜永堅「清代法律中「不応為」律与雍正五年「奸頑佃戸」例」『中国文化研究所学報』〈香港中文大学〉二〇〇一年一〇期。

(10) 王高凌、前掲「清代有関農民抗租的法律和政府政令」四二頁。

(11) 卜永堅氏が引く乾隆『刑科題本』は、中国第一歴史檔案館・中国社会科学院歴史研究所編『地租剝削形態』〈乾隆刑科題本租佃関係史料之一〉上・下、中華書局（北京）、一九八二年、および同編『清代土地佔有関係与佃農抗租闘争』〈乾隆刑科題本租佃関係史料之二〉上・下、中華書局（北京）、一九八八年、所収のものである。

(12) 岸本美緒「雍正帝の身分政策と国家体制――雍正五年の諸改革を中心に――」中国史学会編『中国の歴史世界――統合のシステムと多元的発展――』〈第一回中国史学国際会議研究報告集〉、東京都立大学出版会、二〇〇二年、所収。

(13) 岸本美緒、前掲「雍正帝の身分政策と国家体制」二八七～二九三頁。

(14) 「前稿」二〇四～二〇五頁。

(15) 「前稿」二〇六頁。なお、孔毓珣の両広総督等としての在任期間については、銭実甫編『清代職官年表』第二冊、中華書局（北京）、一九八〇年、一三八八～一三九三頁、参照。

(16) 「前稿」二〇六頁。

(17) 銭実甫編、前掲『清代職官年表』第二冊、一三九二～一三九六頁、および一五七九～一五八七頁、参照。また、田文鏡『総督両河宣化録』巻一、奏疏、「恭謝添恩事〈謝加兵部尚書銜、授為河南総督〉」雍正五年（一七二七）七月には「雍正五年七月十三日、准吏部咨為欽奉上諭事。雍正五年七月初一日、内閣奉上諭一道、相応抄録移咨到臣。恭設香案、望闕叩頭謝恩訖。……欽奉特旨、着加兵部尚書銜、授為河南総督、総兵以下、聴伊節制。此係特恩、不為豫省定例。欽此」と記されている。なお、田文鏡は雍正六年（一七二八）五月以降、山東をも兼轄する河東総督となった。

(18) 田文鏡『総督両河宣化録』巻一、奏疏の最後に収録されている「欽奉上諭事〈題朱藻仍留河北道任〉」の日付は「雍正六年六月　日」であり、同じく巻二、条奏、所収の「請復旧例等事〈題豫省漕米仍照旧例徴本色〉」は「雍正六年五月　日」、巻

三、文移、所収の「再行暁諭事〈厳拏銷燬制銭禁止打造銅器〉」は「雍正六年二月　日」である。なお、東京大学東洋文化研究所蔵『総督両河宣化録』（雍正刊本）各巻頭の首行には書名・巻数が明記されているが、次行には「河南総督臣田文鏡敬梓」と書かれている。

(19) 経君健、前掲「清代的等級結構」二六～二七頁、および同、前掲「試論雍正五年佃戸条例」一五三頁。

(20) 中国第一歴史檔案館編『雍正朝内閣六科史書・吏科』第三八冊、広西師範大学出版社（南寧）、二〇〇二年、一六八～一七〇頁。なお「史書」とは、皇帝の硃批が加えられた題本が六科の一つに回され、改めて抄写された後に内閣に送られて史官の編纂用に供されたものである。単士魁「清代歴史檔案名辞簡釈」故宮博物院明清檔案部編『清代檔案史料叢編』第三輯、中華書局（北京）、一九七九年、所収、二〇一頁、参照。

(21) 『清世宗実録』巻六一、雍正五年（一七二七）九月戊寅（二十二日）条には、当該条例制定に関する記事が見られるが、田文鏡の上奏については「河南総督田文鏡疏称、豫省紳衿、苛虐佃戸、請定例厳行禁止」と書かれている。

(22) (c)の記事には「郷紳照違制例議処」とあるが、ここに見える「違制例」は「違制律」を誤記したものと思われる。先に提示した『雍正上諭』の当該箇所には「郷紳照違制律議処」とあり、また乾隆年間に刑部右侍郎を務めた呉壇の『大清律例通考』巻七、吏律、公式、「制書有違」等を見ても、当該律に条例は存在しないからである。なお、前註に挙げた実録の記事では「違制例」となっている。

(23) 経君健、前掲「試論雍正五年佃戸条例」一六四～一六五頁、および岸本美緒「雍正帝の身分政策と国家体制」二八七頁、等、参照。

(24) 経君健、前掲「試論雍正五年佃戸条例」一六五頁。

(25) 田文鏡『撫豫宣化録』巻四、告示、「為厳禁紳衿敗類、奴僕横行、以端風化事」雍正五年（一七二七）正月に「有一等不肖紳衿、専以唆訟抗糧為能事、窩娼窩賭作生涯。或出入衙門、而鈐制官長、或武断郷曲、而魚肉小民。完糧必短封減耗、保甲必抗不当差。出借倉谷、則捏造鬼名而負欠、包攬銭糧、則詭寄田地而侵収。収留異郷無籍之徒、以為雇工佃戸、而図覇其妻女、招致游手好閒之輩、以為外班家人、而滋擾夫地方。甚至挟妓包娼、而転相推薦、窩奸隠線、而坐地分賍。縦容佃戸、挑

販私塩、違例放銭、十分取息。悪不勝書、罪難屈指」とある。
(26)「前稿」二〇六〜二〇七頁。
(27) 経君健、前掲「清代的等級結構」二七頁。
(28) 中国第一歴史檔案館編『雍正朝起居注冊』第二冊、中華書局（北京）、一九九三年、一四九四頁。
(29) 中国科学院北京天文台編『中国地方志聯合目録』中華書局（北京）、一九八五年、五七九頁、参照。
(30) それぞれ(I)光緒志、巻五、選挙志、挙人、皇朝、(II)同、進士、皇朝、(III)同、貢士、皇朝、(IV)同、薦挙、皇朝、(V)同、封贈、皇朝、(VI)同、例貢、皇朝、(VII)同、監生、皇朝に拠る。なお、当該の選挙志には他に「武挙」および「武進士」の項目が存在するが、王氏に関連すると思われる人名を見出すことはできない。
(31) 光緒志、巻五、選挙志、貢士、明の「天啓」の末尾に「王承泰〈穎上県訓導〉」と見える。
(32) 郭明昆「称呼と命名の排行制について」（一九三九年）同『中国の家族制及び言語の研究』東方学会、一九六二年、三三一頁、参照。本書については、北海道大学大学院の亀岡敦子氏の御教示を得た。ここに謝意を表する次第である。
(33) 以下の典拠は次のとおりである。①乾隆『建昌府志』巻二四、秩官表、郡官、国朝、推官。②『清聖祖実録』巻三二、康熙九年（一六七〇）正月乙卯（二十七日）、および雍正『江西通志』巻四八、秩官三、国朝、提学道。③『清聖祖実録』巻二〇六、康熙四十年（一七〇一）十月己巳（十六日）。④同前、巻二〇七、康熙四十一年（一七〇二）正月庚戌（二十八日）。⑤道光『宝慶府志』巻一三、職官表二、知府、国朝。⑥乾隆『福建通志』巻二七、職官八、総部、分巡延建邵道。⑦雍正『広西通志』巻五七、秩官、国朝、桂林府知府。⑧雍正『江南通志』巻一〇六、職官志、文職八、国朝、分巡蘇松兵備道。⑨乾隆『漢陽府志』巻二九、秩官通表、人物、秩官巻下、国朝、同知。
(34) 前註の②に挙げた雍正『江西通志』の記事には、王震生について「康熙九年任。祀名宦」とあり、同じく⑤の道光『宝慶府志』巻一〇九、政績録五、国朝には、王組について「康熙四十四年、由府同知、擢知府事。……去後人甚思之、祀名宦」と書かれている。
(35)『清聖祖実録』巻一九一、康熙三十七年（一六九八）十二月甲寅（十四日）、同、巻一九五、康熙三十八年（一六九九）九

月戊申（十三日）、同、巻一九五、康熙三十八年（一六九九）十月丙寅（二日）、同、巻一九九、康熙三十九年（一七〇〇）六月乙亥（十四日）、および同、巻二〇七、康熙四十一年（一七〇二）正月庚戌（二十八日）。なお王紳は、同、巻二二一、康熙四十四年（一七〇五）五月丙戌（四日）によれば「居官貪墨」で「革職」処分となった。また光緒志の名臣伝によれば、その翌年、王紳は北京で死去したという。

(36) 銭儀吉『碑伝集』巻八一、康熙朝監司下には、雍正三年（一七二五）〜同四年（一七二六）に直隷総督を務めた李紱による、王式渙の伯父王繻の墓誌銘（「故江南按察司按察使王公繻墓誌銘」）が収録されている。当該史料には、王繻が官を引退した後のこととして「又設祭田百五十畝、以羨餘助婚葬、及衣食不給者」と書かれており、睢州王氏における族田の存在を確認することができる。

(37) 当該の上奏と関連するものが『撫豫宣化録』巻三下、文移に「通行飭知事〈紳衿以参革進士王轍為戒〉」雍正四年（一七二六）十二月として収録されている。

(38) 乾隆『項城県志』巻六、選挙志、進士、国朝、康熙には「王轍〈字子由。癸卯科〉」とあり、同じく、選挙志、挙人、国朝、康熙には「王轍〈庚子科。見甲科〉」とある。なお「癸卯」は雍正元年（一七二三）である。

(39) 馮爾康「清代地主層級結構及経営方式述論」（一九八一年）同『顧真斎文叢』〈南開史学家叢書〉、中華書局（北京）、二〇〇三年、所収、七五頁、参照。

(40) 註（37）に挙げた『撫豫宣化録』の「通行飭知事〈紳衿以参革進士王轍為戒〉」には「業経本都院、特疏題参請旨、将王轍革去進士、並武生王允彝・王旬極、咨革衣頂、提問在案」と書かれている。

(41) 前註所載の「通行飭知事〈紳衿以参革進士王轍為戒〉」には「凡在豪紳劣衿、勢豪土棍、各宜以王轍等為鑑、改過自新、毋得怙終不悛、致干参究」と見える。

(42) 宣統『項城県志』巻二三、人物志二、文苑、国朝には「王轍、字子由。性穎異。……康熙庚子、領郷薦、雍正癸卯、成進士。……晩罹誣訟、毫不介意。賦詩作文怡如也。尤工詩、著浮生老人詩集、膾炙人口。晩年家更窘、多託諸詠歌。可謂貧而楽矣」と記されている。

(43)　註(36)、参照。また、田文鏡と李紱との軋轢については、取り敢えず、馮爾康『雍正伝』人民出版社（北京)、一九八五年、二〇九～二二二頁、参照。

清代の溺女問題認識

山本英史

はじめに

「陋習」あるいは「陋俗」とは文字通り「旧くて卑しい習俗」のことである。明治維新の際に出された《五箇条の御誓文》の一節には「旧来ノ陋習ヲ破リ天地ノ公道ニ基クヘシ」とあり、日本の「陋習」とは旧社会全体の価値体系である「封建的なありかた」を意味し、それを変革することが「文明開化」を推進する新政府の使命とされた[1]。それに対し、中国の「陋習」とは王朝国家の支配が及びにくい基層社会において悠久の昔から存続してきた伝統的因習を意味した[2]。そして、これらは中国革命という独自の「近代化」のために超克すべき対象として新文化運動期、南京国民政府期、社会主義建設期の各時期においてそれぞれの異なった思想や政治的立場からの改造が試みられてきた[3]。

本稿では、中国がそのような近代国家建設の一環として真摯に改造に乗り出す起点として清代の「陋習」、なかでも中国における間引きを意味した溺女を取り上げ、それはどのようなものであり、その問題が同時代の地方官僚や在地知識人といった地域指導者たちにいかに認識され、かつ改革されようとしたのかについて論及し、中国革命が目指した一つの方向について考えてみたい。

溺女に関して、欧米語圏では人権問題やジェンダーの視点から“infanticide”（嬰児殺し）という習俗そのものを扱った専門研究が多く存在し、その一環として清末中国の溺女についての研究もかなり見られる。[4] さらに十九世紀末に初めて中国の基層社会に足を踏み入れ、みずからが溺女を実際に目撃したキリスト教宣教師たちによるあまたの報告書が残されている。他方、中国語圏では溺女に対する研究関心は一九八〇年代後半になってようやく生まれたとはいえ、以来最近に至るまで個々の地方に即したおびただしい数の専門研究が量産されている。[5] それは一面では中国大陸が抱える現代社会の問題が少なからず反映されていることを推測させる。

これに対し、日本の研究では自国の「間引き」についての研究はそれなりにあるものの、[6] 中国の溺女を歴史学の対象として正面から扱ったものは、管見のかぎり西山榮久と曾我部静雄の古典的なものを除けばほとんどない。[7] そこで改めてこの問題を他所の事例と比較することによって日本人の視点から再検討するのも無駄ではないと思われる。

なお、本稿では紙幅の関係から対象として扱う時代を清代に止め、民国以降における展開については別稿において論じているので、併せて参考にされたい。[8]

一　溺女とは何か

(1)　溺女の意味

中国では溺女慣行は、「父母の子におけるや、男を産めば則ち相賀し、女を産めば則ち之を殺す」[9] との記録が示すように戦国時代からすでに存在していた。[10] それが社会問題として認知されるのは、不挙子（溺嬰）が経済的要因によって顕著となる宋代である。ただし、この段階では溺嬰、すなわち嬰児が男女とも間引きされるのであって、その対象が女児に限られたものではなかった。

明清時代になると人口の増加と農業生産の不均等な発展とによる経済生活の変化によってこの風潮は一層顕著となり[11]、溺嬰はとりわけ溺女という名称が一般化して、女児が主対象になる傾向が現れた。もとよりそれは男児の殺害を含まないとの意味ではなかったものの、働き手としての能力に劣り、また祖先を祀ることのできない女児が比較的犠牲になりやすかったからであるとされる[12]。

（2）溺女の方法

溺女という名称は通常、嬰児が生まれると産婆などが水桶、水盆、または便器に浸して溺殺する方法がしばしば用いられたことに由来する[13]。趙建群が紹介する道光『福建通志』に収められた在地知識人鄭光索の福清県知県夏衣彝宛ての書簡には溺女の具体的な様子が次のように生々しく伝えられている[14]。

胎盤が産み落とされると、産婆はおおむね両手で念入りに確かめ、女児なれば片方の手を翻して盆に置き、要るか要らぬかを問う。要らぬと言えば、即座に水を求め、子供の首を引っ張ってこれに漬ける。子供が元気で、かつ啼く場合は強く手で抑える。子供はその間体を捩じらせてもがき苦しむ。母親の中にははらはらと涙を流す者もいる。しばらくすると声がしなくなり、動かなくなると、産婆はようやく引き上げる。そして身なりを整え、酒食や財貨を求めて揚々として去っていく。

ただし、史料上に現れる溺女とは必ずしもこうした典型的な行為に止まらず、嬰児を殺害すること一般を意味する用語として定着したようである。

（3） 溺女の分布

溺女の習俗は南方で比較的多く見られ、なかでも江西は「宋代以来元、明、清の三代数百年にわたりずっと溺女の風習が盛んであり、しかも女児の溺殺数は多く、率も高い」といわれるように[15]、とりわけ溺女風習の盛んな地域として全国的にも知られていた。さらに清代になると溺女の習俗がある十二省（江蘇、安徽、浙江、江西、福建、広東、山西、河南、湖北、湖南、四川、広西）中[16]、江西は最も深刻な地方となったといわれる[17]。

しかし、常建華は明代十五世紀末においてすでに浙江、江西、湖南、福建の四省において溺女が流行していたことを指摘し[18]、林麗月はその中でも浙江がとりわけ盛んであったという[19]。趙建群は、「〔清代の〕関係文献によれば南方の広東、福建、江西、浙江、江蘇、安徽、湖南、湖北や北方の山西等の省ではいずれも溺女が盛んに行われた」と述べ[20]、徐永志は清末の状況として、山西、湖南、江西、浙江、江蘇、安徽、福建、広西の各省所属各県の実例を挙げ、さらに「第一に近代においては溺女の風潮は南北各地に隆盛を極め、貧富を問わず普及したのであり、これを歴代と比べていえば、溺女の風潮はさらに普遍的で、かつ深刻になった。第二に溺女が女児に限られ、男児に及ばないことは、近代の溺嬰がもはや溺女に変わり、溺女が溺嬰の代名詞になってしまったことを示している」という[21]。清末中国においてこの〝陋習〟は地域的な特殊条件に縛られない普遍的な状況において存在していたものと思われる。

ならば江西がとりわけ有名になったのはなぜか。それは「ある者は女児が生まれるとただちに尿桶や井戸、あるいは河に投げ入れて溺殺した。ひどいのになると叩き潰した生姜を女児の口や鼻に詰め込んで、再び胎盤でかたく包んで窒息死させた[22]」などの溺女に関する江西の地方志特有の残酷な記載表現に加え、この地が同時に「難治之地」、「軽生之地」、「健訟之地」としても名を馳せたことが一種の偏見を生み出し、溺女のブランド産地観念の定着を助長したものと判断される。

（4） 溺女の原因

西山榮久は溺女の原因として、男女間の不倫や奇形児の出産などをも含めて十三の想定されるかぎりのものを挙げている。[23] しかし、普遍かつ全国に共通する原因としては「貧困で養育できないため」、「結婚の際の費用負担を防ぐため」、さらには「迷信によるため」の三つに集約される。第一には、男児に比べて女児が尊重されない「重男軽女」の観念が根底に潜んでいる。第二にはいわゆる「厚嫁」、すなわち成長した娘の嫁入り支度に多額の費用が求められる慣習があることから、将来の経済的負担を前もって断つためとされ、とりわけ富家が溺女を行う主な原因とされた。第三には「溺女しなければ男児の出産を望めない」という思い込みがあった。

二 清初における溺女問題の対応

（1） 清朝中央の対応

清朝においては順治十六年（一六五九）、都察院左都御史魏裔介の上奏の一つとして「福建・江南・江西等の地域は溺女の風習がきわめて多く、残酷で倫理道徳にもとること、これほどひどいものはありません。どうか勅命にて厳禁し、殺傷を好まない気風を広めていただきたい」との要請を受け、順治帝が「朕はこれまで溺女があることを耳にするも、なお信じなかった。だが、いま上奏を読み、その事実があることを初めて信じるようになった」と述べて禁令を出したのを最初とする。[24]

（2）清初の地方官僚の告示

これを受けて十七世紀後半、康熙年間になると地方官僚たちの告示による対応が積極的に行われるようになる。以下それぞれの公牘に収められた当時の告示が多く残る浙江のいくつかを例に挙げてみよう。

①浙閩総督劉兆麒「禁溺女錮婢」

浙江には溺女と錮婢（婢女を主家に閉じ込めて結婚させない風習）の悪習があり、東部八府はそれがとりわけはなはだしい。生まれた子供が女であれば溺殺する。それは貧家に限らず富家でも行われる。天地が生を好む徳を傷つけている。豹虎でもその余りを食わない。人間がみな溺女の悪習をまねたならば、人倫は滅亡する。それゆえ以後なお溺女する者は重責枷号し、律によって罪に処する。(25)

②浙閩総督劉兆麒「再禁溺女」

溺女に対し厳法による禁止を求め、省会に育嬰堂を建設して遺嬰を収養する方法を述べた生員たちの申請によって各府に育嬰堂を建設する。男女の生長は人倫に基づき、親子の愛情は天性によって生まれるものである。貧乏で養育できず、将来嫁がせる費用がないことで女児を殺してしまうのは良心のかけらもない。今後は溺女をしてはならない。貧乏で養育できない者は育嬰堂に収養してもらうことを許す。もしそれでもなお溺女する者がいれば、故殺子孫律（故意に卑属を殺害した際に適用される律）によって罪に処する。(26)

③浙江巡撫范承謨（魏際瑞）「禁溺女」
螻《けら》や螘《あり》は小さな生き物でも命を惜しむ。虎狼は凶悪だが子を食わない。人間でありながら惻隠の心を失い、残酷に殺しあうものは他にない。溺女の悪習については近ごろ浙江がとくにひどいと聞く。貧乏で養育に困難なため、将来嫁がせる金がないため、男子がおり女児を賤しいと思うため、女児ばかり多く生まれて不公平を感じるため、などいろいろな理由で無辜の赤子が犠牲となる。母親は無知、父親もそれを変だと思わない。ひどい場合には富家や士大夫もこの凶行に及んでいる。それは天の怒りに触れて殺気が積もり、大禍を招くことになる。その結果、災害や戦による殺戮がしばしば起こる。今後溺女をそれでもあえてする者がいれば、厳しく逮捕・枷責してその罪を問う。女は自分が女であることを考えてみよ。父母が自分を殺したら、どうしていまがあるのかと。男は自分が男であることを幸いに思え。いまむごくも溺女を行えば生まれ変わった時には必ず女になって溺殺を受けることを。貧乏で家計が苦しくても、養女に出したり育嬰堂に送ったりすることができる。利を考えないなら他人にくれてやることもできる。無理して自分で育てれば、成長した後は生計のたしになる。結納金を無理に求めなければ、嫁がせる際に金がなくても済む。さらに他人に典売すれば財物を多く得ることもできる。それなのになぜ自分の子をわざわざ死地に追いやることに苦心するのか(27)。

④嘉興府知府盧崇興「一件禁溺子女以広好生之徳事」
天地は生を好み、異類を殺さない。生まれるとすぐに溺殺するのは天理を絶滅するもので、これほどひどいものはない。嘉興はよい土地なのに、この風習がなお存在する。今後なお溺嬰する者がおれば、枷責して罪を問う(28)。

⑤紹興府知府李鐸「厳禁溺女」
紹興にもこの悪習がある。溺女のわけは女児が生まれても成長すれば他人のものになるため養育を厭うからである。息子だって本分を守らない。むしろ娘に死に水を取ってもらうこともある。持参金は家の財力に応じて出せばよい。貧乏で育てられないというのなら、なぜ男児は育てられるのか。腹を痛めてようやく産んだ子をすぐさま死地に追いやるのは何とむごいことではないか。人間は万物の霊長なのに、むごたらしく溺女するなら禽獣にも劣ることになる。今後もしなお禁令を守らないというのであれば、故殺子孫律によって厳しく罰する。(29)

⑥寧波府知府張星耀「申厳溺女」
溺女は婚姻の源をふさぎ、朝廷の戸口を減らし、その残忍さは天地の中和を犯し、人には嫁がいない悲しみを増し、己には後継ぎのいない報いを受ける結果となる。寧波府ではその悪俗が風習となっている。政府はたびたび厳しく禁令を出すも、効果がなく、悪俗は改まらない。虎狼でもその子を食わないのだから、汝らは禽獣にも劣るというものだ。溺女すれば、その報いで必ず窮乏し、後継ぎを失くすことになる。貧者が女児を養わなければ、結局貧しさから免れない。子育てにしばしの負担があっても、その子が成長すれば結納金の獲得や扶養の恩恵を受けることができる。富人が女児を養えば、結局富裕な状態を維持できる。たとい嫁入り費用の負担に苦しむことがあったとしても、後継ぎを失い家財が分割されてしまう苦しみよりはましである。今後なお溺女する者がおれば、故殺子孫律によって罪に処する。(30)

（3） 地方官僚たちにとっての溺女問題

清初の地方官僚たちは溺女の何がどのように問題であると認識していたのだろうか。彼らに共通する第一は、溺女の行為そのものにおける残忍さが「倫理道徳にもとるもの」と見、それが「天地が生を好む徳を傷つけている」、「天理を絶滅する」など、自然の調和を乱し、ひいてはこの世の中に災厄をもたらす結果になるということである。第二は、「豹虎でもその余りを食わない」、「螻や蟻は小さな生き物でも命を惜しむ」、「虎狼は凶悪だが子を食わない」などの例を挙げ、どんなに凶暴で残忍な猛獣でも自分の子は食べず、どんなに小さな虫けらでも命を大切にする心があるが、万物の霊長たる人間が溺女のような非行に及ぶのであれば、そんな人間は人間でないというものである。これらに底流するのはみな地方官僚たちが信奉する儒教的価値観と民衆へのその押しつけである。また、これらの文言は必ずしも清代地方官僚たちの独創にあらず、多くは明代に普及した「戒殺女歌」や明代の地方官僚たちが用いた表現を剽窃したものである(31)。清代にあってもなお儒教エリートであった地方官僚たちにとって溺女は明代の地方官僚と同様に依然として儒教的観念において〝由々しき問題〟として受け止められた。そして〝移風易俗〟、すなわち悪質な風俗の改良はその地域を統治する地方官僚にとって果たさねばならない任務であり、その限りにおいて溺女は改めるべき問題として認識されたのである。

ところで、右に挙げた浙江地方官僚たちの議論の中で注目すべきは、溺女を社会問題としてとらえる意識がきわめて希薄なことである。この中で唯一寧波府知府の張星耀だけは、溺女が女性の人口を減らし、その結果、婚姻が困難となり、ひいては「朝廷の戸口を減らすこと」に言及している。江戸時代の日本の場合、人口減少とそれに伴う年貢減少に悩む幕府代官や諸藩が財政的な脅威に迫られて間引きを禁止するとともに育子制度を実施したのに対し(32)、中国清代では、人口が急増する中で溺女問題に対応し、育嬰事業が進展したといわれている(33)。十七世紀後半の中国は人口が一時的に減少していたことから、張星耀のような意見が生まれたとも思われなくはないが、これは全体から見れば当時としては珍しく、以後人口が急速に増える中ではそうした議論が生れることはほとんどなかったのであろう。

（4） 溺女の防止対策とその問題点

告示には、溺女を犯した時の罰則として「故殺子孫律」への言及とその適用が多く見られる。それは『大清律例』巻二六、刑律人命、謀殺祖父母父母律に収められた「その子孫が教令に違犯した際、祖父母や父母が非道にもこれを殴殺した場合は杖一百とする。故意に殺した場合は杖六十徒一年とする」というもので、祖父母や父母が子孫を殺した場合の律が溺女にも適用された。

しかし、西山榮久がかつて「予の知れる所にては、実際に於ては余り検挙せらるることもなく、断罪せらるること も少いやうであつて、その証拠には上述の如く「刑案匯覧」全篇を通覧しても、殆ど其の例を挙げられてないのを見ても之を察することが出来る[34]」といい、喜多美佳が、「実際にどの程度、律どおりの処罰が行われたのかは、疑問である[35]」というように、その実行はほとんどなかったものと思われる。

溺女そのものに対する処罰規定は律のみならず条例においても設けられた形跡はなく、尊属が卑属を殺害した場合の律を溺女に援用することには当時においても問題があるとされたという[36]。したがって法令による禁止は溺女を防止する効力としてはほとんど功を奏さなかった。政府の民衆への通達という告示の性格上、違反者に対してどれもみな一様に、かつ執拗に法による厳罰を主張したが、民衆にとってそれはあくまでも〝お題目〟にすぎなかったのである。

浙江の地方官僚たちの告示には、それに代わる溺女の防止策として民衆に対する説得工作が見られる。まず女児の存在意義について「父母が自分を殺したら、どうしていまがあるのか」という道理で説得を試みる。女児が無益ではないことは「成長した後は生計のたしになる」、「他人に典売すれば財物を多く得ることもできる」といい、「むしろ娘に死に水を取ってもらうこともある」というのはそれにあてはまる。なお、このたぐいによる説得には他の地方の告示では、老病の父親に代わり男装して出征し、軍功を立てて帰郷した木蘭、肉刑を受けることになった父の代わりにその刑を贖いたいと申し出た緹縈などの伝説の孝女がしばしば登場することになる。(37)

つぎに厚嫁の問題については、「結納金を無理に求めなければ、嫁入りの際に金がなくても済む」、「持参金は家の財力に応じて出せば問題ない」などと簡素化を奨励する。このたぐいの説得には他の地方の告示においては、後漢の梁鴻の妻孟光が身につけた粗末な服装を意味する「荊釵布裙（棘の簪と木綿の裳裾）」の故事がしばしば引き合いに出されることになる。(38)

最後は因果応報による説得である。「男であってもいまむごく溺女すれば生まれ変わった時には必ず女になって溺殺を受ける」、「溺女すれば必ず窮乏して後継ぎをなくすことになる」などはそれを示している。

告示に頻見する以上のような陳腐な常套句は果たして溺女防止になにがしかの効力を持ったであろうか。地方官僚たちはこうした定型化した表現を多用することで説諭を図るのであるが、惜しむらくはそこからこの問題を真剣に解決しようとする誠意が伝わってこない。そのため、このような説得は、告示を読まされ、あるいはその内容を聞かされた当事者の民衆にとっては「お役人のたわごと」にすぎず、「ああ、また同じことを言っている」くらいにしか受け止めなかったものと思われる。

浙江の地方官僚たちが告示で唯一現実的で具体的な溺女防止対策として挙げるのは育嬰堂の設置である。(39)育嬰堂は順治十二年（一六五五）に揚州で開設されたのを最初に、杭州では順治年間に、北京では康熙元年（一六六二）にと爆発的に普及した。多くの官僚たちは「貧乏で嬰児を養育できないのであれば育嬰堂に子供を預ければよい」と主張する。しかし、こうした育嬰堂のような施設は官が主催するものではなく、そのほとんどが郷紳ないしは商人などの府城に居住する富裕層によって誰からの命令を受けることもなく自発的に建立したものであった[40]。開設の目的は社会問題の解決といった政治的要請というよりも、地域社会において放置すれば死ぬ運命にある嬰児たちを救うための倫理的要請であった[41]。また、その要請は勧善懲悪を説く功過格思想に見られるように、人を生かすという善行によってみずからの功を増やし、かくしてみずからの福徳を獲得しようとするものであったという。さらに育嬰堂の設置場所の多くは富と人とが集中する都市部である城内に限られていたため、郷村に居を構える通常の民衆にとってそれを容易に活用する環境にはなかった[42]。

以上のような十七世紀後半の告示によって表明された地方官僚たちの溺女問題への対応は以後の地方官僚たちの対応においてもさほど大きな変化は認められなかった。育嬰堂はその後も盛んに建設され、とりわけ十八世紀には一層の普及と組織化を見、国家による公共事業的な面を示すものも少なからず出現した[43]。しかし、育嬰堂の設置場所は依然として城内に偏在し、それゆえ一般の農民の利用が困難であるとの問題はなお改善されなかった。さらに十九世紀に入ると顕著な人口増加と国力の衰退による全国的な貧困化が再び溺女問題に大きな影を落とすようになり、育嬰堂の建設・運営は再び郷紳等が中心にならざるを得ない状況に至った。その結果、溺女の習俗はいっこうに衰えることなく、清一代にわたって持続・発展し続けていったのであった。

三　清末における溺女問題の対応

(1)　清末の概況

浙江巡撫程大中は道光五年（一八二五）に改めて溺女を厳禁する次のような告示を出した[44]。

親子の情は天性に基づく。虎は害毒なるも子を食べないのだから、人間ならばなおさらだ。試みに問うが、汝はどこから生まれたのか。汝の母親が産んだのであろう。汝の子はどこから生まれたのか。汝の妻が産んだのであろう。自分と子供はみな女性が産んだものである。しかるに生まれてきた女児を溺殺するのは不孝無慈悲であること、これより大きなものはない。溺女して男児を求めるというのは残忍さが自然の秩序を害し、天が良い子を授けないばかりか殺気を感じて災いがこれに従うことを理解していない。古来溺女した家を歴観するに、悪の報いは確かだ。天道は生を好み、鬼神は殺を憎むからであろう。悪事をすれば災いが降るのは当然のことだ。

浙江の溺女の害は最も改めがたい。前任官僚がたびたび禁令を出したが、この風潮は止まない。たいていは厚嫁のためである。聞くところでは、民間の嫁入りで銀数百両数千両を使う者もいる。最少でも百数十金が必要という。田畑を売り借金してでもその金を工面しなければならない。男の家は持参金が多いことをよしとし、少なければ馬鹿にする。ひどい場合は舅姑が嫁に接するに嫁入り道具の多寡で愛憎をはかる。すでに嫁して後も女の家は節目に贈り物を婿家に送り届けねばならない。しかし福があれば持参金が少なくても多くの貴子賢孫を産むはずだ。貧苦を気にすることはない。今後民間の嫁入りに多くの費用をかけることを許さない。嫁入りが困難でなくなり、女児を養う者が多くなって溺女に至らなくなることを願う。

女児を養えない貧乏な家はただちに女児を育嬰堂に送るか、もしくは童養媳に出せ。余は現在各府州県に通達し、紳士や商人を説得してそれぞれが資金を寄付して育嬰させるようにした。紳士たちはともに民が再び溺女しないようを教え導くことに努めよ。それでもなお違反する者に対しては必ず条例に従って罪に処する。

右によれば、十九世紀に入っても溺女問題はほとんど手付かずであったことが明らかである。また従来とほとんど変わり映えせぬ説諭がなされているが、これが説得力に乏しかったことは言うまでもない。程大中は溺女防止対策として育嬰堂とともに童養媳（幼女を将来の息子の嫁として引き取って養育する習俗）の活用を挙げる。確かに貧家が童養媳の習俗を活用して自分が養育できない女児を他人に与えることは、溺女対策として他の地方でもしばしば奨励されたものであったし、[45] 溺女を一定程度抑止する効果があったともいえよう。しかし童養媳の実態は嫁ではなく、虐待を受ける下女もしくは奴隷的な存在であってなお弊害が多く、また実父母と養父母との間で親権をめぐって訴訟沙汰が頻発するなど、[46] 溺女問題の解決法として万全なものではなかった。

ところで、ここでは溺女の原因が貧困のためのみならず、嫁入り費用の多さにも相応の力点が置かれていることが注目される。貧困によって養育が困難な状況が、たとい育嬰堂の設置によっていくぶんかは緩和されたとしても、嫁入り費用の負担問題は育嬰堂の設置によっては解決しえず、それゆえに溺女もまた存続したのである。

（2） 保嬰会の提唱と問題点

余治（一八〇九〜七四）は江蘇省無錫県県城北門外の青城郷浮舟村に住む一生員だった。[47] 挙人になるための試験である郷試に五度挑戦したが、いずれも合格に至らず、四四歳の時ついに科挙受験を断念して私塾教師の道を選んだ。日ごろから基層社会の溺女の実態を熟知する知識人であった彼は若い時から続けていた慈善活動にこれ以後いっそう専心するようになったという。

無錫は咸豊十年（一八六〇）四月に太平天国軍によって陥落し、同治二年（一八六三）十一月までその占領下にあった。その結果、無錫の農村は極度に荒廃した。郷里で悲惨な状況を体験した余治は、同治八年（一八六九）に『得一録』なる善書（勧善を説く書）を編纂し、慈善活動の教本を提供した。また、同治十一年（一八七二）には『江南鉄涙図』を著わし、太平天国軍占領下の江南社会の惨状を絵入りの文章で綴った。

余治は『得一録』において当時の無錫における溺女の状況を次のように伝えている。

貧しい家では子育てが比較的多い。だが自分の生活に追われ、子が生まれるとすぐに溺死させることがある。それは風習になっており、誰も変だと思わない。〔世間ではその美名を「嫁之」とか「度他人身」とかいい、習い性になって勧阻しない。〕ひどい場合には男児を産んでも溺死させる。金持ちもまたそれをする。その行為は次々に伝わって日増しにひどくなる。〔一家で十人余の女児を溺死させる者がいるとすれば、村ごとに一年で数十人の女児が溺殺されることになる。農村で目撃するに、その惨たらしいさまは口に出すに忍びない。〕この世に生を受けた途端に殺され、水中を転げまわってほどなく静かになる。聞くも哀れ、言うも痛ましい。ああ父母でない者はない。肉親でない者はない。しかし、ついに耐えて行為に及ぶ。本心からの残酷非情であるはずはないが、自然と習慣になり、そのため自覚しなくなる。残忍ぶりはここに極まる。(48)

また『江南鉄涙図』においても「飢えて産気づき、嬰児を産んで水に棄てる」という表題で無錫の溺女を取り上げ、「産育は原《もと》喜事たり。胡《いづくん》ぞ竟《ただ》に清波に委ぬるを為さんや。他の理を滅し更に和を傷つくるを怪《うたが》ふ。中に苦情の訴へ難き有るも、腸断するは児の薄命なり。生まれしも偏《あいに》く此の干戈に値《あた》り、阿娘未だ命の如何を識《し》らざるに、先に黄泉に向ひて我を待つ」との一節に以下のような文を添えている。

近世各郷に溺女の風潮が多く見られる。はなはだしい場合は溺男まである。滅理傷和のこれよりひどいものはない。殺劫には必ずしも理由がないわけではない。この時勢では子どもを育てている者も捨て子をすることが多い。

図1　『江南鉄涙図』㮮腹臨盆産嬰棄水

ましてや初産ではなおさらである。ワーと泣いてこの世に生まれるとすぐに魚の餌になる。惨状は至るところにある。心ある者が人道からこれを援けようとしても、ただ叫ぶだけでどうしようもない(49)。

そして彼は溺女問題に対する知識人たちの認識のなさを次のような挿話で語っている。

私はかつて他県に住む友人にその県で溺女の風習があるかどうか尋ねたことがあった。友人は「私のところにはそのような風習はもともとない」と言った。私もまたその風俗の厚さを褒めたたえた。数カ月後、またこの友人に出会うと、彼は顔色を変えて、「あるある。君がこの前言ったことは。幸いにも君は私を目覚めさせてくれた。さもなければ私はぼんやりとみすみす好事を逃すところだった」と告げた。そこで詳しく問いただすと、この友人が地元に帰ってから後たまたま一人の産婆に尋ねたところ、その地方もまた溺女の風習が少なくないことを初めて知ったという(50)。

余治は知識人たちが農村の事情に疎く、いまだかつてこの問題に心を留めて調べたことがないため、手をこまねいているだけであるのを嘆いている。

そこで道光二十三年（一八四三）、余治は郷里で保嬰会を始めた。保嬰会とは、趣旨に賛同する同志から寄付を募り、それをもとに事務所を浮舟村に置き、半径十里以内で対象となる母親に米一斗と毎月銭二〇〇文を五カ月間支給して嬰児を自分で養育させ、その結果、養育不可能と判断された時に初めて育嬰堂に送るという組織であった(51)。

彼は従来から溺女防止対策として提唱されてきた育嬰堂の問題点を次のように指摘する。

県城では通例育嬰堂を設けて遺児を収養している。我が朝の人民を愛育し幼児を保護養育して生命を全うさせる至意を仰ぎ見るに、立法の精神は素晴らしく、誠にすぐれた制度である。ただ四方の近郷は遠く離れていて長途赴くのが困難である。〔貧者はいつもわずかな費用でも惜しむものである。入城するのに路遠であれば、たいてい抱いてやって来ることをはばかる者が多くいる。〕(52)

従来の育嬰堂は都市部に集中して郷民の利用が困難であり、かつそこで乳を与える女性たちも自分の子との間に愛情の差が生じやすく、その結果、保育の質にも差があったため、育嬰堂に収容された嬰児の死亡率が必ずしも低くないという欠点があった。保嬰会はそうした育嬰堂の欠点をカバーし、実際の親に資金を提供して自分で育てさせることに重点を置いたものだった。そして以後それは多くの人々から賛同を受け、江蘇・浙江両省を中心に広く普及していった。

道光二十七年（一八四七）春には紳士華嘉植らが江蘇巡撫に規条を提出すると、江蘇巡撫はそれを印刷して各所属に通達し、併せて安徽省にも実行する旨を要請した。余治は遠路杭州に赴き、規条三〇〇部を当地の紳士たちに贈り、浙江巡撫に実行の要請を行うことを求めた。

浙江紳士の一人であった趙鉞はその制度を次のように高く評価している。

貧家で女児を産めば、助成金によって溺女を留まり、溺女を留まることで愛情が芽生える。子供は五カ月間養われて愛くるしくなる。母親も授乳が久しくなれば、どうしてこれを捨てられよう。捨てるには忍びず、無理にでも育てようとする者が多くなる。これは資金援助によって表では残忍な心を抑え、裏では慈愛の天性を発揮させるものである。(53)

道光二十七年（一八四七）七月、浙江巡撫は趙鉞らの申請を受け、保嬰会を創設する旨を通達し、併せて福建省にもそれを要請した[54]。

ところで、保嬰会は育嬰堂の欠点をカバーする溺女防止策として評価されたが、溺女の悪俗そのものを抜本的に撲滅することはできなかった。夫馬進は、保嬰会の中心が大都市に置かれ、あるいは大都市を資金源として運営されたため、真に救済を必要とした郷村に置かれた保嬰会は経営困難に陥っていたこと、保嬰会に資金援助を受けることに恥ずかしさを感じる者が多くいたこと、援助金の詐取をたくらむ者がいたことなどの制度の〝落とし穴〟を紹介している[55]。

しかし、保嬰会制度の根本的な欠陥は、第一にこれが政府の公共福祉政策に昇華せず、援助金提供には原資となる資金がなお寄付金や義捐金に依拠していたため、制度の安定性を欠いたこと、第二に育児資金の提供によって貧民の溺女は防げても、溺女問題に潜むもう一つの問題、すなわち厚嫁の問題や溺女しなければ男児が授からないとする迷信観念は実父母が女児を育てるかぎり、依然として解決を見ないことだった。

清朝政府は同治五年（一八六六）、御史林式恭の広東、福建、浙江、山西等の省における溺女の風習がなお除かれていないとの報告を受け、「各直省督撫に命じて所属の地方官に告示によって厳禁する旨を示させ、併せて各州県に対して富紳たちに育嬰堂を多く設立して確実に収養し、無力の貧民が生計困難のために再び悪習を踏襲することがないようにさせよ。もしなお改悛しない者がおれば、受けるべき罪によって処し、少しも決して大目に見てはならない」と清初以来の旧態然とした対応を繰り返すだけだった[56]。

（3）溺女に関する因果応報論の効果

保嬰会制度を提唱した余治は一方で「溺女した報いは枚挙に耐えない。因果応報を著わした図書を多く刊刻して愚蒙を戒めねばならない」と語っている[57]。それゆえであろうか、『得一録』中には「溺嬰徴驗」と称して、古来溺女を救った者には善い報いを、溺女した者には悪い報いをそれぞれ被った〝実例〟が紹介されている[58]。さらに程大中の言を載せ、試験場で無数の小さな手につかまれた羅元科、母子ともにろくな死に方をしなかった石揆の妻、子を産み体が裂けて死んでしまった河口の蔡某、病中に大勢の女嬰に追いかけられて殺された元秀、紅い蛇に巻きつかれて死んだ陳一清の妻、大勢の女嬰に肌を嚙みつかれて死んだ赫連傑の妻、大蛇に乳を嚙まれて死んだ福安の張氏、血を漏らして死んだ穎娘子、夢で小牛に触られて死んだ潤州の陳氏、蛇を産んで死んだ王氏、もっぱら他人のために堕胎や溺女をした産婆の范氏の十一人がともに非業の死を遂げたことを伝えている[59]。

余治はまた次のように主張する。

溺女の風潮は習慣になっており、いくら告示で禁じ文章で勧めても愚かな民は字を識らない上に道理がわからない。十分訓戒したところで徹底するものではない。だからその方法は古今の溺女・救溺の因果応報が明らかなものを易しい言葉に書き直してわかりやすく諭すだけなのだ。あるいは因果を説き、道情（民間芸能の一種）を唱え、郷村や市鎮の各所において広く知らせ、善については心を動かさせ、悪については懲らしめることができれば、愚夫愚婦といえどもこれを聴き、喜んで理解しないものはない。伝え積もった悪習も次第に変化し、世間の老幼にも教えることができる。これらの歌詞を習得すれば生活できるだけでなく醒世することも可能だ。一挙両得で、効果はこれより大なるものはない[60]。

清末の大衆画報として広く読まれた『点石斎画報』には溺女による因果応報の記事が二件掲載されている。一つは重慶の事件として、残忍な性格で、すでに四人もの溺女をした女が再び出産したところ、蛇頭人身の怪物が現れ、打ち殺そうとして逆に産門に嚙みつかれ瀕死の状態になったことを伝えている[61]。

図2　『点石斎画報』楽集

もう一つは寧波の奉化県の、性格は強暴かつ残忍で、すでに何度か溺女したことがあった女が近日また女児を産んだため、夫の留守を見計らって溺女するに及んだが、足を取られて転倒し、こめかみをぶつけて翌日には死んでしまったことを伝えている[62]。

そして、これら二つの記事の末文にはいずれも「溺女する者はこれを戒めとするがよい」との言葉で結んでいる。

他方、十九世紀清末の出来事を報じた『申報』には次のような記事が載せられている。

　意外にも近ごろでは溺女の方法に水ではなく火で殺すことがある。そういった父母はなお人間といえようか。本月（五月）八日の申の刻、寧波江北岸から友人を送って舟に乗り、途中興聖街同順船局の向かい側の空地を通った客がいた。彼はそこでいままさに女の赤子が焼かれようとしていることを耳にした。見物人は数百人にのぼり、惨気が高く立ち上って、心胆が砕けそうになった。近寄ってよく見ると、もうもうたる煙の中、始めはワーワー泣くも、すぐに声を立てなくなり、ほどなく皮と骨がともに焼き焦げて肉饅頭のようになったので、ただちに石に結びつけて河に沈めたことがわかった。彼はすぐさま側にいた人にそのわけを尋ねた。そしてその赤子は興聖街西向きの鍛冶屋の娘だとようやくわかった。母親は連続して三度出産したが、みな女児だった。前の二人の女児はすでに死んでいた。この娘も長く生きないのなら焼き殺すに越したことがない。その魂魄に懼れを知らしめば、二度と胎児として再生しないと考えた。だからとくに柴を用いてしっかり焼いたのだ。客はそのことを聞き、嘆くことしきりだった。調べたところ、興聖街は上海の甬東八図の地にある。地保は毛善宝という。どうして彼には聞く耳も見る目もなかったのか。さもなければなぜ一声でも発してこの悪習を止めようとしなかったのか。(63)

これは清末中国で最も「近代化」していた上海の、しかも目抜き通りに近い興聖街での出来事であり、女児の転生を信じる民衆がそこに描かれている。

『申報』はさらに次のような〝事実〟をまじめに伝えている。

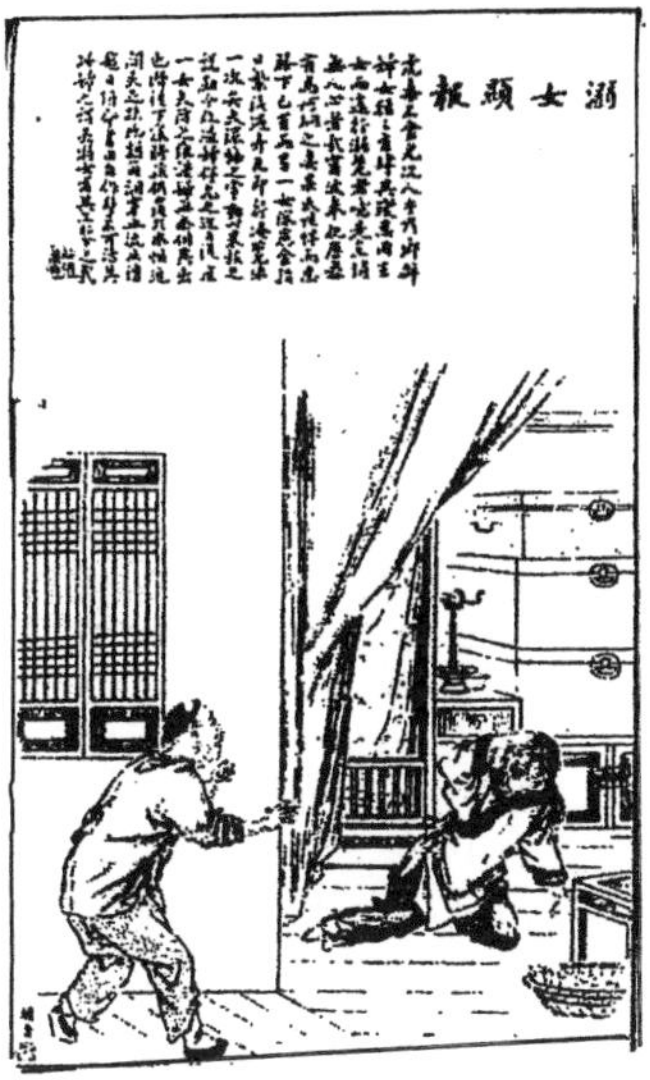

図3　『点石斎画報』竹集

婁県の西郷に劉氏という名の女がおり、庚午の年（一八七〇年）に一人の女児を産んだ。その一カ月後、赤子の両目が見えなくなった。劉氏はそれを嫌い、乳をやることをしなくなった。夫はしばしばこれを戒めたが、劉氏は言うことを聴かなかったので、赤子はとうとう餓死してしまった。越えて一年、劉氏はまた一人女児を産んだ。目が異常に大きく両手は豚の蹄のようだった。劉氏はいっそうこれを嫌い、殺して水に投げ込んだ。この月（五月）の初め、劉氏はたちまち一抱えもある大きな肉塊を産んだ。肉塊全体に細かな穴があり、くるくる回ってじっとしていなかった。みんなは大いに怪しみ、これを捨てようとしたところ、肉塊は忽ち飛び上がって劉氏に襲いかかった。劉氏は恐怖でショック死した。大騒ぎの間、肉塊はもはやどこに行ったのかわからなくなった。翌日寝台の下でこれを見つけると鶏卵ほどの大きさに縮んでいた。色はとても赤く、さながら九転霊丹（仙薬の一種）のようだった。割こうとしても堅くてできなかった。地面に放り投げるとガチャンという金属音がしたので、とうとう劉氏とともに葬った。ああ、これはほとんど二人の娘の恨みが実を結んでなったものである。さもなければ、どうして劉氏を襲ってショック死させられようや(64)。

溺女の行為を阻止するには、『申報』本体でさえも右のような『点石斎画報』顔負けの因果応報を記事として導入せざるを得なかったものと思われる。

清末においてさえ基層社会に生活する一般の民衆にとってはこのような因果応報による教訓はいかなる厳しい罰則よりも、いかなる理にかなった説得よりも、さらにはいかなる経済的な援助よりも、わずかとはいえ溺女をためらわせる効果があったのかもしれない。

おわりに

清朝中央や地方官僚にとって溺女風習の蔓延は好ましい状況でないとの自覚があったことは疑いないが、その風習は自然の調和や秩序の安定を損なうもの、ひいては天の好生の意向に逆らうものとして受け止められ、それを社会問題や国家が責任をもって担うべき福祉問題として認識するまでには至らなかった。それゆえ、その防止においては違反者に対する罰則の適用を唱えるに止まった。

地域の実態を理解していた少数の知識人たちは、育嬰堂を設けて溺女される運命にあった嬰児たちの救済を主導した。しかし、それは彼らが望む善挙の一貫として行われたものであり、むしろ彼ら自身にとっての積善、つまりは自己満足の域を出なかった。それゆえ育嬰堂は彼らの居住空間に近い都市部に設置されることが多く、実質的に救済が必要な郷村の貧民たちの利用に供するのは困難だった。王朝国家も知識人たちの積善の世界にあえて入り込み、その善行に干渉しなかったため、側面からそれを支援することはあっても主導的な立場を取ろうとはしなかった。さらに知識人たちは育嬰堂を建設することには強い関心を抱くも、育嬰堂に存在する運営維持のための問題の解決には対してはさほど興味を示さなかった。加えて知識人たちによる個人的な負担には資金源としての限界があった。

余治の提唱した保嬰会は保育基金としての社会保障的な側面を持つものであったが、育嬰堂同様に知識人たちの個人的な出資によって維持され、国家が主導する社会保障制度に進展することはなかった。

ところで、これらの施設や制度が「貧困による育児の困難」を曲がりなりにも緩和できたとしても、溺女の他の原因、すなわち「嫁入り費用の高額負担」という観念と「溺女しないと男児を授からない」という迷信はこれらの措置によっては何ら解決されるものではなかった。

かくて溺女問題は解決の糸口を見出せぬまま、したがって溺女風習は継続したまま二十世紀を迎えることになり、その状況は辛亥革命を経て中華民国が成立しても基本構造においてほとんど大きな変化が見られなかったのであった。

註

（1）有賀義人「明治維新における「陋俗」について」（『信州大学教育学部研究論集』一号、一九五一年）。
（2）姚立迎・梁景和「二〇世紀初年社会陋俗的演変」（『首都師範大学学報』〔社会科学版〕二〇〇三年増刊号）。
（3）楊松菊「建国初期中国共産党対陋俗文化的改造」（『淮北師範大学学報』〔哲学社会科学版〕三二巻五期、二〇一一年）。

（4）欧米語圏において中国の“infanticide”を論題に冠した研究には次のものがある。Bernice J. Lee, "Female Infanticide in China," in Richard W. Guisso and Stanley Johannesen, eds., *Women in China: Current Directions in Historical Scholarship*, NewYork, Philo Press, 1981. Lillian M. Li, "Life and Death in a Chinese Famine: Infanticide as a Demographic Consequence of the 1935 Yellow River Flood," *Comparative Studies in Society and History* 33, 1991. James Lee, Cameron Campbell, and Guofu Tan, "Infanticide and Family Planning in Late Imperial China:The Price and Population History of Rural Liaoning,1774-1873," in Thomas Rawski and Lillian M. Li, eds., *Chinese History in Economic Perspective*, Berkeley, University of California Press, 1992. Sharon K. Hom, "Female Infanticide in China: The Human Rights Specter and Thoughts towards Another Vision," *Columbia Human Rights Law Review* 23, 1992. Françoise Lauwaet, *Le meurtre en famille.Parricide et infanticide en Chine*（*XVI-IIe-XIXe siècles*）, Paris: Éditions Odile Jacob, 1999. Jonathan Chaves, "A Poem on Female Infanticide by Chiang Shih-ch'üan/Jiang Shiquan," *Sino-Western Cultural Relation Journal* 29, 2007. David E. Mungello, *Drowning Girls in China: Female Infanticide Since 1650*, Lanham, Maryland: Rowman and Littlefield, 2008. Michelle T. King, *Between Birth and Death: Female Infanticide in Nineteenth-Century China*, California, Stanford University Press, 2014.

（5）中国語圏の研究ではおよそ次のものが主に挙げられる。馮爾康「清代的婚姻制度与婦女的社会地位述論」『清史研究集』第五輯、北京、光明日報社、一九八六年所収）、呉宝琪「宋代産育之俗研究」（『河南大学学報』〔哲学社会科学版〕一九八九年一期）、陳広勝「宋代生子不育風俗的盛行及其原因」（『中国史研究』一九八九年一期）、林汀水「宋時福建〝生子多不挙〟原因何在」（『中国社会経済史研究』一九九一年二期）、徐永志「近代溺女之風盛行探析」（『近代史研究』一九九二年五期）、趙建群「清代〝溺女之風〟述論」（『福建師範大学学報』〔哲学社会科学版〕一九九三年四期）、張建民「論清代溺嬰問題」（『経済評論』一九九五年二期）、趙建群「試述清代拯救女嬰的社会措施」（『中国社会経済史研究』一九九五年四期）、臧健「南宋農村〝生子不挙〟現象之分析」（『中国史研究』一九九五年四期）、張敏傑「国外学者関於〝溺嬰〟的研究」（『国外社会学』一九九七年三期）、劉静貞『不挙子：宋代的生育問題』（台北、稲郷出版社、一九九八年）、常建華「清代溺嬰問題新探」（李中清・郭松義・定宜庄編『婚姻家庭与人口行為』北京、北京大学出版社、二〇〇〇年所収）、肖倩「清代江西民間溺女与童養」（『無錫軽工大学学報』〔社会科学版〕一巻三期、二〇〇一年）、同「清代江西溺女状況与禁誡文」（『史林』二〇〇一年一期）、斉麟「対〝溺嬰〟的人口社会学分析」（『西北人口』二〇〇二年二期）、常建華「明代溺嬰問題初探」（張国剛主編『中国社会歴史評論』第四巻、北京、商務印書館、二〇〇二年所収、のち常建華『観念、史料与視野・・中国社会史研究再探』北京、北京大学出版社、二〇一三年所収）、徐暁望「従溺嬰習俗看福建歴史上的人口自然構成問題」（『福建論壇』〔経済社会版〕二〇〇三年三期）、楊剣利「近代華北地区的溺女習俗」（『北京理工大学学報』〔社会科学版〕二〇〇三年四期）、林麗月「風俗与罪愆・・明代的溺女記叙及其文化意涵」（游鑑明主編『近代中国的婦女与社会（一六〇〇―一九五〇）無声之声Ⅱ』台北、中央研究院近代史研究所、二〇〇三年所収）、王薔「江西古代溺女陋習漫談」（『南方文物』二〇〇四年四期）、譚志雲・劉曼娜「清代湖南溺嬰之俗社会救濟」（『船山学刊』二〇〇五年一期）、肖倩「清代江西溺女風俗中的〝奢嫁〟問題」（『江南大学学報』〔人文社会科学版〕二〇〇五年四期）、常建華「清代溺女嬰問題」（同『婚姻内外的古代女性』北京、中華書局、二〇〇六年所収）、王美英「明清時期長江中游地区的溺女問題初探」（『武漢大学学報』〔人文科学版〕五九巻六号、二〇〇六年）、汪毅夫「清代福建的溺女之風与童養婚俗」（『東南学術』二〇〇七年二期）、薛剛「清代福建溺女陋習及整飭」（『歴史教学』〔高校版〕二〇〇七年五期）、劉昶「清代江南的溺嬰問題――余治《得一録》為中心」（『蘇州科技学院学報』〔社会科学版〕二〇〇八年二期）、姚延玲「宋代溺嬰問題探析」（『河北青年管理幹部学院学報』二〇〇八年二期）、曾春花・羅艶虹「清代婺源的溺女陋習与育嬰事業」（『南昌工程学院学報』二〇〇八年五期）、呉巍巍「近代来西方伝教士中国溺嬰現象的認識与批判」（『江南大学学報』〔人文社会科学版〕二〇〇八年六期）、史国棟「清代溺嬰現象対郷民婚姻生活的影響」（『伝承』〔学術理論版〕二〇〇九年九期）、王春春「従人口調節看清代的溺女嬰和童養媳現象」（『法制与社会』二〇一〇年一四期）、李錦偉「清代江西的溺嬰及其社会後果」（『江蘇広播電視大学学報』二〇一二年三期）、張鳳花「近代江西溺女風習探析」（『大家』二〇一二年一〇期）、柏樺・周囿杉「明清溺嬰子女現象分析」（『蘇州大学学報』〔法学版〕二〇一四年二期）。

（6）古いものでは、高橋梵仙『堕胎間引きの研究』（中央社会事業協会社会事業研究所、一九三六年、のち第一書房、一九八一年）が代表される。また近年の研究では、千葉徳爾・大津忠男『間引きと水子――子育てのフォークロア』（農山漁村文化協会、一九八三年)、樋口政則『不思議の村の子どもたち――江戸時代の間引きや捨子と社会』(名著出版、一九九五年)、松崎憲三「堕胎(中絶)・間引きに見る生命観と倫理観――その民俗文化的考察」(『日本常民文化紀要』二一号、二〇〇〇年)、同「東北地方の間引き絵――「家族葛藤図」を中心に――」(『民具研究』一二一号、二〇〇〇年)、鈴木由利子「間引きと生命」(『日本民俗学』二三二号、二〇〇二年)、沢山美果子「近世後期の出生をめぐる諸問題――堕胎・間引きから捨子まで」(『順正短期大学研究紀要』三二号、二〇〇三年)、鈴木由利子「間引きと嬰児殺し――明治以降の事例をてがかりに」(『東北学院大学東北文化研究所紀要』三八号、二〇〇六年)、豊島よし江「江戸時代後期の堕胎・間引きについての実状と子ども観(生命観)」(『了徳寺大学研究紀要』一〇号、二〇一六年)などがある。

(7) 西山榮久「支那民間の Infanticide について」(『東亜経済研究』一三巻一号、一九二九年)、曾我部静雄「溺女考」(同『支那政治習俗論考』筑摩書房、一九四三年所収)、西山榮久「殺児(Infanticide)殊に溺女の研究」(同『支那の姓氏と家族制度』六興出版部、一九四四年所収)。最近では唯一、小川快之「清代江西・福建における「溺女」習俗と法について――「厚嫁」「童養媳」等との関係をめぐって――」(山本英史編『中国近世の規範と秩序』公益財団法人東洋文庫・研文出版、二〇一四年所収)がある。なお、喜多三佳「嬰児殺の処罰に関する一考察――清代を中心として――」(『四国大学経営情報研究所年報』九号、二〇〇三年)は、その罰則規定の検討、五味知子「清中期江西省袁州府における溺女防止事業――『未能信録』をてがかりに――」(公益信託松尾金蔵記念奨学基金編『明日へ翔ぶ――人文社会学の新視点――』I、風間書房、二〇〇八年所収)は、その防止事業の観点から間接的に触れている。

(8) 山本英史「近代中国と溺女問題」(関根謙編『近代中国　その表象と現実――女性・戦争・民俗文化――』平凡社、二〇一六年所収)。

(9) 『韓非子』六反。

(10) 桑原隲蔵「支那の人口問題」(同『東洋史説苑』弘文堂書房、一九二七年)五六三頁および西山前掲書二二四~二二五頁。

(11) 趙建群前掲「清代〝溺女之風〟述論」九六頁。

(12) 喜多前掲論文四五頁。

(13) 曾我部前掲書三八一頁。
(14) 趙建群前掲「清代〝溺女之風〟述論」九六頁。また道光『福建通志』巻五五、風俗、鄭光索与福清令夏衣彝重書。
(15) 肖倩前掲「清代江西民間溺女与童養」二四〇頁。
(16) 常建華前掲「清代溺嬰問題新探」一九八～二〇〇頁。
(17) 肖倩前掲「清代江西溺女状況与禁誡文」六三頁。
(18) 常建華前掲「明代溺嬰問題初探」二六〇頁。
(19) 林麗月前掲「風俗与罪愆」三頁。
(20) 趙建群前掲「清代〝溺女之風〟述論」九六～九七頁。
(21) 徐永志前掲論文三二～三三頁。
(22) 『蓮花県志』巻四一、風俗習慣。
(23) 西山前掲書二四〇～二四九頁。
(24) 『清世祖実録』順治十六年閏三月丙子。このことは Mungello, *op. cit.*, p. 53 にも触れている。
(25) 『総制浙閩文檄』巻四、禁溺女錮婢。
(26) 『総制浙閩文檄』巻四、再禁溺女。なお、劉兆麒の浙閩総督就任期間は一六六八～七二年であり、これら二つの告示はその間に出されている。
(27) 『四此堂稿』巻一、禁溺女。なお、魏際瑞は一六六八～七二年に范承謨の幕友に就任し、この告示はその間に「本院」の名で出したもので、それは魏際瑞の文集『四此堂稿』に収録されている。
(28) 『守禾日紀』巻二、告示類、一件禁溺子女以広好生之徳事。なお、盧崇興の嘉興府知府就任期間は一六七六～七八年であり、この告示はその間に出されている。
(29) 『越州臨民録』巻四、告示、厳禁溺女。なお、李鐸の紹興府知府就任期間は一六八九～九二年であり、この告示はその間に出されている。

(30)『守寧行知録』巻二四、示檄、申厳溺女。なお、張星耀の寧波府知府就任期間は一六八八～九五年であり、この告示はその間に出されている。
(31) 肖倩前掲「清代江西溺女状況与禁誡文」六五頁。薛剛前掲論文二五頁。
(32) 高橋前掲書四五頁。それによると、「幕府の代官郡代等が地方に於て之が対策を講じ、一方各藩に於ては各藩諸侯の智見高きものは堕胎間引禁止の必要を痛感し、夫々施設する所があつた。而してその目的とするところは、前にも一言したが租税の収入増加をはからんがために人口の増加を来さしめんとするにあり、人倫に背反する悪風芟除といふことは寧ろ第二義的で表面上の理由たるに過ぎなかつた」とある。
(33) 夫馬進『中国善会善堂史研究』(同朋舎出版、一九九七年)二一一～二一三頁。
(34) 西山前掲論文五二頁。
(35) 喜多前掲論文四七頁。
(36) 喜多前掲論文四七～四八頁。
(37) 肖倩前掲「清代江西溺女状況与禁誡文」六五頁。Mungello, *op. cit.*, p. 54. また小川前掲論文二六三頁。「木蘭」や「緹縈」の引例がいつから始まるかは定かでないが、清代の地方官僚たちは好んで常用した。
(38) 肖倩前掲「清代江西溺女状況与禁誡文」六六頁。小川前掲論文二六四頁。なお、この「荊釵布裙」も明代の「戒殺女歌」に登場する文言である。
(39) 清代の育嬰堂については、梁其姿『施善与教化‥明清的慈善組織』(台北、聯経、一九九七年)および夫馬前掲書参照。
(40) 前述の告示で溺女を禁じた嘉興府知府盧崇興は、同じく『守禾日紀』巻一、疏序詳類、育嬰堂疏引で、育嬰が知府の任務であることを強調しているが、「余はぶしつけながら俸禄を寄付し、率先して育嬰堂一棟を購入し、乳母数十人を置いて養育に役立てることを提案した」とあるように、その資金提供はあくまでも私人としての寄付の性格のものであり、事実清初に江南各地に設けられた育嬰堂の建設主体のほとんどが郷紳や富商であった。
(41) 夫馬前掲書二五三頁。

(42)　夫馬前掲書三一三頁。馮爾康は、「それゆえそれは統治階級の〝善行〟〝仁政〟の飾りになりえただけで、決して溺嬰問題を解決し得なかった」という（馮爾康前掲論文三二六頁）。
(43)　常建華前掲「清代溺嬰問題新探」二〇六～二一〇頁。
(44)　『得一録』巻二、保嬰、浙江程大中丞厳禁溺女幷酌定嫁資示（道光五年七月一日）。
(45)　小川前掲論文二六五～二六七頁。
(46)　郭松義「清代的童養媳婚姻」（李中清等前掲『婚姻家庭与人口行為』四九～五六頁。
(47)　余治と彼が提唱した保嬰会については、夫馬前掲書三一九～三三四頁、梁前掲書一九四～一九八頁に詳しく触れられている。また、溺女問題との関連で論じたものに、劉祀前掲論文があり、Mungello, *op. cit.*, pp. 55-56. および King, *op. cit.*, pp. 46-76. にも言及されている。
(48)　『得一録』巻二、保嬰会規条。
(49)　『江南鉄涙図』枵腹臨盆産嬰棄水。
(50)　『得一録』巻二、保嬰会規条、保嬰会縁起。
(51)　『得一録』巻二、保嬰会規条。また夫馬前掲書三一九頁。
(52)　『得一録』巻二、保嬰会規条、保嬰会縁起。
(53)　『得一録』巻二、浙江紳士趙鉞請通飭保嬰会呈稿。
(54)　なおこのような実母に育児補助金を与えて養育させる方法は、清中期の湖南や江西においてすでに実施されていたことが指摘されているが（夫馬前掲書三三一頁および五味前掲論文二七頁）、清末の保嬰会との関連性については明らかにされていない。
(55)　夫馬前掲書三五七～三六五頁。
(56)　『清穆宗実録』同治五年二月庚子の条。
(57)　『得一録』巻二、保嬰会規条。

(58)『得一録』巻二、保嬰会規条、溺嬰徴驗。
(59)『得一録』巻二、保嬰、浙江程大中丞厳禁溺女幷酌定嫁資示。
(60)『得一録』巻二、保嬰会規条。
(61)『点石斎画報』楽集、溺女果報。
(62)『点石斎画報』竹集、溺女顕報。
(63)『申報』一八七八年五月十八日。
(64)『申報』一八七四年五月十四日。

元明清公文書における引用終端語について

岩井茂樹

はじめに

元代に刊行された官庁事務の指南書『吏学指南』は「諸此」という項目を立てる。それは「諸此」を「謂欽此、奉此之類」と釈し、「欽」「敬」「奉」「承」「蒙」「準」「拠」「得」をあげる。これらのうち「準」については、元代の官牘文において「准此」と書かれるのが通例であり、後代においてもそうである(1)。

公文書を日常的に読み書きしていた元代から清代にかけての官吏であれば、「欽此、奉此之類」という説明だけで理解可能であるかもしれないが、「欽此」「奉此」とて公文書における特殊な語彙であり、しかも宋代までの公文書には見えなかった。古典的な文言文の知識の持ち主にとって『吏学指南』の釈義はまったく不親切である。

元代の公文書に用いられた「欽此」「奉此」「准此」などの語について、全般的な解説を加えられたのは田中謙二氏である。元代の公文書の類別とそれぞれに対応する「授受に関する用語」「末尾に添える語」との関係を田中氏は次のように整理する(2)。

「聖旨」は皇帝のことばであり、「懿旨」は皇后・皇太后の、「令旨」は皇太子の、「鈞旨」は宰相ら一品官のそれぞれ指示である。「劄付」は中書省・御史台など一品衙門が直属の下司に、「符文」は六部のそれぞれが下司に下

授受に関する用語	文書類別	末尾に添える語
欽奉	聖旨	欽此
敬奉	懿旨 令旨	敬此
承奉	鈞旨 劄付 符文 判送	奉此・承此
准	咨 関 牒	准此
拠	呈 申	得此

す文書である。「判送」は中書省・尚書省が下司からの伺いにたいしてくだす裁定＝判である。以上は下行文書である。「咨」「関」は同品の官庁・長官のあいだでかわされる平行公文。二品以上が「咨」、三品以下が「関」を使う。「牒」は歴史的な経緯もあって複雑であるが、外路において統属関係のない三品官庁間でかわされる公文、および三品官庁の職官がその所属する官庁に提出する公文として使われる。「呈」「申」は下級の官庁・職官が上級の官庁におくる上行文書である。

田中氏は『大元聖政国朝典章』（以下『元典章』と略す）や佚書『大元通制』の「条格」の残存部分（『通制条格』）、『廟学典礼』など元代の法制史料についての長年にわたる研究にもとづいてこの結論を導きだされた。その周到な考察と明快な結論は、元代のみならず、これ以降の中国の公文書を読み解こうとするものに必須の知識を提供する。

附言するならば、『元典章』には田中氏のあげる十二種の公文書類型のほかに、「指揮」（「旨揮」）、「帖」（「貼」）、「案劄」と称される文書類型が見える。このことは拙稿「元代行政訴訟と裁判文書――『元典章』附鈔案牘「都省通例」を素材として――」において論じたことがある。[3]

「指揮」および「帖」は、各路の総管府が下属の州県にくだす命令文書である。[4] その「受ける意の術語」は「奉」であり、「末尾に添える語」は「奉此」「承此」となる。

「案劄」とは監察御史が判決の執行などを求めて行政官庁におくる公文である。監察御史は七品官として県や録事司の長官と同格であったが、裁判という司法手続きのうえでは監察御史が処置をおこなう県や録事司にたいして指示をくだすことになる。官品上では平行関係であっても、この場合には「案劄」を命令文書として使い、「受ける意の術語」は「蒙」、「末尾に添える語」は「蒙此」が使われた。

外路に置かれた官庁・職官のあいだでかわされた公文書の形式についてはは充分な検討がおこなわれなかったようで、上の如く補遺をすることができる。これ以外に、田中謙二氏の見解についていささか釈然としない点がある。それは田中氏が「末尾に添える語」と名ざされた語彙、すなわち「諸此」の各々である。

たとえば「聖旨」について、「その末尾には「欽此」（つつしんで奉戴せよ）二字を添え」という解説がなされている。[5]『吏学指南』があげるのはこのほかに「敬此」「奉此」「承此」「蒙此」「准此」「抛此」「得此」であるが、田中氏はこれらについて、「文書の末尾に添える一種の儀礼語」であると言われる。[6] そして、これらの語の解釈について次のような考察を加えられた。

たとえば「それを欽みて」または「これを得て」とよんで、命令句と解しない可能性も十分考えられる。現に小林高四郎・岡本敬二両氏の『通制条格の研究訳註』ではそのように処理されている。しかし、詔勅・詔令などの場合に「欽此」「敬此」でうち止める例がおおいことと、「……得此。都省……」の慣用表現などは、後者の理解を否定するに傾かしめる。もしも後者の理解が成立するためには、「都省得此……」とあるべきだからである。[7]

小林・岡本両氏のみならず、中国で公文書をふくむ典籍の校訂をおこなう研究者のなかには「欽此」から「得此」におよぶ語を、受領した公文書の引用につづけて受領者の見解や措置を説き起こすさいに、その冒頭に置かれる語として解釈することがある。その例は枚挙にいとまない。(8) こうした解釈が不適切であることは、田中氏の説かれるとおりである。諸橋『大漢和辞典』は、「拠此」について「云云の趣承知した。下行文の用語」と釈す。「拠此」はそもそも上行公文たる「申」や「呈」を引用するさいに末尾に添えられる語であり、それを引用する公文書が下行公文に限らないことは当然である。これも元代以降の「諸此」が五百年以上にわたって中国の公文書に使い続けられたにもかかわらず、不十分な、あるいは誤った解釈がおこなわれていることの表れであろう。

ただし、「文書の末尾に添える一種の儀礼語」であり、「命令句」であるという田中氏の解釈には再検討の餘地があるとわたくしは考える。文書の末尾に「欽此」などを添えた主体がその文書の原発者であるのか、それともその文書を受けて引用する側であるのか、田中氏は明示しておられない。ただし、これらを「命令句」として読むならば、それが被引用文書の原発者によって添えられたものだと考えるのが自然であろう。下行文書（命令文書）の末尾に添えられる「欽此」「敬此」「奉此」「承此」「蒙此」はいずれも「奉戴せよ」と釈義されることになる。平行文書につかわれる「准此」は「受け取られたい」、上行文書につかわれる「得此」は「お受け取りいただきたい」とでも釈義するのが田中氏流だということになろう。

元代から清代までの公文書に使われる「諸此」がその機能において一様であるにもかかわらず、「欽」「敬」「奉」「承」「蒙」「准」「拠」「得」の文字を区別することによって等差をつけるのは、そこに官庁間の統属関係や官品の高低を表示させる儀礼の意識をこめたからである。そもそも公文書に類別があり、その名称を異にすること自体が政治制度における儀礼の要素である。公文書のなかで統属関係や官品の高低に応じて用い分けられる特殊語彙は「儀礼語」だと言えなくもない。しかし、属僚や人民が上呈した上向文書を引用するにさいし、上司が「儀礼語」を添えたのだと解釈することは難しい。

たしかに、統属関係や官品の高低を表示することは「諸此」の各語句の属性のひとつではある。しかし、その本質的な機能は別の所にある。「諸此」の本質的な機能は、それらが一律に引用終端を示すことにあり、かつ被引用文書の原発者ではなく、引用終端の記号として引用者が附加したものだというのが、わたくしの結論である。すでに植松正氏はその著『元代江南政治社会史研究』（汲古書院　一九九七年）の序章においてこれらが「符号」であるという主張をしておられる（同書、頁一八）。わたくしの考えは植松氏のそれに近いのであるが、以下、このことについて論証を試みる。

一　附加したのは原発者か

どの時代のものであるにかかわらず、公文書にはそこで取り扱う事案に関係する詔勅や法規定、上司からの命令や指示、属僚・属民からの上申などを引用する必要がある。全文ではなく、要点にしぼって節略しながら引用することもある。節略のばあいには引用の直前に「該」字を置くことがある。これは「そのあらましに」という意味であるが、「該」字がなくとも節略されていることが多い。

公文書の作成者は下行、平行、上行の関係文書を机上に置いて参照することになる。引用される公文書は、(A)原文書そのものであるばあいと、(B)伝達の過程で鈔写された二次的な文書であるばあいとがある。「文書の末尾に添える一種の儀礼語」を命令句として解釈するならば、被引用文書の原本そのものに「欽此」「奉此」「准此」「得此」などと書かれていたか、あるいは、原本が鈔写されて伝達される過程で末尾に加えられたはずである。

この問題は当時の公文書原本にあたれば考証するまでもなく明らかとなる。元代についていえば、カラホトから出土した「黒水城文書」の写真版に元代の公文書の原本が含まれている。これらの文書について確かめてみると、「准此」の文言を文末に置くものがある。それは劄付など下行文書である。このことは引用終端の「准此」が平行文書について使われるという事実と齟齬する。何故このような齟齬が生じるのかは後述するが、「准此」を除く「諸此」の類を原文書上に命令の語として書く習慣はなかったと見るべきである。

明代以降、とくに清代については、参照可能な公文書原本はおびただしく伝存する。そこにも燼餘の元代公文書とおなじく、「諸此」の類が命令句として末尾に書かれることはない。ある種の下行文書の末尾に「准此」が置かれることも元代の文書の様式を踏襲している。

たとえば「欽此」の語句が引用者によって附加されたものであることは、清代の硃批奏摺を手にとれば一目瞭然である。(9) 周知のように、皇帝にあてて書かれた臣下の奏摺は、皇帝がこれに硃批を加えたうえで上奏者に返送される。しかし、皇帝の真筆たる硃批のはいった文書を臣下が保有することは許されない。原上奏者はその写しをとったうえで硃批奏摺の原本を返送し、それは宮中で保管されることになる。現在、眼にすることができるのはこの「繳回硃批奏摺」である。そこには皇帝の言葉たる硃批が書きこまれているが、批の末尾に「欽此」の語はない。しかし、原上奏者が以降の奏摺中で皇帝の批を引用するさいには、引用の終端にかならず「欽此」を置くことが規則であった。

以上のことからして、(A)原文書そのものに「諸此」が命令句として書かれていた可能性は否定してよい。では、(B)伝達の過程で鈔写された二次的な文書に「諸此」が附加されていた可能性はどうだろうか。

一般に上行文書については原本そのものがそれを受け取った官府にあり、参照あるいは引用して文書を作成する者は原本に拠ったはずである。下行文書については、それを発送するさいに公印が押捺された原本そのものを送るばあいと、原本にもとづく鈔写文書を送るばあいとがあったと考えられる。たとえば、下属の複数の官府・職官に同一の文書を送るさいには、原本でなく鈔写文書が送られることが多かったであろう。また、皇帝の勅諭などは、直接にそれを奉じた部局、つまり元代であれば中書省、御史台など、明代であれば内閣、清代であれば内閣、軍機処が中継機構となり、その部局が上諭などを引用する文書を作成して関係する官府・職官に送致することが通例であった。

元代から明代まで、そのような二次的な文書の原本は伝存しないようであるが、清代における内閣の「明発上諭」や軍機大臣の「字寄」はそのような性質の文書である。それらの二次的な下行文書は、伝達すべき皇帝の勅諭を引用することになり、その末尾に「欽此」の語が添えられた。このばあい、中書省、内閣、軍機処などが引用者であることを考えるならば、これは当然である。かつ原発者は上位者の命令を伝達するわけであるから、受領者にたいして勅諭などを「つつしんで奉戴せよ」という意味をこめて「欽此」を添えたのだと解釈する餘地はあろう。しかし、引用終端を示すことがその本質的な機能であることには変わりない。

二　「准此」の二種類

ここで「准此」の語について考察を加えておこう。まえもって結論を提示すると、「准此」には二つの用法があって、同一文字ながら機能と語義とを異にしていた。一つは、劄付や指揮など下行文書の末尾を「右劄付亦集乃《エチナ》総管府、准此」「右下本路儒学、准此」のごとく、「（文書受領官庁名）＋准此」の句で結ぶものである。もう一つは、「諸此」

の一つとして平行文書を引用するばあいに引用終端語として置く「准此」である。

カラホト出土文書のなかに、「大徳四年軍用銭糧文巻」と標題をつけられた文書断片群がある。『中国蔵黒水城漢文文献』に彩色写真が掲載されている。(10) 西暦一三〇〇年に作成されたものである。このなかに「大徳四年甘粛行省下亦集《チ》乃《ナ》路総管府割付」とでも名付くべき文書断片がある。録文を左に掲げる。文中の□は破損のために判読不可能な文字列を示す。〔 〕で括ってあるのは推定によって補える文字列である。

〔甘粛等〕処行中書省。来申、本路見在糧斛数少□□
□□□□前来支糧、縁本管地面上年不曾収成、□□
□□□□□□□□若蒙撥鈔和羅、決然失誤。擬合預□□
□□運壱万石前来、以備支持、似望不致□□
□照得、在路見在糧斛数多、除月支把道□□
□省府合下仰照験施行。須議割付者。

〔右割付〕亦集乃総管府、准此。

亦集乃路総管府から軍糧備蓄の欠乏をおぎなうため一万石の軍糧の支給を求める申が届いた。これをうけて、甘粛等処行中書省は同総管府にたいし行省の見解ないしは指示を示すための「劄付」をもって返答した。残存部第一行に「来申」とあるのは亦集乃路からの申を意味し、「来申」の下から残存部第五行の「照得」より前が当該の申の引用部分である。缺失しているが、「照得」の直前に「得此」という引用終端語があったはずである。残存部第六行の「須議劄付者」は劄付本文の終末を示す定型文言である。本文がここまでであることは、次に空白行が置かれていることからも確かめられる。

そして、残存部末行は劄付の受領者を示すためのいわばあて書きである。「准此」の句は「此を准けよ」ないしは「此に准ぜよ」とでも読ませたのであろう。

エチナ路総管府はこの件についての措置が実行されたのちに、報告の申を甘粛等処行中書省に送るはずである。そのさいには、措置実行の根拠となったこの劄付を行省あての申のなかで引用する必要がある。重要なのは、行省の見解や指示を説き起こす「照得」から、「省府合下仰照験施行」（行省がただちにこの指示の通り実施させる）までである。末尾の「須議劄付者」という定型句が引用に含まれることはない。そして、エチナ路総管府が引用するのは劄付であるから、「奉此」という引用終端語を使わねばならない。

もう一例、元代の資料をあげよう。官府や寺院などがみずからの権利や栄誉にかかわる公文書を石に刻して立碑することがある。そのような碑文には公文書の全文をほぼそのまま保存するものがある。原文書そのものではないが、その鈔写文書として貴重な同時代資料である。『両浙金石志』が採録する「元嘉興路儒学正礼堂基地本末碑」の上截に刻された「嘉興路総管府指揮」を示そう。本文中に「　」で括った部分は文書の引用であり、それぞれの引用終端語の直下に（　）で括って被引用文書の種類を示す。

皇帝聖旨裏。嘉興路達魯花赤摠管府、近承奉

江浙等処行中書省劄付、「為取勘廃寺田土公事。仰本路如行宣政院、枢密院、御史台到彼、就於本路摘差正官一

員、与各衙門官員一同欽依
聖旨事意施行。」奉此（劄付引用終端）。移委本路治中(11)朝列(12)、一同僧司官・僧録約会、取勘去来。有
簽行宣政院事到来取勘各各廃寺。准僧司関、「備奉
簽行宣政院事劄付、拠祥符寺僧惟寧告幷儒学呈、互争地土公事。核奉
簽行宣政院事劄付、該、「拠嘉興路大中祥符寺僧惟寧幷儒学呈、「争告元便換本寺基地公事。」得此（大中祥符寺・儒学呈引用終端）。今将僧惟寧告状幷儒学元呈、抄連在前。使職照得、僧惟寧告亡宋端平年間以儒学秀才擅将本寺基地建造正礼堂等屋。本学行撥付張十三戸絶没官田土弐拾伍畝、歳収租米壱拾伍碩、見行為主、経今一百餘年。又称、上項基地係当来府学将田易換、即係便換事理。相度似与占奪田土不同、難議定奪。拠此合下仰照験施行。」奉此（簽行宣政院事劄付引用終端）。除外、関請照験施行事。」准此（僧録司関引用終端）。揔府照得、祥符寺与儒学互争土地、既奉
簽行宣政院事所擬、合下仰照験依上施行。須至指揮(13)。
右下本路儒学、准此。

この「嘉興路総管府指揮」は、大中祥符寺と嘉興路儒学とのあいだで争われた土地所有権確認訴訟にかかわる文書である。簽行宣政院事は儒学が係争地を所有する権利をもつという判決を下した。判決はまず「劄付」によって僧録司（本文中では僧司）に下され、僧録司はそれを「関」によって嘉興路総管府に伝え、嘉興路はそれを「指揮」によって当事者たる儒学に下したのである。勝訴した儒学は判決を伝える「総管府指揮」と紛争の経緯を記した「何観記基地本末」を碑の上下両截に刻して、係争地を占有することの正当性の証しとしたのであった。判決を通知する嘉興路

示する。
総管府の「指揮」は重層的に引用された複数の公文書を含んでおり、入れ子構造になっている。次頁に文書構造を図示する。

裁判を主宰した簽行宣政院事の「劄付」の冒頭ちかくに、大中祥符寺（原告）と嘉興路儒学（被告）との「呈」を引用するが、その文字は「争告元便換本寺基地公事」という事書き（事由）のみであり、「告状」「呈」の内容はすべて略されている。にもかかわらず、「呈」の事書きを引用した後に「得此」という引用終端語を律儀に置いているこ とは興味深い。この「得此」につづいて、「今、僧惟寧の告状ならびに儒学の元呈をもって抄連して前に在り」とある。つまり、訴訟の起点をなす「告状」と反訴状たる「呈」とは、ともにその謄本が判決書としての性格をもつ簽行宣政院事の「劄付」の前に貼りつけてあった。したがって、「劄付」は「告状」および「呈」の引用を事書きのみにとどめたわけである。

「劄付」中の「使職照得」以下がこの訴訟にたいする簽行宣政院事の見解および判断である。この「劄付」は僧録司に下され、僧録司の「関」によって嘉興路総管府に伝達された。僧録司はいわば「劄付」を中継したにすぎない。行宣政院と嘉興路総管府とは統属関係にないため、行宣政院は「劄付」という命令文書を直接に嘉興路に下すことができない。行宣政院に下属する僧録司は路総管府とほぼ同級の官庁であるので、「関」によって行宣政院の判定を伝達した。儒学は路総管府に下属するから、路総管府から儒学への通知は、「指揮」という命令文書の形式をもちいたわけである。

この「嘉興路総管府指揮」には、問題とした二種類の「准此」の語句がともに出現している。一つは僧録司が路総管府におくった「関」の引用終端として置かれた「准此」である。もう一つは、路総管府の「指揮」の末尾に置かれたあて先を示す文言「右下本路儒学、准此」の中にあらわれている。前者はこの指揮のなかにあらわれる「奉此」

江浙行省**箚付**（嘉興路あて）

為取勘廃寺田土公事。（下略）

奉此。

准僧司**関**（嘉興路あて）

備奉簽行宣政院事**箚付**（僧録司あて）、該、

拠嘉興路大中祥符寺僧惟寧幷儒学**呈**（僧録司あて）、

争告元便換本寺基地公事。

得此。

奉此。

除外、関請照験施行事。

准此。

合下仰照験依上施行。**須至指揮**。

右下本路儒学、**准此**。

「得此」と同様に『吏学指南』がいうところの「諸此」のひとつであるのにたいし、後者はそれとは異なった機能と語義をもつことがおわかり頂けたであろう。

三　断句と語義

「欽此」「敬此」「奉此」「承此」「蒙此」「准此」「拠此」「得此」がここまで論じてきたように引用終端を示す語であるとしても、それをどのように読むべきかという問題は残る。田中謙二氏のように命令句として読む流儀は、わが国で漢文訓読がおこなわれるさいにはやくから定着していたらしい。このことを示す訓点資料を得ることが可能である。『勅修百丈清規』の刊本に、元の後至元二年（一三三六）の皇帝トゴンテムルの聖旨にもとづいて重修校勘された『勅修百丈清規』の元刊本とその五山覆刻本とがある。京都大学附属図書館が両版本を蔵する。『勅修百丈清規』の巻首には皇帝聖旨をはじめとする当時の公文書が載せられている。禅林においてこの書は熱心に読まれたらしく、多量の書きこみと訓点が附されている。

この二つの刊本に見える引用終端語は「欽此」「准此」「得此」の三種である。このうち、「欽此」についてはいずれも「此ヲ欽メ」「此ヲ欽メヤ」と命令句として読まれている。「咨文」の引用終端語としての「准此」については「此ニ准メ」と「此ニ准セヨ」とに分かれる。僧子仲の「状告」（各寺でおこなわれている清規を聖旨にもとづいて校正帰一することをもとめる請願）の引用終端の「得此」については「此ヲ得テ」と読まれている。ちなみに、「劄付」のあて先を示す「右劄付百丈山大智寿聖護寺徳輝長老、准此」の句は「此ニ准セヨ」である。

「欽此」などの語を「文書の末尾に添える一種の儀礼語」であり、「命令句」として読むべきだという田中謙二氏の主張は、元代公文書を載せる『勅修百丈清規』などがわが国に舶載され、五山覆刻版が流布して以来の伝統的読み方に沿うべきだという見解でもある。

ただ、この説の難点は上行文書たる「申」や「告状」の引用の後に置かれる「得此」にある。「申」や「告状」の提出者は官僚機構における下僚や庶民である。これを引用するのは上司である。上位者が下位者の文書を引用するのに「儀礼語」を添えるというのは不自然である。また、「命令句」としてこれを読むならば「此を得られよ」とでもするしかないが、これまた違和の感を否めない。『勅修百丈清規』に訓点をほどこした禅林先達も同じ感覚を抱いたがゆえに、これを「此ヲ得テ」と下の句につづけて読んだわけである。しかし、「得此」は上行文書の引用終端語であるので、先達の工夫は誤りとして否定するしかないのである。筆者のこの主張の論拠を、清代の檔案資料に即して補強してみよう。

明代以降の公文書では「得此」にかわって「拠此」が上行文書の引用終端として用いられることが多くなる。とくに清代になると「得此」はほぼ消滅し、「拠此」が幅をきかせていた。清代については地方官府で蓄積された公文書を利用できる。この時代に地方官府で作られた膨大な公文書の量からすると、今日まで伝存するものは九牛の一毛にすぎない。もっともまとまって保存整理されているのは四川省檔案館の「巴県檔案」である。[14]

このなかに訴訟事件処理の過程で作成される「堂稿」の文書が含まれている。訴訟関係者の召喚などを差役に命じるため知県が発給する「票」の稿であるものが多い。稿自体は胥吏が作成し、知県が点検をしたうえで末尾に「行」の大字を書きこんで、正式の「票」を作らせるという手続きを踏む。知県は「堂稿」を点検するさいに、句読を切り、人名などに傍線を引いて誤記の有無を確認し、必要があれば文章の推敲や人名の増減をおこなう。一例として道光六年（一八二六）十一月に知県劉衡が点検をした「堂稿」を見てみよう。[15] 句読は知県劉衡が加えたとおりに切ってある。

巴県正堂全銜劉　為串覇害惨事、十一月初三日、拠慈里六甲民秦宗林具告黄正新等一案拠此、合行差喚、為此票仰該役前去、即将後開有名人証、逐一喚斉、限五日赴県、以憑審訊、去役毋得藉票需索滋事遅延、如違重究不貸、慎速須票、

計喚被告（以下略）

このような短い公文書にも引用箇所がある。それはこの訴訟事件の発端をなす秦宗林の「告状」である。ただし、「告状」の原文書はこの「堂稿」を含む当該の訴訟案巻に貼りつけられている（案巻は通常「告状」からはじまる）ので、「堂稿」にはその内容を引用する必要がない。したがって、「告状」中の文言はまったく引用されず、引用終端を示す「拠此」だけが書かれている。

「拠此」は、日常語のなかでは「これにもとづいて」「これによれば」という意味をおびて、後文を引きだす接続詞にちかい機能をもつ語彙である。公文書のなかで引用終端を示す特殊語彙としての用法があることを知らなければ、「秦宗林具告黄正新等一案。拠此、合行差喚」と解釈してしまうところである。しかし、知県劉衡は引用終端を示す特殊語彙であることを意識して「拠此」の下で句読を切ったのである。「此に拠って合に差喚を行わん。此が為に票もて該役に仰せて……」と読むことはできない。

劉衡の例だけでは心もとないので、もう一人同治元年（一八六二）の知県張某が処理した堂稿を見ておこう。(16)

巴県正堂全銜張　為勘驗差喚事、案拠直里一甲民呉洪義以覇截兇摟等情具告鐘十大耶即伸脚濫等一案拠此、合行

勘験差喚、為此票仰刑仵前去協同約保、査勘呉洪義炭礦、如何被鐘十大耶等截挖、（以下略）

やはり「拠此」は前句につづけて読んでいたことがわかる。

『勅修百丈清規』に訓点をほどこした先達が苦し紛れに「聖旨ノ全文ヲ欽録ス。前ニ連テ告ゲ乞テ、施行セシム。此ヲ得テ照得セヨ」と読んだのはまったくの誤りであった。正しくは「聖旨の全文を欽録して前告に連ぬ。乞うらくは施行せられんことを。得此。照得すらく……」とすべきである。「得此」は僧子仲の「告状」の引用終端語であり、「照得」は「告状」をうけた宣政院がこの件について調べたところを開陳する文を引きだすために冒頭に置かれた語句である。

以上の考察によって、引用終端語はそこで断句をすべきであり、後続の文につづけて読むことが誤りであることが明らかとなった。残された問題は、これらの語がどのように読まれるべきかということである。

命令句として読むのはわが国における伝統的な解釈であるらしい。しかし、本来、古典的な漢文とは異なった公文書の言語の世界で生まれた引用終端語を命令句として読むことは、その字面にひきずられてしまったが故ではないか。この疑念をぬぐえないのである。「欽此」「敬此」「奉此」「承此」などはともかくとして、「蒙此」「准此」「拠此」「得此」を命令句として読むことは不自然であろう。

清代になると、こうした引用終端語を頻用する公文書を満洲文に翻訳して満漢合壁の題本などに仕上げることがおこなわれた。満洲語は語尾の変化によって命令形、連用形、終了形などを区別する。同時代の官僚や胥吏がこれらの語をどう読んでいたか、原文と翻訳満洲文とを対照すればよいわけである。

いま、手許にある合璧の題本（写真版）について調べてみよう。中国第一歴史檔案館が編輯した『中琉歴史関係檔

案　乾隆朝』（一）（中国檔案出版社　二〇〇六年）のなかに、乾隆二年（一七三七）四月三日づけの「管理礼部事務和碩履親王允祹等為賜恤琉球国在閩病故貢使毛光潤事題本」が含まれている。[17]「欽此」「奉此」が接近して出現する箇所を切りだしたのが下の原文と満文およびその直訳である。

　　　……等因、於康熙五十二年六月二十三
　　日題、本月二十六日奉
旨、「依議」**欽此**。欽遵、相応移咨福建巡撫、転行布政司、遵
　奉
旨内事理施行。計*送
諭祭文一道、等因、咨院、行司。**奉此**。遵照在案。今該本司
　　布政使王士任已……

引用部分第三行の「欽此」は上諭引用の終端を示し、第六行の「奉此」は布政使が奉じた巡撫の「牌」という下行文書の引用終端である。

　満文本における「奉旨、「依議」欽此。欽遵、相応移咨福建巡撫……」に対応する箇所に注目していただきたい。引用されたのは「依議」の二文字のみであり、これは満洲文では「議したところに依り行え」と命令形に訳されている。「欽遵」という動詞は「奉旨、「依議」」を目的節とするように訳されている。そして「欽此」という引用終端語はまったく無視されている。

満文転写と逐語訳

… seme elhe taifin i
…と言い(等因) 康 熙 の

susai juweci aniya ninggun biyai orin
五 十二 年 六 月 二十

ilan de wesimbuhe, ineku biyai orin
三 に 上奏した。 本 月 二十

ninggun de,
六 に

「欽遵」は gingleme dahafi と訳すも，「欽此」に相当する満文はない。

hese gisurehe songkoi obu sehebe gingleme dahafi,
旨，「議したところに依り 行え」と言ったのを 欽み 遵って，

erebe fugiyan i siyūn fu de bithe
それを 福建 の 巡 撫 に 文書

unggifi, ulame bujengsyi de jabubufi,
咨行して，転じ 布政司 に 行文して，

hesei dorgi baita be gingguleme dahame yabukini,
旨の 内 事 を 欽み 遵い 行なわれよ。

jai*
再，

hesei wecere bithe emu afaha be suwaliyame
旨の 祭 文 一 道 を 連ね

unggihe sehebi, siyūn fu yamun de
咨送した と言った(等因)。 巡 撫 衙門 に

bithe unggifi, meni syide jabubufi, dahame
文書 咨行して，我が 司に 行文して， 遵い

布政使が奉じた巡撫の牌の終端を示す「奉此」に相当する満文はない。

yabubuha be dangsede ejehebi, te harangga
行なったの を 檔子に 記してある(在案)。今， 該

bujengši hafan wang ši jyin, …
布政使 官 王 士 任 …

*jai——又，再び，及び，以及，という意味（漢語の「再」からの借用語？）だが，漢文本の「計……」の訳語としては相応しくない。一方，漢文本の「計」も読みにくい。この文字を jai と満訳したのは，ここの「計」が「暨」の音通字だと解釈したのであろう。

「計送諭祭文一道、等因、咨院、行司。奉此。遵照在案」に対応する箇所をみてみよう。「奉此」は布政使が奉じた福建巡撫の牌の引用終端を示すが、それに相当する満文の語彙はない。やはり無視されているわけである。この題本の引用しなかった部分には琉球国通事鄭任鐸らの稟報が引用されている。その終端は「拠此」である。満文ではたんに……seme syi de isinjihabi（……等情到司）とあり、「拠此」は無視して訳してある。

この満漢合璧題本からすると、「欽此」「奉此」「拠此」などの引用終端語はまさしく記号であって、あえて訳出するまでもない語だとみなされていたようである。もちろん、逐語逐字に訳そうとするならば、なんらかの訳語を当てることは可能だろうし、そのような対訳資料も見つかるであろう。しかし、これらの語の主たる機能が引用終端を示すことにあり、現代日本語における右括弧（括弧閉じ＝」）や英語におけるクオテーションマーク（〟）と同質であることが意識されていたからこそ、合璧題本を作成した翻訳者はそれらを無義の記号であるとみなして訳出しなかったわけである。

漢文訓読は一種の翻訳である。(18) しかし、翻訳であることを超えて原文を逐字に置き換えて日本語の文法の語順として不自然でないように並べた特殊な言語になってしまっている。訓読文から原文を復元することすら、あらかた可能である。しかし、漢文を原文で読めない人が訓読文を読み聞かせられても、自分で訓読文を読んでも、文意を理解することはなかなか困難である。逐語逐字に訓読することにつとめるあまり、「欽此」「敬此」「奉此」などの引用終端語まで、なんとかしてその意味をすくい取って訓読しようとしてきた。しかし、このような努力は徒労であるばかりか、それが引用終端語であるという単純な事実を見えなくさせてきたと言えるであろう。これらの語句を命令句として読むことは、あらぬ誤解のもととなる。記号にしかすぎないのだから、「キンシ」「ショウシ」「ジュンシ」「キョシ」「トクシ」などと音読して済ませるか、あるいは「……とあり」「……といえり」などと訓じるのが好ましいというのがわたくしの考えである。

おわりに

以上、ながながと論じてきたことをまとめると左のようになる。

「欽此」「敬此」「奉此」「承此」「蒙此」「准此」「拠此」「得此」は元代から清代までの公文書のなかで、引用終端語という記号の役割をになうことがあった。これらを命令句として解釈することは、わが国においておそらく十四世紀以来の慣習であるが、これはかならずしも正しくない。文字の使い分けによって被引用者と引用者とのあいだの地位や身分の関係を表示するという属性をもつものの、それが本質的な機能であるとは言えない。満洲文との対訳資料が示すように、訳出しなくても差し支えがない、ほとんど無義の記号として意識されていたからである。

このような引用終端語が公文書の中で明確に規則化されて使われはじめたのは元代である。なぜ、この時代に公文書様式にこのような進展があらわれたか、説明することは難しい。ここでは、進展を促した二つの事情を指摘しておくにとどめねばならない。

一つは、皇帝を頂点として集権化が進んだことや、法制と行政管理が緻密の度を加えたことに応じて、公文書に重層的かつ複雑な引用構造が持ちこまれたことである。(19) 胥吏出身者など公文書作成や解読に長じた者であっても、複雑な構造をもつ公文書を効率よく理解するうえで、文書の「授受にかんする語」や引用終端語などを文書の種別ごとに規則化することの必要性がたかまった。

前掲の「嘉興路総管府指揮」の冒頭部分に「江浙行省劄付」が引用されていた。この「劄付」は本訴訟案件と直接にかかわる文書ではない。廃寺の田土についての訴訟案件については、「行宣政院、（行）枢密院、（行）御史台」の官員と路の官員とが合同して「聖旨事意」すなわち寺院等財産保護および諸役免除などを命じた皇帝のおことばに即して処断すべきである、という手続き上の法例を提示する目的によって引用されたものである。

元の政府は体系的な法典（律、令、格、式）を編纂せず、単行の法令や条画および個別の事案についての例案（「断例」や「条格」）を法例として用いた。民間人相互の田土をめぐる訴訟であれば、州県や録事司、上級官庁たる路が裁くのが通例であるが、この訴訟は原告が仏寺であり被告が儒学という官庁である。このため、どの官庁が裁きの主体になるべきか、という問題をまず解決しないと裁判をおこなうことができない。その根拠となる「江浙行省劄付」を行省内における通則として引用する必要があったのである。

元代において公文書の構造はいよいよ複雑の度を増した。その背景には、統治機構の統属関係が文書の往来径路を複雑にしたことのほか、法体系のあり方という問題がある。例案や聖旨・劄付などの根拠をいちいち明示しないと処理が進まないし、命令・指示の下達径路を公文書の重層的引用構造として明示して権限と責任の所在を明確にしておきたいという意図によって、公文書は往々にして長大かつ複雑なものとなった。

もう一つの事情は、中書省、行中書省から外路のダルガチにいたるまで、おおくの官庁でモンゴル人が長官となったことである。もちろん、モンゴル文やモンゴル語が官庁のなかで重視され、翻訳者たる通事や訳史などが配置されたが、長官などが自分で漢文官牘に眼をとおす必要はあったはずである。しかし、長文のうえ複雑な構造をもつ公文書は外国人にとって難度が高かった。いくばくなりとも難度を低くするのは、文書の構造に対応した印附けをすることである。引用文書の「授受に関する語」と引用終端語との組み合わせは、現代風にいうならば、引用公文書をマークアップする技法である。モンゴル人をはじめとする異域出身者やその子孫が官府に大量進出したというこの時代の特殊事情が、その必要性を高めたであろう。

日本では古代以来、行政文書には漢文が用いられた。実用的な行政文書には修辞を凝らす必要もなく、使われる語彙も古典詩文に比べると限られている。これらが習熟の難度を下げたはずであるが、いかんせん外国語であることにかわりはない。日本の漢文公文書には、中国のそれとは異なった点がいくつかあった。その一つが、なんらかの文書を公文書の本文中に引用するばあい、左のような構文が用いられたことである。

尋〔得、如、被、奉など〕＋〔文書の名称〕＋称＋〔文書の内容〕＋者

引用文の終端に「者」を置いて「といえり」と読ませたようである。[20] この「者」字の用法は中国の公文書にはあらわれず、[21] 日本独自の使い方である。また、公文書中に「申」を引用するばあいに、引用終端に「止申」の語（記号）を置くという独特の技法もあった。[22]

日本の漢文公文書に独特の引用構文が早い時期から広まっていたことは興味深い。つまり、漢語を母語としない者にとって、引用構造のマークアップはより必要度が高かったということである。モンゴル支配期に漢地と漢人とを統治する主体となった異域出身者は、漢文公文書に向きあった日本人と同じく、引用構造のマークアップを導入することに積極的であったに違いない。

註

（1） このことは、カラホト文書や元代の石刻資料からも確かめることができる。「準」と「准」とは同音であるし、通用される

ことともあるが、本来は別字である。公文書における実例に即するならば、「準」は「准」に訂正されるべきであろう。坊刻書である『吏学指南』には疎漏や曲解が散見し、全面的に信頼するわけにはいかないのである。

（2）田中謙二氏の『元典章』研究は、「元典章における蒙文直訳体の文章」（『東方学報』京都第三二冊、一九六二年）、「元典章文書の構成」（『東洋史研究』第二三巻五号、一九六五年）、岩村忍、田中謙二校定『校定本元典章・刑部』第一冊（京都大学人文科学研究所　一九六四年）の附録として刊行された吉川幸次郎・田中謙二『元典章の文体』にはじまり、その晩年には『田中謙二著作集』第二巻（汲古書院　二〇〇〇年）に収める「元典章文書の研究」として集大成された。本稿では、この著作集第二巻を参照する。同書、頁三八六。

（3）『東方学報』京都第八五冊、二〇一〇年。

（4）「指揮」を用いるのは路の総管府に限らなかった。『秘書監志』には、秘書郎が秘書監から「指揮」を受けた例がみえる。前掲拙稿、注（36）を参照。

（5）田中謙二前掲書、頁三七一。

（6）田中謙二前掲書、頁三七八。

（7）田中謙二前掲書、頁三七八。

（8）一例だけあげる。唐景紳・謝玉傑点校『楊一清集』（中華書局　二〇〇一年）は「拠此」「得此」などを一律に下文に続けて解釈している。点校者はこれらが引用終端を示すとは考えず、上文と下文を繋ぐ特定の意味をもつ語句だと見なしているようだ。もちろん正しく句読を切っている校訂者もいる。台湾銀行刊「台湾文献叢刊」所収『明経世文編選録』（一九七一年）は「望陸」と名乗る匿名の編者が点校したものらしい。同書は「奉此」「拠此」などを引用終端を示すものと解釈して断句している。

（9）清代の硃批奏摺の原本の多くは台北の故宮博物院に収蔵されているが、一部は北京の第一歴史檔案館が保有する。それらを影印出版したものに、『宮中檔康熙朝奏摺』『宮中檔雍正朝奏摺』『宮中檔乾隆朝奏摺』『宮中檔光緒朝奏摺』（台北国立故宮博物院　一九七七～八八年）、『康熙朝漢文硃批奏摺彙編』（北京檔案出版社　一九八五年）、『雍正朝漢文硃批奏摺彙編』（江

蘇古籍出版社　一九八九〜九一年)、『光緒朝硃批奏摺』(北京中華書局　一九九五〜九六年)がある。

(10)『中国蔵黒水城漢文文献』(北京国家図書館出版社　二〇〇八年)、文書番号は M1・0298［F116：W565］である。

(11)「治中」は路総管府の佐弐官、正五品。ダルガチ(上路：正三品、下路：従三品)、同知(上路：従四品、下路：正五品)の下位。

(12)「朝列」は従四品の文散官。この「朝列」など散官号の前に姓のみを置くのが当時の公文書の体例である。ここに姓が見えないのは不自然である。

(13)「須至指揮」のあとに「者」字があるべきだが、原碑と照合することができないので、暫時このままとする。

(14)巴県衙門は重慶府城の城内にあった。伝聞するところによると、日中戦争中に日本軍の爆撃を避けるため、巴県の保存檔案を近郊の山中の廟に疎開させた。人民共和国成立後、この貴重な歴史資料はまず成都の四川大学歴史学系に運ばれてそこで整理と資料集編纂などの事業がおこなわれた。一九六〇年代に檔案は四川省檔案館に移管された。現存するのは約十一万件冊である。乾隆期から清末期にまでおよび、中国・台湾に現存する地方官府の保存文書としては最大規模である。ここで用いた資料は夫馬進教授が入手されたマイクロフィルムによる。利用を許された夫馬教授に謝意を表する。

(15)道光六年十一月十三日「票稿」(四川省檔案館 2-3-17046)。

(16)同治元年三月二十一日「票稿」(四川省檔案館 6-5-2136)。

(17)同書、頁六一〜九四。

(18)金文京『漢文と東アジア——訓読の文化圏』(岩波書店　二〇一〇年)から多くの示唆をえた。

(19)元代公文書の長大かつ複雑を極めることを示す例としては、元刊本『元典章』に附鈔された「都省通例」をあげることができる。この文書については、前掲拙稿「元代行政訴訟と裁判文書——『元典章』附鈔案牘「都省通例」を素材として」において分析を加えた。

(20)荒木和憲「文永七年二月日付太宰府守護所牒の復元——日本・高麗外交文書論の一齣」『年報太宰府学』第二号、頁三。佐藤進一『新版　古文書学入門』(法政大学出版局　二〇〇三年)。同書の記述および日本古文書における引用構文の様式について、橋本雄氏の教示を得た。

(21)　公文書のみならず、古典的な文言文においても「者」を引用の末端に置くことはない。

(22)　「長治二年八月廿二日存問大宋国客記」『朝野群載』巻二六「太宰府　附異国大宋商客事」。森克己『新訂　日宋貿易の研究』(勉誠出版　二〇〇九年)頁二一七所引。

Chinese Poitics and Society
during
the Song-Qing Period

MIKI Satoshi ed.

Contents

執筆者紹介

（掲載順：生年・所属・専攻・主な著作）

宮澤　知之（みやざわ　ともゆき）

1952年生。佛教大学歴史学部教授。中国経済史。

『宋代中国の国家と経済――財政・市場・貨幣――』（創文社、1998）、『中国銅銭の世界――銭貨から経済史へ――』（思文閣出版、2007）、「唐宋変革期における財政貨幣の転換」（『唐宋変革研究通訊』6、2015）ほか。

高橋　芳郎（たかはし　よしろう）

1949年生。

2009年　北海道大学大学院文学研究科教授在職中に死去。

『宋－清身分法の研究』（北海道大学図書刊行会、2001）、『宋代中国の法制と社会』（汲古書院、2002）、『訳注『名公書判清明集』戸婚門』（創文社、2006）、『訳注『名公書判清明集』官吏門・賦役門・文事門』（北海道大学出版会、2008）、『黄勉斎と劉後村――南宋判語の訳注と講義――』（北海道大学出版会、2011）ほか。

小林　晃（こばやし　あきら）

1979年生。熊本大学文学部准教授。宋代政治史。

「南宋理宗朝前期における二つの政治抗争――『四明文献』から見た理宗親政の成立過程――」（『史学』79-4、2010）、「南宋孝宗朝における太上皇帝の影響力と皇帝側近政治」（『東洋史研究』71-1、2012）、「南宋後期における両淮防衛軍の統制政策――浙西両淮発運司から公田法へ――」（『歴史学研究』923、2014）ほか。

伊藤　正彦（いとう　まさひこ）

1966年生。熊本大学文学部教授。中国明清社会経済史。

『宋元郷村社会史論――明初里甲制体制の形成過程――』（汲古書院、2010）、「『伝統社会』形成論＝『近世化』論と『唐宋変革』」（『新しい歴史学のために』283、2013）、「『丈量保簿』と『帰戸親供冊』から――万暦年間、徽州府休寧県27都5図の事産所有状況――」（『東洋史研究』75-3、2016）ほか。

宮崎　聖明（みやざき　としあき）
1973年生。北海道大学大学院文学研究科専門研究員。中国近世政治史・制度史。
『宋代官僚制度の研究』（北海道大学出版会、2010）、「宋代「対移」考――地方官監察・処分制度の実態――」（『史学雑誌』122-3、2013）、「南宋末期における賈似道と宗室・外戚の対抗関係――陳著『本堂集』を手がかりに――」（『歴史学研究』935、2015）ほか。

城地　孝（じょうち　たかし）
1978年生。同志社大学文学部助教。中国明清史。
『長城と北京の朝政――明代内閣政治の展開と変容――』（京都大学学術出版会、2012）、「咸寧侯仇鸞の周辺――十六世紀の商業化時代における明朝政治考察の一助として――」（『史林』96-3、2013）、「明末党争試論」（『中国史学』23、2013）ほか。

三木　聰（みき　さとし）
1951年生。北海道大学大学院文学研究科特任教授。中国明清史。
『明清福建農村社会の研究』（北海道大学図書刊行会、2002）、『伝統中国と福建社会』（汲古書院、2015）、『伝統中国判牘資料目録』（共編、汲古書院、2010）ほか。

山本　英史（やまもと　えいし）
1950年生。慶應義塾大学名誉教授。明清史・中国近代史
『清代中国の地域支配』（慶應義塾大学出版会、2007）、『中国近世の規範と秩序』（編著、公益財団法人東洋文庫、2014）、『赴任する知県――清代の地方行政官とその人間環境』（研文出版、2016）ほか。

岩井　茂樹（いわい　しげき））
1955年生。京都大学人文科学研究所教授。東洋史。
『中国近世財政史の研究』（京都大学学術出版会、2004），「元代行政訴訟与審判文書：以《元典章》附鈔案牘“都省通例”為材料」（『中国古代法律文献研究』五、2011），International Society after “The Transformation from Civilized to Barbarian” (Sino-Japanese Studies, Vol 19, 2012) ほか。

宋―清代の政治と社会

二〇一七年二月十六日　発行

編　者　三　木　　聰
発行者　三　井　久　人
整版印刷　三松堂株式会社
発行所　汲　古　書　院
〒102―0072　東京都千代田区飯田橋二―五―四
電　話　〇三（三二六五）九七六四
ＦＡＸ　〇三（三二二二）一八四五

ISBN978-4-7629-6582-1 C3022

KYUKO-SHOIN, CO., LTD. TOKYO